张其金 ◎ 编著

开启工业4.0的
新商业模式

中国商业出版社

图书在版编目（CIP）数据

开启工业4.0的新商业模式 / 张其金编著. -- 北京：中国商业出版社，2016.10
ISBN 978-7-5044-9604-1

Ⅰ．①开… Ⅱ．①张… Ⅲ．①制造工业－研究－中国 Ⅳ．①F426.4

中国版本图书馆CIP数据核字(2016)第236617号

责任编辑：陈鹰翔

中国商业出版社出版发行
010-83128286　　www.c_cbook.com
（100053　北京广安门内报国寺1号）
新华书店总店北京发行所经销
永清县晔盛亚胶印有限公司
*
720×1000毫米　16开　23印张　220千字
2016年10月第1版　2016年10月第1次印刷
定价：52.80元
****
（本书若有印装质量问题，请与发行部联系调换）

前　言

　　自从人类进入工业社会以来，科学技术的发展越来越快，社会形态升级的周期也越来越短。第三次科技革命的浪潮席卷世界还不满100年，第四次工业革命的涛声已经不绝于耳。

　　各国对第四次工业革命的称呼大相径庭。德国将之定义为"工业4.0"，欧盟各国也共用这一概念；美国则表述为"再工业化"或者"工业互联网"；而日本的叫法是"工业智能化"。这些不同的名称都指向同一个事物。由于本次工业革命首先发端于德国，故而本书采用了"工业4.0"的概念。

　　以蒸汽动力应用为标志的第一次工业革命（工业1.0），为世界开启了机械化生产之路。而第二次工业革命（工业2.0）不但让人类学会了使用电力，还催生了流水生产线与大规模标准化生产。以电子信息技术为核心的第三次工业革命（工业3.0），制造业出现了自动化控制技术。已经席卷全球的工业4.0，又将为世界带来什么新变化呢？当人们还在为第三次工业革命的信息化与自动化感叹不已时，第四次工业革命已经悄然降临，并正在逐步向全世界蔓延。

　　"工业4.0"，一个引起全世界关注的概念，颠覆着全球制造业的新思维，掀起了新一轮工业革命的浪潮。

　　工业4.0，基于人类、计算、自动化、人工智能、增材制造以及多

开启工业4.0的新商业模式

种集成通信技术和平台之间的一种新的交互方式,或者只是以数字融合为基础的第四次工业革命的前站,我们不知道它将发展到哪里,但我们知道方向。

随着信息技术逐渐变成一个行业,它在重塑自身的时候,也在重塑全球市场。未来,我们每一个人必须面对,有些人会受到眷顾,而另一些人会被遗忘,出现很多创业机会同时也会有大量人失业。人做什么?人的意义何在?传统企业如何舍弃?是否需要扔掉固定资产?就像过去的钢铁工业一样扔掉固定资产?

全球化、平台化、第四次工业革命的发展,对社会经济制度也会有非常大的影响,新的商业模式也许会主宰世界。

随着信息技术的发展,世界将会变得越来越透明,人们获得有价值信息的方式也会变得越来越便捷高效,因此,在将来,商业模式也将由此而产生深刻的变化。共享、联网、动态、灵活、分散,这些将是新的合作模式的关键词。随着消费者和生产者的边界进一步模糊,单位产品的边际成本不断降低,新生一代将会接过共享经济的大旗,创造出全新的产销合作模式。

工业4.0时代的到来给互联网企业、工业生产、商品消费等诸多领域带来了巨大变化。4.0时代产品实现了按订单生产而不再是盲目生产,让企业资源更加优化、能源效率提高、投资回报率也更高。

"工业4.0"一词最早出现在德国2011年汉诺威工业博览会上。次年10月上旬,由博世公司牵头的"工业4.0小组",向德国联邦政府提出了一套完整的"工业4.0"发展建议。该小组于2013年4月8日在汉诺威工业博览会中提交了最终报告,正式向全世界提出了"工业4.0"的概念。

前言

根据德国专家的定义:"工业4.0"指的是以智能制造为主导的第四次工业革命,或者革命性的工业生产方法。

从2013年开始,"工业4.0之风"吹遍了德意志的大地,通过对德国制造工厂的实地参访,以及与德国教授、专家的深度交流探讨,我发现,工业4.0已在德国形成了浓厚的氛围。德国工业4.0是工厂、机器、生产资料和人通过网络技术的高度联结,形成自组织的生产,其内涵已经远远超越机器的自动化。德国各家企业的成果更是让我大开眼界:西门子(Siemens)的"数字化企业平台"系统为数字制造提供了载体;宝马(BMW)的虚拟手势识别系统让制造汽车酷炫好玩,似打游戏;大众(Volkswagen)早已用机器人制造汽车,大大解放了工人的劳动力;高智能、高性能的库卡(Kuka)机器人游走在各种工厂之中;博世(Bosch)的射频码系统让智能工厂跃然眼前……沉淀了百年底蕴的德国制造,正在以智能化的节奏一步步散发出未来之感。众多不同规模、类型迥异的德国企业,不约而同地将战略方向指向一个目的地,在充分利用工业4.0技术成果的同时,也以各种方式积极驱动着工业4.0前进的车轮。

互联网对生活的影响已经显而易见,对产业的影响也将逐步深化。工业4.0虽还未实现,但却是产业发展的方向。在"互联网+"时代创业,熟知工业4.0会让你更容易找到创业的方向和方法,更有利于你将有限的资源发挥到极致。

德国联盟教研部与联邦经济技术部、德国工程院、弗劳恩霍夫协会、西门子公司等政、学、商界组织,纷纷对"工业4.0"表示支持,并联手将其付诸实践。

德国政府把"工业4.0"列入《高技术战略2020》大纲的十大未来

开启工业4.0的新商业模式

发展项目之一,并投入多达2亿欧元的经费。时至今日,工业4.0战略在德国已经取得广大科研单位及产业界的普遍认同。例如,弗劳恩霍夫协会就将"工业4.0"概念引入到其下属六七个研究所中,而世界名企西门子公司也在工业软件与生产控制系统的研发过程中贯彻这一战略。

由此可见,"工业4.0"这个概念的诞生,不仅意味着德国将重点支持新一代关键工业技术的创新,也拉开了全球第四次工业革命的序幕。

工业4.0不仅为中国的工业生产提供了一种全新思路,而且与中国国策"两化融合"(工业化与信息化深度融合)战略不谋而合。中德合作在很多方面都有高度互补性,德国的开发力和中国的生产力、德国的技术与中国的市场等都组成了完美的合作基础。在智能化时代,两国的合作会更有利于双方在激烈竞争中抢占先机。新一届中国政府鼎力推荐工业4.0,工业和信息化部快马加鞭制定"中国制造2025",都是为了使工业4.0能顺利落地中国,并开花结果,一来可以升级"中国智造",二来能够调整就业的结构性失衡。可见,中国版"工业4.0"——《中国制造2025发展纲要》是我们未来10年的国之大略。

中共中央总书记习近平提出,世界范围内的新一轮科技革命与中国加快转变经济发展方式、建设制造强国形成了历史性交汇。这对中国既是极大的挑战,也是极大的机遇。我们必须实现工业2.0、3.0、4.0的"并联式"发展,充分发挥市场和政府作用,统筹利用各方面资源,以"创新驱动、质量为先、绿色发展、结构优化"为发展方针,动员全社会的力量,从而大大压缩工业化进程的时间,争取让中国制造业在2025年进入世界第二方阵,迈入制造业强国行列。

工业4.0不仅是中国经济结构调整的重大任务，而且是经济增长动力持续的现实出路；它不仅是经济新常态的主要方法，而且是走向经济新常态的战略选择。工信部部长苗圩在"2014智能制造国际会议"的发言中曾说："工业4.0将成为全球工业互联网的新典范，中国会全力参与，在新一轮制造革命中实现'弯道超车'。"

工业4.0，正在发生的未来……

事实上，工业4.0绝非技术层面的革新，更是关乎全球制造业话语权的争夺，关乎工业意识形态的竞争。工业4.0是工业标准体系在信息技术的催化下自我完善和发展的必然产出。信息技术和互联网技术只是"术"，工业的"产业逻辑"、"行业的体系和标准"才是核心。

去繁存真，如果工业4.0的讨论能重新唤起中国社会对于工业效率的关注，专注于制造业系统能力的提升，同时基于中国工业4.0的实践进化升级中国的管理思想，实乃幸事。

本书采用独特视角，全面剖析德国"工业4.0"的本质、核心、关键、愿景和用意，揭示德国4.0背后的秘密，并从信息哲学角度探讨人工智能、大数据对制造业的影响，描绘未来制造业与信息产业的新关系。同时对中国"工业4.0"进行探讨和畅想，阐述中国"工业4.0"所面临的机遇和问题。

本书以通俗易懂的语言，为读者全面揭开"工业4.0"的神秘面纱，适合管理人员、经济研究人员、投资分析人士等阅读和参考，也适合科普阅读。

目 录

第 一 章　历次工业革命的阐述

自发明蒸汽机至今，人类社会的工业革命经历了从1.0到4.0的发展阶段。从生产力的发展来看，自200多年以前发生的第一次工业革命开始，工厂的生产力已经成倍增长。随之增长的还有全球的社会生产总值，"工业4.0"将远远超过第一次、第二次和第三次工业革命的总和。从蒸汽机到智能化时代出现的新技术是增长的推动力。在"工业4.0"时期，数十亿人和数百万组织机构连接到工业互联网，以一种无法想象的方式在全球进行网络协同制造。

第一次工业革命 …………………………………… 3
第二次工业革命 …………………………………… 7
第三次工业革命 …………………………………… 14
第四次工业革命 …………………………………… 20
即将来袭的第四次工业革命 ……………………… 24
工业4.0时代带来的机遇与挑战 ………………… 30

开启工业4.0的新商业模式

第 二 章　走进工业4.0时代

　　工业4.0也并不是一个高深莫测的新名词。此次在德国,我看到很多企业默默地在这方面进行了很多的尝试,包括数字化、信息化、以及物联网的工作,但并没有像之前国内所宣传的那样动辄冠以"工业4.0"的名号。工业4.0应该是一个不断发展从量变到质变的过程,工业4.0和3.0之间也没有很清晰的界定。这个发展也是基于现有的技术,综合现有可行的技术而创造出新的东西来。

抢占工业4.0的制高点 …………………………………… 37
从概念到战略 …………………………………………… 46
领先的供应商战略与市场战略 ………………………… 52
高标准化、组织先进化与个性化产品战略 …………… 60
工业4.0时代的新工业革命标准之争 …………………… 66
工业4.0的发展战略愿景 ………………………………… 72
中国制造2025 …………………………………………… 79

目 录

第三章　工业4.0的智能化模式

德国总理默克尔说，未来智能工厂能够自行运转，零件与机器可以相互交流，这令跨行业合作成为必然。她建议，信息及通信业、机械制造业等相关行业需要相互保持"好奇心"，加强合作，不要只把目光局限在自己的领域。

工业4.0时代的智能工厂 …………………………… 89
全面使用智能设备 …………………………………… 96
智能制造主导的产业升级 …………………………… 101
智能制造 ……………………………………………… 107
机器人工业4.0时代的转型升级 …………………… 112

开启工业4.0的新商业模式

第四章 工业4.0的产业化新模式

互联网、云计算、物联网、大数据将是工业4.0时代,信息通信技术和网络空间虚拟系统相结合的信息物理系统的依托,或者说互联网、云计算、物联网、大数据与制造业的有机融合才是工业4.0。

工业4.0颠覆传统产业 …………………………………… 127

工业4.0颠覆传统制造业的生产方式与商业模式 ……… 131

工业4.0改变人们的知识技术创新方式 ………………… 135

工业4.0改变了制造业思维 ……………………………… 140

工业4.0改变了制造业模式 ……………………………… 145

工业4.0的互联网+ ……………………………………… 150

物联时代的工业4.0 ……………………………………… 155

大数据时代的工业4.0 …………………………………… 162

云计算是工业4.0的驱动力 ……………………………… 166

工业4.0的工厂标准化 …………………………………… 170

信息物理系统——连接虚拟空间与物理现实 ………… 176

目 录

第 五 章 工业4.0颠覆全球制造业

  信息通信技术与制造业融合发展带来的一个重要变革就是智能制造时代的来临,云计算、大数据、人工智能、机器学习等驱动人类智能迈向更高境界,推动着人类各种生产工具的智能化和现代化,在廉价体力劳动不断被机器替代的同时,越来越多的脑力劳动者正在被智能工具所替代,人类正在迈向第二次机器时代,其带来的产业变革和就业结构影响将超越过去300年工业化的历史。

颠覆全球制造业的新思维 …………………………………… 185
构建产品的生命周期管理系统 ……………………………… 192
虚拟全球将与现实全球相融合 ……………………………… 196
个性化生产与消费时代 ……………………………………… 201
重营销轻制造的互联网经济即将落后 ……………………… 206

第 六 章　工业4.0时代的人才机制

　　"人"的角色在工业4.0革命中如何随之演进和改变，是一个被反复讨论的话题。人口红利消失，是中国正在面对以及未来无可回避的现实。强调个性的新一代年轻人成为了劳动力大军的主力，而企业雇用他们所需付出的成本节节攀升。这些因素加在一起，有可能促使企业更快地追求生产的自动化与智能化，利用机器把人从重复单一的劳动中完全解放出来。这并不简单等于"人"失业下岗，而是需要重新调整人在生产中的作用。

工业4.0时代人的培养 …………………………………… 215
工业4.0对人的改变 …………………………………… 219
工业4.0时代人的作用 …………………………………… 222
工业4.0的人才保障 …………………………………… 228
人、机器和信息能够互相连接，融为一体 …………………… 234

第 七 章　工业4.0时代的经济产业机制

　　任何事物的发展都需要一个过程，也就是从认识到实践，然后总结经验和教训，从而做出突破的过程，而且这个过程具备一定的规律性。所以针对工业4.0我们必须保持良好的心态，不急不躁，遵循新常态的规律。在这种规律的引导下，我们要按照规律进行各方面的生产和制造，做到稳中求进。这并不是不求进，让自己处于平庸状态。稳中求进的"稳"就是站稳脚跟，打下坚实基础，力求实现既定目标，促进制造业的快速发展。

布局工业4.0的产业机制 ……………………………… 241
发达经济体的产业革命 ……………………………… 250
发达国家通过第四次工业革命抢占高科技制高点 …… 260
欧盟开始部署工业复兴战略 ………………………… 269
美国国家先进制造战略 ……………………………… 274
日本工业振兴战略与日本信息技术发展计划 ………… 280

第 八 章　工业4.0的实践

　　每一次创新变革中,总有一群走在最前面的人,他们凭借勇气和毅力奋力前行,并用自己的实践告诉我们:未来,已来。

西门子的数字化魔力 …………………………… 289
宝马:机器人接管工厂 …………………………… 299
机器人系统集成:奋起直追争市场 ……………… 307
自动化个性定制 …………………………………… 315
大众与库卡:人机领跑工业4.0 …………………… 322
数字化制造,助力工业4.0时代 …………………… 326
硅谷与智能化浪潮 ………………………………… 330
特斯拉:智能产品+智能生产 …………………… 334

第九章 工业4.0的中国制造2025

工业4.0中工业变革如火如荼,中国制造业将面临怎样的挑战?应该怎样在这次变革的浪潮中杀出重围呢?其实,目前我国还在工业3.0范围中徘徊,距离工业4.0还有很多路要走。但并不是所有行业要走的路都很远。例如烟草行业,这个行业已经拥有很多"智能工厂",完全实现了自动化生产,实现了"无人工厂"。同样,落后到必须通过人力进行生产的企业也存在,并且占了中国企业的绝大部分。我们应该认识到中国工业化的战线已经拉得很长了——从纯手工生产到"智能工厂""无人工厂"都是存在的。

中国制造从3.0向4.0的跨越……………………………… 339
中国的工业4.0之路 ……………………………………… 343

第一章

历次工业革命的阐述

自发明蒸汽机至今,人类社会的工业革命经历了从1.0到4.0的发展阶段。从生产力的发展来看,自200多年以前发生的第一次工业革命开始,工厂的生产力已经成倍增长。随之增长的还有全球的社会生产总值,"工业4.0"将远远超过第一次、第二次和第三次工业革命的总和。从蒸汽机到智能化时代出现的新技术是增长的推动力。在"工业4.0"时期,数十亿人和数百万组织机构连接到工业互联网,以一种无法想象的方式在全球进行网络协同制造。

第一章
历次工业革命的阐述

第一次工业革命

18世纪末期，第一次工业革命始于英国，蒸汽机的发明标志着机械逐步取代了人力，人类由此进入"蒸汽时代"。

这次工业革命的标志是瓦特改良蒸汽机的使用。蒸汽机是将蒸汽的能量转换为机械功的往复式动力机械。直到20世纪初，蒸汽机仍然是世界上最重要的原动机，后来才逐渐让位于内燃机和汽轮机等。蒸汽机的改良与使用不仅用于纺织工业，而且普遍使用于机械制造业，这对整个工业化来说是一个巨大的推动，并使交通运输业的发展掀开了新篇章。

以水力为动力有很大的局限性，这就需要一种更方便且更有效的动力来带动机器。解决机器动力这一问题的人是学徒出身的瓦特。瓦特童年时就善于观察事物。经过20多年的研究，同时吸收前人成果。他终于在1785年制成了改良蒸汽机。这一机器是把热能转变为机械能的装置，把它装到纺纱机中，就能带动机器纺纱；把它装到织布机中，就可以带动机器织布。后来，不仅纺织工业使用蒸汽动力，采用机器生产，而且冶金、采矿等领域也都广泛采用机器进行生产。到19世纪上半期，机器生产基本上代替了工场手工业，英国完成了其工业革命，随即法国、美国等资本主义国家也都开始进行了工业革命。

1765年珍妮纺纱机的发明标志着第一次工业革命的开始。18世纪

开启工业4.0的新商业模式

中期,经济社会从以农业、手工业为基础转化为以工业和机械制造为主,进而带动经济发展。这一时期如今被称作工业1.0。

工业革命首先在英国发生是有其历史必然性的。

一方面,在政治上,17世纪资产阶级革命后,资产阶级的统治地位在英国确立。到18世纪中期,英国成为了世界上最大的资本主义殖民国家。在经济上,随着国外市场的不断扩大,工场手工业生产已经不能满足日益增长的需求。为了增加商品产量,必须改进生产技术。

另一方面,1733年机械师凯伊发明了飞梭。飞梭使织布速度大大加快,导致棉纱供不应求,从而引起了纺织工业各部门各环节的连锁反应。到了1765年,经过几年苦心研究,纺织工人詹姆士·哈格里夫斯终于发明了手摇纺纱机,纺纱功效一下子提高了16~18倍,他用女儿珍妮的名字将这台机器命名为"珍妮纺纱机"。珍妮纺纱机被认为是工业革命的第一台机器,工业革命以此为起点拉开了序幕。

"那是一个需要巨人并且产生了巨人的时代。"恩格斯这句描述文艺复兴运动的名言,对于第一次工业革命也同样适用。巨人成就了这场伟大的革命,创造了一个新时代。得益于蒸汽机的发明与应用,英国率先完成了工业革命,并成了"世界工厂",其经济实力和国际地位大幅度提高,摇身变为当时最富强的国家。

与此同时,由于科学技术发挥了越来越大的作用,资产阶级工厂逐渐取代手工工场,彻底改变了传统生产方式,从而促进了美、俄、德、意等国的革命与改革。由此,欧美向工业化及现代化迈进的大幕正式拉开,资本主义世界体系初步形成。亚非拉多数国家沦为殖民地和半殖民地,东方世界开始从属于西方。当然,这在客观上也为先进的思想和生产方式传入东方提供了可能与便利——东方人看到资本主义用了不到100年所创造的、前几个世纪都无法比拟的奇迹。

英国工业革命中最具重大意义的几项突破性发明之间是互相推动的。英国工业革命从棉纺织业发明和使用机器开始,随之推动了蒸汽机的发明和改进,而蒸汽机这一新动力又推动了冶金、采矿等重工业部门不断采用新技术,并且推动了交通运输工具的革新。

工业革命创造了巨大的生产力,促进了经济的迅速发展。工业革命改变了世界的面貌,欧美资本主义国家成为了力量强大的工业国,并大大促进了城市化进程。另外,一些欧美资本主义国家成为工业强国后,它们以世界为市场,加强了与世界各地的联系,重新塑造了世界经济格局,经济发展不平衡现象变得突出。以印度为例,英国对印度的棉纱输出造成印度棉织工业急剧衰败。

蒸汽机的出现和改进促进了社会经济的发展,而经济发展反过来又对蒸汽机提出了更高的要求,如要求蒸汽机功率大、效率高、重量轻、尺寸小等。尽管人们对蒸汽机作过许多改进,不断扩大它的使用范围并改善它的性能,但是随着汽轮机和内燃机的发展,蒸汽机因存在不可克服的弱点而逐渐衰落。

18世纪末期始于英国的第一次工业革命,19世纪中叶结束。这次工业革命的结果是机械生产代替了手工劳动,经济社会从以农业、手工业为基础转型到了以工业以及机械制造带动经济发展的模式。

第一次工业革命推动了陆路交通的发展,史蒂芬孙制造的蒸汽机车使得交通运输业获得了飞跃性发展。

史蒂芬孙是一位煤矿工人的儿子,从小熟悉矿井里用来抽水的蒸汽机,后来立志从事交通工具的发明创造。1814年,他研制的第一辆蒸汽机车"布拉策号"(他以普鲁士将军布拉策的名字命名,布拉策曾经

开启工业4.0的新商业模式

帮助英国抗击拿破仑军队)试运行成功。1825年9月27日,史蒂芬孙亲自驾驶他同别人合作设计制造的"旅行者号"蒸汽机车在新铺设的铁路上试车,并获得成功。蒸汽机在交通运输业中的应用,使人类迈入了"火车时代",人类的活动范围得以迅速扩大。

1814年史蒂芬孙在试运行"布拉策号"机车时,虽然取得了成功,但也暴露出许多问题,如噪声太大,震动强烈,蒸汽机随时都有爆炸的可能。火车开动时,浓烟滚滚,车轮摩擦铁轨时火星四溅,坐在车上的人则满面烟尘,被颠得筋疲力尽。蒸汽机冒出的火焰把附近的树木都烧焦了,这也许就是当时人们把它称为"火车"的缘故吧。但是,史蒂芬孙没有气馁,而是不断进行改进。他在车厢下面加装了减震的弹簧,用熟铁代替生铁作铁轨的材料,在枕木下加铺了小石子,增加车头和车厢的车轮数量,把蒸汽机安装在车头以减少发生危险时的损害等。到1825年史蒂芬孙试运行"旅行者号"机车时,情况已经有了相当大的改善。"旅行者号"牵引着6节煤车、20节挤满乘客的车厢,载重达90吨,时速为15英里。这一壮观场面吸引了众多的人前来观看。铁路两旁人山人海,还有人骑着马,打着红旗走在火车前面开道。火车的鸣叫,向全世界宣告了铁路时代的到来。

然而,从18世纪中叶到19世纪中叶的第一次工业革命,并未结束技术发展的脚步,而是开辟了技术进步的崭新道路。

第一次工业革命使生产力得到极大提升,市场上的商品越来越丰富,从而巩固了资产阶级的统治地位。这次工业革命的结果是机械生产代替了手工劳动,社会经济从以农业、手工业为基础转变为以工业及机械制造为基础,并进而带动经济发展的全新模式。

第二次工业革命

第二次工业革命的时间是从19世纪下半叶到20世纪初,人类开始进入电气时代,并在信息革命、资讯革命中达到顶峰。

第二次工业革命源起于19世纪70年代,其主要标志是电力的广泛应用(即电气时代)。1870年以后,科学技术的发展突飞猛进,各种新技术、新发明层出不穷,并被迅速应用于工业生产,大大促进了经济的发展。当时,科学技术的突出发展主要表现在四个方面,即电力的广泛应用、内燃机与新交通工具的创制、新通信手段的发明和化学工业的建立。

第二次工业革命同第一次工业革命相比,具有以下四个特点。

第一,在第一次工业革命时期,许多技术发明都来源于工匠的实践经验,科学和技术尚未真正结合;而在第二次工业革命期间,自然科学的新发展,开始同工业生产紧密地结合起来,科学在推动生产力发展方面发挥了更为重要的作用,它与技术的结合使第二次工业革命取得了巨大的成果。

第二,第一次工业革命首先发生在英国,重要的新机器和新生产方法主要是在英国发明的,其他国家工业革命发展相对缓慢;而第二次工业革命几乎同时发生在几个先进的资本主义国家,新的技术和发明

开启工业4.0的新商业模式

超出了一国的范围,其规模更加广泛,发展也比较迅速。

第三,第二次工业革命开始时,有些主要资本主义国家如日本尚未完成第一次工业革命,对它们来说,两次工业革命是交叉进行的。它们既可以吸收第一次工业革命的技术成果,又可以直接利用第二次工业革命的新技术,所以这些国家的经济发展速度也比较快。

第四,生产力的快速发展直接导致了垄断资本主义和后来的帝国主义的诞生,资本主义不可避免的矛盾也在1929年金融危机中展现出来。伴随化工业的迅猛发展,炸药的发明,大大促进了军工业的进步,并最终导致第一次世界大战的爆发。从煤炭中提取的各种化合物,如塑料、人造纤维先后被投入实际生活。这些都对第二次工业革命产生了决定性的作用,人类开始通过科学研究来获得纯粹的知识,然后又反过来促进理论的应用。

第二次工业领域大变革发生在19世纪末期,形成生产线生产的阶段。通过零部件生产与产品装配的成功分离,开创了产品批量生产的新模式。

第二次工业领域大变革发生在20世纪初期,通过零部件生产与产品装配的成功分离,开创了产品批量生产(即生产线生产)的新模式。

1866年德国人西门子制成发电机,这标志着第二次工业革命的开始。

随着第一次工业革命和资本主义的迅速发展,自然科学研究工作呈现出空前活跃的局面,并取得了许多重大突破。自然科学同技术发展有着密切的联系,因此,19世纪自然科学的重大突破,为资本主义的进一步发展所要求的新技术革命创造了条件。这些科学技术新成果被迅速、广泛地应用于工业生产，大大促进了资本主义经济的发展。这是近代以来科学技术上的第二次大突破，工业革命进入了一个新的发展时期，第二次工业革命的序幕开启。这一时期如今被称作工业2.0。

1913年，美国人亨利·福特（Henry Ford）创立了全世界第一条汽车流水装配线，由此所形成的流水作业法后来被称为"福特制"。这种作业法是在实行标准化的基础上组织大批量生产，并使一切作业机械化、自动化。"福特制"一经推出，便在世界范围内得到了广泛推广。流水作业法是一种劳动生产率很高的生产组织形式，它加大了工人的劳动强度，要求工人进行高强度、高密度作业，因此在刚诞生时饱受争议。美国著名演员查理·卓别林（Charles Chaplin）就曾在电影《摩登时代》（Modern Times）中，用主人公可笑的经历，对流水线生产进行了讽刺。

然而，时间证明，流水作业法是一种极其有效的生产组织方式。由于成本大大下降，美国汽车的价格从每辆850美元骤降至370美元，亨利·福特本人也成了美国的"汽车大王"。

得益于流水线生产和高效生产，世界工业化的进程进一步加快。随着垄断组织的逐渐形成，世界经济格局发生变化，资本主义世界市场最终形成。更为重要的是，在第二次工业革命期间，人类跨入了"电气时代"，机器和流水线开始逐步由电驱动，使得生产过程更易控制。20世纪70年代以后，随着电子工程和信息技术运用到工业过程之中，使得生产的最优化和自动化成为可能。

第二次工业革命极大地推动了社会生产力的发展，促进了电力、汽车、化工等新兴产业的诞生。

开启工业4.0的新商业模式

1831年，英国科学家法拉第发现电磁感应现象，他根据这一现象，对电作了深入研究。在进一步完善电学理论的同时，科学家们开始研制发电机。1866年，德国人西门子制成了发电机；1870年比利时人格拉姆发明电动机，实际可用的发电机从此问世，电力开始用于带动机器，成为补充和取代蒸汽动力的新能源。随后，电灯、电车、电影放映机相继问世，人类进入了"电气时代"。

19世纪七八十年代，以煤气和汽油为燃料的内燃机相继诞生，90年代柴油机创制成功。内燃机的发明解决了交通工具的发动机问题。19世纪80年代德国人卡尔·弗里特立奇·本茨等人成功地制造出由内燃机驱动的汽车，此后内燃汽车、远洋轮船、飞机等得到了迅速发展。内燃机的发明，也推动了石油开采业的发展和石油化工工业的生产。1870年，全世界生产了大约80万吨石油，而1900年石油生产量则猛增到2000万吨。

科学技术的进步也带动了电信事业的发展。19世纪70年代，美国人贝尔发明了电话，90年代意大利人马可尼试验无线电报取得了成功，这些都为迅速传递信息提供了方便。人们从此突破了时空的界限，开始进入到一个全新的通信时代，世界各国的经济、政治和文化联系进一步加强，并为第三次和第四次工业革命的出现打下了基础。

第二次工业革命比第一次工业革命产生了更大的影响。

第一，第二次工业革命更快速地推动了工业化进程,使先进国家变成工业大国。它一开始就催生了电力、电器、化工、石油和汽车制造等一系列新兴工业部门，并又迅速地对冶金、机器制造业等进行了改造，而这些工业部门多属于基础工业，因而能快速推动工业化进程，完成从农业文明向工业文明的转化。主要工业国由此取得了迅猛发展，1900年,美、德、英、法四国的工业产值已占世界工业总产值的72%。

第二，第二次工业革命促进了企业结构的变革。第一次工业革命使工厂制度代替了工场手工业，但企业的规模不大，基本上还是中小型企业。在第二次工业革命中，新兴的工业部门具有生产技术和产品结构复杂的特点，需要大型的生产设备，只有大批量生产才能盈利，中小型企业已不能适应生产力发展的要求。在这种情况下，进行企业结构改革势在必行。于是，股份公司适应扩大企业规模的要求在19世纪后30年得到广泛发展。作为超大规模企业的垄断组织也随之产生。

第三,第二次工业革命使企业管理发展成为一门独立的学科。由于这次工业革命使工业生产中的科技含量大幅度提高，企业规模明显扩大，科学管理问题被提上日程。对企业进行科学化管理的系统方法——"泰勒制"应时而生。泰勒制分析了劳动中的机械动作，制定了最适当的工作方法，实行最完美的计算监督方法。泰勒制经过企业界人士的进一步补充,进而形成为具体的科学管理思想即"12条效率原则"。美国福特汽车公司的创始人亨利·福特提出了"大规模生产"的管理概念。他强调"标准化生产"，实行"流水化生产线制度"，极大地缩短了生产一辆汽车所用的时间。

第四，第二次工业革命推动了现代化的第二次大浪潮，使世界成为一个相互联系不可分割的整体。在第二次工业革命的进程中，工业化和现代化在欧洲核心地区和美国取得了巨大成就，并向周围地区扩散，越出欧美向异质文化地区传播，形成了推动现代化的第二次浪潮。大工业文明的确立，带动了整个世界工业的蓬勃发展。同时，第二次工业革命还引起了资本主义生产关系的深刻变化。资本主义从自

开启工业4.0的新商业模式

由竞争阶段发展到垄断阶段。垄断资本形成了对世界的统治,资本输出成为金融资本向全球扩张的主要经济手段。在垄断资本的统治下,资本主义经济体系、殖民体系最终形成,世界市场也最终形成。"世界城市"和"世界农村"的分离过程也宣告结束,形成了日渐明显的分工格局。粮食和原料的生产越来越集中在发展相对滞后的亚、非、拉落后国家。工业生产则集中于工业化程度高、科技先进的欧美和日本等国。在世界资本主义经济体系中,形成了"中心—边缘"的世界经济格局。在世界工业化浪潮的冲击下,几乎所有欠发达的落后国家都作出了不同程度的回应。加拿大、澳大利亚、新西兰和南非等国,成功地实现了经济转型,并由此步入先进的工业化国家行列。拉丁美洲一些国家走上了依附型的工业化道路。长期遭受殖民主义侵略的亚非落后国家,为富国强兵、救亡图存,走上了一条非自主型的工业化道路。第二次工业革命带来的交通运输革命和通信手段的变革,使世界各国之间的联系越来越紧密。到20世纪初,世界已成为一个相互联系不可分割的整体。

第二次工业革命的影响力主要体现在以下几个方面:

(1)对生产力的影响

经过18世纪的第一次工业革命,人类社会焕发出极大的生产力,产品一下子丰富起来。欧洲的每个角落都鸣响着蒸汽机的吼声,整个社会的生产方式都发生了巨大的变化。但是,人的需求是无止境的。生产的发展一方面创造出日益丰富的产品;另一方面也创造出新的社会需求。这就要求新的产品、新的机器、新的工业部门、新的生产技术。第二次工业革命满足且推动了这些新的社会需求。

(2)对生产关系的影响

第一次工业革命开创了大机器工业，打断了农业社会的进程，使工场手工业成为了遥远的过去，建立起了工厂制度。第二次工业革命是在大机器工业内部进行的。这种大工业内部的兴衰对社会结构的冲击，其表现是渐进的，它没有使生产方式发生根本性的变化。

(3)对资本主义的影响

在第一次工业革命的进程中，资本主义取得了统治地位。第二次工业革命使资本主义从自由资本主义阶段过渡到垄断资本主义阶段。

(4)对工业门类的影响

第一次工业革命是从棉纺织业开始，以蒸汽机的使用为标志，以资本主义工厂制度的确立为完成标志，完成了工业的第一步飞跃。接着而来的第二次工业革命，则是从重工业的变革开始，以电力的应用为标志，以产业结构的巨大变化而告终。

(5)对工业发展程度的影响

第二次工业革命中兴起的许多工业部门都植根于第一次工业革命，但它们在第一次工业革命中不过是处在萌芽状态。例如，钢铁、煤炭、机械加工等行业还没有完全摆脱原始的生产状态，与第二次工业革命后的大工业生产不可同日而语。在第二次工业革命期间，不仅传统的钢铁工业、机械加工业发生了根本性的变化，而且兴起了电气、化工、汽车、石油等一系列工业部门。这是又一次真正巨大的变化，它使人类的物质生活得到了巨大改善，超过了第一次变革的成果。

(6)对国际关系的影响

第一次工业革命使英国最先从农业社会中脱颖而出，凭借着廉价的纺织品聚敛了大量财富，英国成为"世界工厂"。第二次工业革命在美国和德国最先开始，使它们一跃而起，以新兴的钢铁、石油、电气、化工、航空等工业震撼了世界。后来者居上，美、德两国的工业经过了这次变革之后，远远地走在了英、法两国的前面。

第三次工业革命

第二次工业革命在生产过程中产生的高度自动化，引发了第三次工业革命，它始于20世纪70年代并一直延续到21世纪头10年。电子与信息技术的广泛应用，使得制造过程不断实现自动化，机械设备开始替代人类作业。

1957年，苏联发射了世界上第一颗人造地球卫星，由此开创了空间技术发展的新纪元，并标志着第三次工业革命的开始。第三次工业革命是人类文明史上继蒸汽技术革命和电力技术革命之后科技领域里的又一次重大飞跃。这是近现代以来科学技术上的第三次大突破，工业革命进入了一个新的发展时期。

第三次工业革命以计算机、原子能、空间技术和生物工程的发明与应用为主要标志，这是涉及信息技术、新能源技术、新材料技术、生物技术、空间技术和海洋技术等诸多领域的一场信息控制技术革命，所以这次工业革命又被称为第三次科技革命。

第三次工业革命极大地推动了人类社会经济、政治、文化领域的变革，而且也影响了人类的生活方式和思维方式。随着科技的不断进步，人类的衣、食、住、行、用等日常生活的各个方面也发生了重大的变化。

1957年，苏联在拜科努尔发射场发射了世界上第一颗人造地球卫星，成功将卫星送入轨道，人类从此进入了利用航天器探索外层空间的新时代。1958年，美国也发射了人造地球卫星。

1959年，苏联发射的"月球"2号卫星成为最先把物体送入太空的卫星。而正当美国人瞠目结舌之时，苏联宇航员又在1961年乘坐飞船率先进入太空。美国不甘落后，开始了60年代规模庞大的登月计划，并于1969年实现了人类登月的梦想。

20世纪70年代以来，空间活动由近地空间为主转向飞出太阳系。1981年4月12日，美国第一个可以连续使用的哥伦比亚航天飞机试飞成功，并于两天后安全降落。它身兼火箭、飞船、飞机三种特性，是宇航事业的重大突破。1970年以来，中国宇航空间技术迅速发展，现已跻身于世界宇航大国之列。从交通工具角度来看，运载火箭系统和航天飞机可以视作新型的交通工具，它们开启了人类全新的时空。

伴随着计算机技术的发展，网络通信技术也发展迅速，从有线窄带到宽带网络，从有线网络到无线网络，人类开启了信息高速公路时代。发展于网络通信技术的互联网技术让人与人之间的交流更加方便，并由此拉近了世界的距离。随着互联网技术的应用，全球化进程持续加速，地球上的人们被紧密地联系在一起。第三次工业革命加速了全球化的进程，如今，全球化已经成为人们生活的一部分。

第三次工业革命从20世纪中期延续到当前。第三次工业革命是发生在第二次世界大战后科技领域的重大革命。这一时期如今被称为工业3.0。

第三次工业革命同前两次工业革命相比，有三个特点。

首先,科学技术在推动生产力的发展方面起着越来越重的作用,科学技术转化为直接生产力的速度加快。

其次，科学和技术密切结合，相互促进。随着科学实验手段的不断进步，科研探索的领域也在不断开阔。

最后,科学技术各个领域之间的相互联系加强,在现代科技发展的情况下，出现了两种趋势，一方面学科越来越多，分工越来越细，研究越来越深入化；另一方面学科之间的联系越来越密切，相互联系渗透的程度越来越深，科学研究朝着综合性方向发展。

第三次工业革命，使得科学技术大幅度提高，为世界文化的发展提供了雄厚的物质基础，并使得全球的文化联系越来越密切，现代化呈现出多元化的特点。在学术上，出现了各学科之间的相互渗透的新特点，新的学术与科技思潮不断涌现。

当今的国际竞争主要是以经济、科技和军事实力为核心的综合国力的竞争，因此教育的战略地位日益受到各国的重视，出现了世界性的教育改革新潮。

第三次工业革命，既给全世界各国的经济发展带来了机遇,也向各国提出了严峻的挑战。

美国和德国几乎是在同时期研发出了可编程逻辑控制器。1969年，应美国通用汽车公司（GM）提出的取代继电器控制装置的公开招标，美国数字设备公司（Digital Equipment Corporation，DEC）研制出了第一台可编程逻辑控制器，成功运用于汽车自动装配线。1973年，德国西门子公司研制出欧洲第一台可编程逻辑控制器。与传统采用继电器进行控制的方式相比，可编程逻辑控制器具有容易修改、安装、

第一章
历次工业革命的阐述

诊断，以及不占空间等优点，并且，随着20世纪70年代初微处理器的出现，人们很快将其引入可编程逻辑控制器，使其增加了运算、数据传送及处理等功能，转变为真正具有计算机特征的工业控制装置。这一转变，可谓是迈出了采用微处理器控制工业生产的第一步。但是，由于当时正值冷战时期，没有人关注到这个小东西将会对工业生产产生革命性的巨大影响。

自那以后，随着硬件水平和集成度不断提高，人们在可编程逻辑控制器上采用了C语言和更高级的编程语言，不仅可以描述简单的与、或逻辑关系，还可以描述各种复杂的控制策略（例如PID、自适应、自学习等）。如今，可编程逻辑控制器已被广泛使用，几乎无处不在了。

然而，可编程逻辑控制器在各国的运用程度和范围广度似乎并不完全相似。在20世纪80年代末，美国麻省理工学院（Massachusetts Institute of Technology，MIT）曾耗资500万美元完成了一份调研报告——《改变世界的机器》，报告指出日本汽车工业之所以能在20年里抢占世界1/3的市场，除了"苗条"（零库存）工厂外，最重要的一点便是广泛实现了装配自动化，由机器人辅助的装配设备大幅度提高了产品质量与生产率。因此，今后美国和欧洲的汽车工业将很难与之竞争。所幸的是，德国的汽车工业挺住了，这其中很大一部分原因是德国在生产线上的机器人中都装上了可编程逻辑控制器，可以灵活地不断更换或改进程序。

第三次工业革命，推动了社会生产力的发展，以往，人们主要是依靠提高劳动强度来提高劳动生产率。在第三次工业革命条件下，主要是通过生产技术的不断进步、劳动者素质和技能的不断提高、劳动

开启工业4.0的新商业模式

手段的不断改进来提高劳动生产率。

1. 对经济发展的影响

第三次工业革命对经济发展的影响表现在以下几方面：一是引起了生产力各要素的变革，使劳动生产率有了显著提高；二是使整个经济结构发生了重大变化。第三次工业革命不仅加强了产业结构非物质化和生产过程智能化的趋势，而且引起了各国经济布局和世界经济结构的变化。此外，第三次工业革命以其丰富的内容使管理发展为一门真正的科学，并实现了现代化。

2. 对社会生活现代化的影响

在社会生活方面，第三次工业革命不仅带来了物的现代化，引起了劳动方式和生活方式的变革，而且也造就了一代新人与之相适应，使人的观念、思维方式、行为方式、生活方式逐步走向现代化。具体表现为以下几点：一是极大地推动了社会生产力的发展，提高劳动生产率的手段改变了；二是促进了社会经济结构和社会生活结构的变化，第三产业比重上升，人们的衣食住行等日常生活发生了变革；三是推动了国际经济格局的调整，各地联系更紧密,强化了国家资本主义和科技竞争，扩大了发达国家同发展中国家的经济差距。对发展中国家来说，第三次工业革命既是机遇,也是挑战。

3. 对人类社会的影响

第三次工业革命对人类社会产生了深远的影响。第三次工业革命中电子计算机的发明和广泛使用，以及各种"人—机控制系统"的形成，使生产自动化、办公自动化和家庭生活自动化有了实现的可能，使得人类社会从机械化、电气化时代进入到另一个更高级的自动化时代；空间技术和海洋技术的发展标志着人类社会已从被束缚于地球表面的"地球居民"时代进入到一个陆海空立体的新时期;基因重组技术、结构化学和分子工程学的进展使人类获得了主动创造新生物和新生命的创造力,标志着人类正在由"必然王国"一步步走向"自由王国"。

4.对世界经济的影响

第三次工业革命提高了生产力水平,加速了第二次世界大战后世界经济的恢复和发展;促进了国际贸易的发展、世界金融关系的变化和生产要素的国际流动;推动了跨国公司和国际经济一体化的发展,并引起了世界经济结构和经济战略的变化。

5.对国际关系的影响

第三次工业革命对国际关系产生了深刻的影响,它一方面加剧了资本主义各国发展的不平衡,使资本主义各国的国际地位发生了新变化;另一方面扩大了世界范围的贫富差距,促进了世界范围内社会生产关系的变化。

6.对全球问题的影响

第三次工业革命一方面扩大了人类改造自然的活动领域,提高了人类与自然作斗争的能力,从而把人类社会的物质文明和精神文明推进到一个前人所无法想像的新高度;另一方面也带来了一系列棘手的社会问题,如生态环境的恶化、自然资源和能源的过度消耗以及核灾难的威胁,这些难以控制的问题恶性发展使人类的处境受到越来越严重的困扰,成为举世关注的全球问题。

开启工业4.0的新商业模式

第四次工业革命

第四次工业革命也就是人们常说的工业4.0。

在2012年年初,德国产业界提出了工业4.0计划,认为当前世界正处在"信息网络世界与物理世界的结合",即第四次工业革命的进程中。德国表示要积极参与第四次工业革命,并重点围绕"智慧工厂"和"智能生产"两大方向,巩固和提升其在制造业的领先优势。

德国政府认识到,网络技术在工业生产中的应用具有非常的潜力,德国有强大的机械制造和自动化工业,在软件领域也有一定的实力,这三方面共同决定了德国在工业4.0时代的优势地位。"这一发展将在接下来的几十年里影响工业生产的发展。"德国电子电气工业协会预测,工业4.0将使工业生产效率提高30%。德国经济部为此设立了专项资金,支持该计划的实施,第四次工业革命已上升为德国的国家战略。

德国企业也正在积极响应号召。例如,在2013年的德国汉诺威工业博览会上,西门子展示了如何通过世界领先的科技与创新帮助制造业应对今天的挑战,以及如何打造未来制造业的发展模式。西门子还展示了融合规划、工程和生产工艺以及相关机电系统的全面解决方案。据预测，工业信息技术与软件市场的规模在未来几年将以年均8%的速度增长，增长速度将是西门子在工业业务领域相关总体市场规模的两倍。为此，西门子已经先行一步，集中力量构建其在工业信息技术和工业软件领域的创新领导地位。

法国一些企业高层管理人员也普遍认为，尽管法国政府没有提出明确计划，但新一轮的工业革命正在进行中，将会推动人类的显著进步。例如，将信息技术用于能效管理，可以节约城市30%~70%的能源、减少20%的交通拥挤程度、降低15%的建筑成本以及20%的水资源消耗。

西班牙巴塞罗那市政府官员则表示，巴塞罗那正着重推动信息技术对旧工业革命地区和产业的改造，把智慧城市、电动汽车等创新产业与传统产业紧密结合起来，发展智慧城市、移动城市，从而保持了城市活力。

工业4.0是智能制造技术主导的产业升级。其主要内涵包括了自动控制、人工智能与信息处理三个方面。

自动控制技术发端于工业3.0时代。自动化生产线就是这种技术的产物。工业4.0时代的生产线将对自动控制技术进行升级，让生产制造流程变得更加"无人化"。这就需要人工智能技术，特别是智能机器人的广泛应用。虽然工业机器人出现得很早，但其智能水平还远不足以将工人完全从繁重单调的体力劳动中解放出来。因此，工业4.0将发展人工智能技术作为重中之重，具体而言就是构建智能制造系统与智能工厂。

自动控制与人工智能的升级，离不开信息处理技术的发展。在虚拟生产与现实生产融为一体的工业4.0时代，以CPS为纽带的物联网，将成为智能生产与智能工厂的神经网络。在CPS的协助下,智能工厂可以轻松实现"零件与机器的交流"。物联网则将实现制造业各部门与最终用户、合作伙伴的全程无缝沟通,让生产模式与商业模式变得更加智能化。

如今,随着信息技术的飞跃发展,人们对产品需求的变化,使得灵活性进一步成为生产制造领域面临的最大挑战。具体而言,由于技术的迅猛发展,产品更新换代频繁,产品的生命周期越来越短。对于制造工厂来说,既要考虑对产品更新换代具有快速响应能力,又要考虑因生命周期缩短而减小产品批量。随之而来的是产生了成本提升和价格压力问题。

"工业4.0"则让生产灵活性的挑战成为新的机遇,将现有的自动化技术通过与迅速发展的互联网、物联网等信息技术相融合来解决柔性化生产问题。

从"工业3.0"时代的单一种类产品的大规模生产,到"工业4.0"时代的多个种类产品的大规模定制,既要满足个性化需要,又要获得大规模生产的成本优势。所以,"工业4.0"和"工业3.0"的主要差别体现在了灵活性上。

"工业4.0"基于标准模块,加上针对客户的个性化需求,通过动态配置的单元式生产,实现规模化,并满足个性化需求。同时,大规模定制从过去落后的面向库存生产模式转变为面向订单生产模式,在一定程度上缩短了交货期,并能够大幅度降低库存,甚至零库存运行。在生产制造领域,需求推动着新一轮的生产制造革命以及技术与解决方案的创新。对产品的差异化需求,正促使生产制造业加速发布设计和推出产品。正因为人们对个性化需求的日益增强,当技术与市场环境成熟时，此前为了提高生产效率、降低产品成本的规模化、复制化生产方式也将随之发生改变。所以"工业4.0"是工业制造业的技术转型，是一次全新的工业变革。

"个性化"是有针对性的、量身定制的代名词；"规模化"意味着大批量、重复生产。"工业4.0"时代的智能制造就是让"个性化"和"规模化"这两个在工业生产中相互矛盾的概念相互融合的生产方式，通过互联网技术手段让供应链上的各个环节更加紧密联系、高效协作，使得个性化产品能够以高效率的批量化方式生产，也就是大规模定制生产。

大规模定制生产模式结合了定制生产和大规模生产两种生产方式的优势。大规模定制以顾客需求为导向，是一种需求拉动型的生产模式，以模块化设计、单元式生产为基础，以信息技术和网络技术为大规模定制的基本平台，基于差异化战略获取更广阔的竞争优势。所以，大规模定制生产模式在满足顾客个性化需求的同时，能够实现较低的生产成本和较短的交货期。

通过比较，可以看出大规模定制既保留了大规模生产的低成本和高速度，又具有定制生产的灵活性，将工业化和个性化比较完美地结合在了一起。大规模定制生产也是企业参与竞争的新方法，是制造业企业如何获得成功的一种新的思维模式。大规模定制以顾客愿意支付的价位和能获得一定利润的成本，来高效率地进行产品定制生产，满足顾客的个性化需要。

定制产品由于更接近个性化需求，所以比标准化产品具有更大的价值空间。此外，大规模定制生产通过互联网，使供应商、制造商、经销商以及顾客之间的关系更加紧密。借助于互联网和电子商务平台进行大规模定制，也可以实现消费者、经销商和制造商等多方的"满意"与"共赢"。

即将来袭的第四次工业革命

杰里米·里夫金在《第三次工业革命》一书中描绘的自动化工厂，还在众多读者的脑中回荡，但他没想到的是，第三次工业革命已经悄悄结束。德国、美国等发达国家早就把目光放在了另一个崭新的时代——第四次工业革命（工业4.0）。

世界变化之迅速，总是令人始料不及。也许，你还在为书中描写第三次工业革命的自动化工厂惊叹不已，大洋彼岸的工业界却已经发生了翻天覆地的变化。无数优秀企业正用实际行动告诉你：第三次工业革命早已结束，一个崭新的时代已经到来！

一股革新的力量正在德国工业界上空迅速扩散。在告别机械化、电气化和信息技术之后，德国迎来了工业化的第四个阶段。2013年4月的汉诺威工业博览会上，德国首次提出工业4.0这一概念，举世哗然。这个世界制造业最发达的国家，再一次以其全新的理念，向全球工业提出了挑战：如果将物联网及服务引入制造业，这个世界会变成什么样？"我们正拥抱一个伟大的时代"，掀起一场全球化的工业4.0革命风潮，或许只是时间问题。

德国是全球制造业中最具竞争力的国家之一。德国拥有全球领先的机械和装备制造业，在德国隐形冠军（Hidden Champions）前百强中，就有22家机械和设备制造商；在全球信息技术研发领域，德国拥有显著地位，在嵌入式系统和自动化工程领域也具有很高的技术水平。这些使得德国在创新制造技术方面的研究、开发和生产，以及在复杂工业过程管理方面能够实现高度专业化，并且成就了其在工业3.0时期的领先地位和在制造工程行业中的领导地位。

在新时代发展的巨大压力下，为进一步增强国际竞争力，德国凭借上述独特优势，正着手开发新型工业化的潜力——工业4.0，并着重推进这个产官学一体化的新一代工业升级计划，将工业4.0推向了改革的制高点。

德国工业4.0战略的主旨在于，通过充分利用信息通信技术和信息物理系统（Cyber Physical System，CPS）相结合的手段，推动制造业向智能化转型。

工业4.0时代，智能工厂、智能生产、智能物流已经成为制造业由传统模式向智能化方向转变的三大主题。制造业由大规模生产向个性化定制转型、生产型制造向服务性制造转型、要素驱动向创新驱动转型实现了工业4.0时代的三大颠覆转型，并成为时代发展的必然趋势。信息化和工业化的深度融合使得技术创新、产品创新、模式创新、业态创新、组织创新成为实现工业4.0的五大创新驱动，从而进一步加速了工业产品向数字化、智能化发展方向的转变，也加速了产业价值链体系的重构，实现了业务流程重组和企业组织再造，由此，一个全新的工业4.0时代华丽登场。西门子的信息技术集成领域的领跑者地位、GE的工业互联网方案、独树一帜的邢钢模式、本田利用新技术突破成本瓶颈等，都是工业4.0时代信息化与工业化深度融合的典范。

开启工业4.0的新商业模式

我们不妨大胆想像一下智能工厂的美妙景象。

在一个飞机制造厂里,各条生产线有条不紊地运行着。车间里一个人都没有,只有造型各异的智能机器人。它们不但装配工艺快捷娴熟,还能根据指令灵活改变工作任务。虽然这在工业3.0的自动化工厂中也能实现,但不同的是,这些机器人不需经过人工操作就能相互沟通。

当一台智能机器人改变工作内容或装配速度时,它会自主通知下一岗位的智能机器人做好相应的准备。而产品在投入使用时,其自带的传感器会自动采集飞机在运行过程中的各种数据。这些数据被自动上传到智能网络当中,系统的智能软件系统可以据此精确分析飞机的各种状况,甚至预测飞机故障发生的方式与时间,并即时提出预防性保养方案。如此一来,产品的安全性与使用寿命都将得到大幅度提升。

毫不夸张地说,智能工厂是第四次工业革命的重要发展项目。其卓越的智能制造能力,可以将工人从机械化的流水工作里解放出来。工人无须再将精力浪费在单调的机械重复劳动中,而能把更多能力用于研发新技术与寻找新的增值业务上。

从更长远的角度看,第四次工业革命可以让工厂构建更为灵活的组织形式;工人也可以灵活调整生活方式,为事业和生活寻找一个更合适的平衡点。这也许是第四次工业革命对人类最重要的贡献之一。

工业4.0更大的意义在于,打破现实世界与虚拟的数字世界之间的界限,将两个世界彻底融为一体。

我国颁布的《中国制造2025》中的所提到的未来工业的发展战略是与德国"工业4.0"战略相吻合的,其核心都是通过智能制造实现客户的个性化定制需求。目前我国海尔打造的用户交互定制平台和模块商资源平台、长虹利用数字化和个性化推进智能化工厂转型、华为布局万物互联的工业4.0大数据时代、三一重工打造全球一流的流程型组织等，都已经作为领军企业抢先进入了工业4.0时代。

工业4.0时代的出现，为传统工业的发展模式画上了一个完美的句号，工业4.0时代给传统工业带来的是一种全新的网络智能架构，在这个架构下，智能制造必将给人们带来更加舒适、美好的生活。

德国专家认为，第四次工业革命最主要的驱动力，是一个高度智能化的产业物联网（Industrial Internet of Things）。这种产业物联网依托于大数据分析技术，以物联网为核心，工厂的生产流程、产品设计、技术研发、用户服务等各环节，都被纳入到这个智能网络当中。人与智能机器通过数据实现信息沟通，让科幻电影中的神奇景象变成活生生的现实。

根据英国牛津经济研究院的分析报告，产业物联网应用所产生的价值可以在20国集团的GDP总量中占据高达62%的比重。而根据美国通用电气公司的估算，到2030年时，产业物联网将为全球GDP贡献出高达15万亿美元的产值。工业4.0的长远意义由此可见一斑。

随着第四次工业革命的到来，世界将在以下几个方面发生革命性的变化。

第一，工业领域将成为新工业革命的策源地。

在工业4.0时代中，工厂不再只是简单的生产基地，而是进化为CPS中的"智能空间"。智能工厂与物联网及服务网络的高度融合，让生产流程中的所有环节都能实现智能化转换。工厂的生产、管理、仓储、营销、服务通过数字信息链连接成一个密不可分的整体。

此外,智能工厂制造的产品也将获得自己独有的数字化记忆。例如前文所述的西门子智能生产线,在每个产品中植入一种相当于"黑匣子"的智能芯片。这个"黑匣子"将自动记录该产品在生产、维修、回收等环节的一切数据。产品有了数字化记忆,就能与智能机器人,甚至客户进行沟通。

借由这项技术,个性化定制产品的生产加工将进入一个崭新的阶段。人们在这次工业革命中需要重新思考机器人在工业生产中扮演的角色。装有各种传感器的智能机器人,不需要由人工操作,而是直接根据产品"黑匣子"中的数字化记忆(指令)来加工产品。

智能生产线还能自动连接"云端"平台,寻找不同的专家。专家只需要提供全套维修技术内容与虚拟工具,而智能机器人可以自主思考,运用专家提供的有效信息来进行自我管理与自我完善。

第二,大数据将改变固有的数据管理方式与客户关系管理模式。

从某种意义上说,工业4.0时代也可以被称为工业大数据时代。因为按照传统的生产管理方式,企业的数据分散在各个部门的数据库中,缺乏横向联动。决策者想及时、准确地提取企业各个方面的数据,存在技术上与管理上的困难。而工业大数据的出现,使得企业可以把各部门的数据全部集中在一个云平台上。通过云平台来充分挖掘各部门的数据中的有用信息,从而建立一个完整的PLM(产品生命周期管理)系统。

在产业物联网中,不仅上游的生产流程会运用到智能技术,下游的营销及客户关系管理环节也会广泛使用大数据工具。大数据可以深度挖掘各种传感器采集的客户信息,并通过智能软件分析出每个客户的需求曲线变化,从而进一步自动生成最符合客户当前需求的产品设计及营销推广方案。

第三，未来的企业组织会发生深刻变革。

制造业企业作为发展工业4.0的主力军，将会彻底革新自己的组织形式。随着新技术的普及，生产效率极大提升，交易成本迅速下滑，那些不能适应环境变化的低科技含量的传统制造业，将被无情地淘汰。但光有技术研发优势，不代表企业可以适应越来越变化多端的追求个性化和人性化的市场。

对于那些掌握核心科技的制造业巨头而言，传统的企业组织缺乏足够的灵活性与便捷性。亚马逊等以零售为主业的互联网巨头，恰恰以善于灵活应对消费者的多样化著称。这对首倡工业4.0的制造业是一个严峻的挑战。

因此，制造业企业将在CPS等高新技术的支持下，变革自己的组织形式。美国专家预测：未来的企业组织形式可能接近机动灵活的特种部队，以研发、生产、营销、服务一体化的编制精干的小组为基本单位，独立负责处理各自的细分市场。而企业高层一方面在战略决策环节集权化，另一方面又将战术层次的决策管理权下放至各个小组，寻求集权与放权的平衡，实现从指令性管理向合作式管理的转型。

总之，悄然降临的第四次工业革命与第三次工业革命一样，将会彻底改变人类的生产生活方式。

开启工业4.0的新商业模式

工业4.0时代带来的机遇与挑战

工业4.0最早是由《德国高技术战略2020》一书中提出来的,该战略是利用智能化生产来促进国家发展的新型战略。德国将其定义为"以信息物理系统为基础的智能化生产"。这也证明在工业4.0时代,将以实现生产智能化为目标。然而,"信息物理系统"实际上是指各类物理设备通过互联网相连接,并最终让这些物理设备具有计算能力、互相通信能力,从而可以被精确地识别和控制,进而通过远程协调和管理,实现虚拟网络与物理设备的互联互通。

随着网络技术的不断发展,人类逐渐进入了互联网时代,工业互联网的大门也逐渐打开,一场互联网工业革命从此拉开了序幕。互联网使人们从生活到商业都有了巨大的改变,我们获取信息以及相互沟通的方式也有了很大的改变;并且,一个基于互联网的电子商务模式正在改变人们的传统商务模式,这正是互联网给一个产业带来的巨大变革。

在全球工业领域,互联网已经在人机互交、远程监控、管控一体化方面全面进入应用状态,然而互联网还仅仅是"工具",只有将工具与产业运行真正结合,才能具备真正的革新力量。因此,互联网是工业变革的动力，互联网驱动了工业变革。

工业互联网的理念是在2011年由GE提出来的，并且他们认为工业互联网的出现，已经成为尾随互联网和电子商务之后的第三波信息化浪潮，从此，传统的工业将受到工业互联网的影响，呈现全新的变革局面。

GE是美国通用电气公司的简称，是在1892年由创立于1878年爱迪生电灯公司与汤姆森-休斯顿电气公司合并之后成立的，是世界上最大的提供技术和多元化服务业务的跨国公司。

GE智能平台全球软件业务技术战略官理查·卡明特，将工业互联网言简意赅地定义为"工业互联网通过将人、大数据、智能资产和设备连接起来，并结合软件和大数据分析，提升生产力和效率。"然而，工业互联网的精髓是依托大数据分析和优化解决方案从而提高工业效率。

诚然，与物联网相对比，工业互联网也具有物物相连的特征。工业互联网以云计算为基础，直接向应用目标方向发展。目前，可以简单地认为工业互联网实际上是工业物联网的升级版。因为，与工业物联网相比较，工业互联网更加具有安全性、可靠性、高效性以及经济性。

日前，美国通用电气公司的报告分析显示，如果工业互联网以每年1%~1.5%的增长方式推动生产率的话，那么生产率会再一次达到网络革命的巅峰水平。这将意味着，在未来20年里，工业互联网可以为全球GDP创造10~15万亿美元的巨额价值。并且到2025年，工业互联网所创造的经济价值将达到82万亿美元。该数字将在世界经济总量水平中占1/2的比例。目前，智能化生产已经应用于汽车、装备等领域，未来电网、能源、信息技术等多方面领域都将有智能化的身影,一场传统制造业正在向智能化工业4.0时代逐步展开。

相对于更容易快速聚敛财富的金融业与依托于互联网及现代物流体系的服务业,工业4.0对传统制造业的冲击更为猛烈,尤其是那些处于工业2.0或工业3.0水平的传统制造业。

工业4.0的智能制造与数字化工厂,将逐渐取代工业3.0的自动化生产。这将意味着,效率低下且依赖大量廉价劳动力的低端制造业工厂,会被效率更高且以智能机器人完全代替人工的数字化工厂全面取代。

传统的制造业是通过向发展中国家输出生产线的方式,来获取当地的廉价劳动力与廉价资源,以降低产品的生产成本的。而在数字化工厂中,无人操作的智能制造生产模式节省了大量劳动力,不仅生产效率远超过去,产品成本也大大降低,而向发展中国家转移工厂的方式,已经难以产生更多效益了。

如此一来,拥有雄厚科技优势的发达国家就不需要煞费苦心地向海外转移工厂,可以安心将制造业留在国内,避免再次陷入先"去工业化"再"复工业化"的怪圈了。而那些借助发达国家转移工厂来组建本国制造业体系的发展中国家,则将失去长期以来的劳动力比较优势,产业升级速度大大下滑。这在工业科技突飞猛进的今天,意味着彻底丧失未来机遇。

中国拥有全世界最大的制造业市场与完整的轻重工业体系,所以美国好莱坞电影时不时地把"中国制造"当成取悦中国观众的"彩蛋"。

但从整体上来看,中国只能算是制造业大国,而不是制造业强国。中国的制造企业大多介于工业2.0到工业3.0阶段之间,还远远不符合工业4.0时代的发展水平。其主要问题有以下四点。

第一,中国制造业的自主创新能力不强,拥有自主知识产权的产品还不够多。

第二,很多领域的生产工艺尚未达到国际先进水平,产品的质量与技术含量较低。

第三,产能虽高,但能耗也高,资源能源利用效率较低,对环境造成的污染较严重。

第四,中国制造业的产业结构并不够合理,一方面,低端产品的产能严重过剩;另一方面,又缺乏多种高端产品的生产能力。

在第四次工业革命之前,中国制造业还可以凭借廉价劳动力来获得让西方制造业垂涎的低成本竞争优势。可进入工业4.0时代后,以智能制造为核心竞争力的数字化工厂,将在生产效率与生产成本上形成对传统制造业的明显优势。以低成本为核心竞争力的中国制造业,将随之进入"高成本时代",不得不朝着增加工业附加值的方向寻找出路。这势必会导致中国制造业与德美等国高端产业展开硬碰硬的正面竞争。而已经占得工业4.0先机的发达国家,将获得中国制造业难以撼动的有利地位。

据市场调查显示,中国当前的自动化市场已经超过1000亿元的规模。这已经占据了全球市场份额的1/3以上。可见,工业4.0必将成为中国制造业未来的前进发展方向。假如中国制造业不能顺利实现升级转型的话,这块巨大的市场份额将被德国、美国等制造业强国拿下,白白错过第四次工业革命带来的跨越式机遇。

除了传统的互联网外,方兴未艾的物联网与服务网,也是发展工业4.0的重要条件。工业4.0时代的企业，通过虚实融合系统与多个云平台进行对接，这些系统通常设置了各种传感器与执行器，可以智能地感知周边环境，依据指令与环境进行感知互动。

总体而言，工业4.0带给中国的商机主要有两点。

第一，中国提出的"两化融合"战略（工业化与信息化的深度融合）与德国提出的工业4.0计划有殊途同归之处。

中国早已被誉为"世界工厂"，也是互联网经济较为发达的国家。但就实而论，中国的制造业依然处于工业2.0向工业3.0过渡的阶段。虽然发展速度惊人，但尚未成为真正意义上的制造业强国，依然在追赶已经全面实现工业3.0的欧美工业强国。而工业4.0的横空出世，让中国有了争取跨越式发展，在第四次工业革命中缩短与发达国家差距的机会。

第二，工业4.0改变了传统的工业生产流程，对产品提出了标准化、模块化的要求，为制造业提供了更多盈利机会。

到目前为止，中国已是世界上最大的机械制造国。尽管出口水平与德国有不小的差距，但我国制造业仍占据4.2%的市场份额。由此可见制造业对我国经济的重要性。假如中国能在此基础上尽早发展工业4.0，就能与德国、美国等发达国家一同瓜分新兴市场，让经济发展结构变得更为合理。

第二章

走进工业4.0时代

> 工业4.0也并不是一个高深莫测的新名词。此次在德国，我看到很多企业默默地在这方面进行了很多的尝试，包括数字化，信息化，以及物联网的工作，但并没有像之前国内所宣传的那样动辄冠以"工业4.0"的名号。工业4.0应该是一个不断发展从量变到质变的过程，工业4.0和3.0之间也没有很清晰的界定。这个发展也是基于现有的技术，综合现有可行的技术而创造出新的东西来。

开启工业4.0的新商业模式

第二章 走进工业4.0时代

抢占工业4.0的制高点

制造业大国——德国推出"工业4.0"的国家战略之后,得到了全世界的广泛关注,也受到了行业内的广泛评议。德国希望借助于"工业4.0",在生产制造的各个环节应用信息技术,将信息技术与物理现实社会之间的联系可视化,将生产工艺与管理流程全面融合。由此,通过智能制造,生产出智能产品,形成智能工厂。

那么为何是4.0呢?

"工业4.0"是一个发展的概念,体现出科学的发展观。工业4.0本质是基于"信息物理系统"实现"智能工厂",是以动态配置的生产方式为核心的智能制造,也是未来信息技术与工业融合发展到新的深度而产生的工业发展模式。通过"工业4.0"可以实现生产率大幅提高,产品创新速度加快,满足个性化定制需求,减少生产能耗,提高资源配置效率,解决能源消费等社会问题。从最终用意来看,"工业4.0"将全面推动标准化体系建设,进一步巩固德国制造业优势,抢占新一轮产业竞争的制高点。

德国推出"工业4.0"其实也是基于本国的产业结构。德国是一个以机械行业为支柱的制造业大国,国土狭小,资源匮乏,人口也相对较少(只有约8 000万人)。所以它只有向国外出口高附加值产品,在国外生产,才能使国家富强。而且德国90%的人员在不到500人的中小企业中工作。通过中小企业不断的技术创新,并主要在各企业之间交易,这样,中小企业在固定的零部件和机床领域占据了较大的市场份额。如果某些企业缺少德国中小企业的产品供货,自身的生产制造将会停滞,所以一般很容易接受中小企业的产品议价。为此,中小企业之间也避免了激烈的价格竞争。

德国"工业4.0"有效地对本国中小企业进行了保护和扶持。中小企业相对于西门子那样的大企业来说缺乏资本与实力,而实现"工业4.0"需要巨额的软件开发投入,由中小企业自己开发将是非常困难的;所以由政府牵头,制造业的主要社会团体共同推进"工业4.0"的标准化,缺乏自主开发软件能力的中小企业也就能享受技术上的扶持。相反,中小企业如果工厂信息化落后,也将致使本国经济的主要贡献者弱化。

德国信息产业、电信和新媒体协会(BITKOM)对德国"工业4.0"的经济效益进行了预测。BITKOM的预测数据显示,相对于2013年,德国经济增加值将保持1.74%的年增长率,到2025年有望高达787.7亿欧元。其中,化工产业将从400.8亿欧元增至521亿欧元;汽车产业将从740亿欧元增至888亿欧元;机械产业将从767.9亿欧元增至998.3亿欧元;电子产业将从402.7亿欧元增至523.5亿欧元;农业将从185.5亿欧元增至213.3亿欧元;信息通信技术产业将从936.5亿欧元增至1 077亿欧元。

从社会效益来看,德国重视"工业4.0"的另一个原因是老龄化带来的劳动力不足。2010年以来经济向好的德国,深深感受到本国技术工人的数量不足。部分厂家通过招收一些经济不景气的西班牙、葡萄牙的工人来增加产量。而且德国预计从业工人到2030年相对于目前将减少600万人。德国部分企业开始通过营建适合60岁以上工人工作的环境来确保熟练工种的人数，以解决劳动力不足的问题。因此，"工业4.0"对于未来劳动力不足的德国来说，也是一个解决方案。

根据美国通用电气公司（GE）在2012年11月发表的研究报告，到2025年，智能工业网络可能实现的效率提升和生产力进步将几乎覆盖每个经济领域，影响"大约一半的全球经济"。而根据德国电子电气制造商协会（ZVEI）的预测，到2020年，"工业4.0"带动下的全球国内生产总值将达到约90万亿美元。

根据德国"工业4.0"标准化路线图，可将"工业4.0"的参与者分为三类：技术供应方、基础设施供应方和工业用户。技术供应方代表有西门子以及库卡(Kuka)，他们提供关键的产品技术，如协作机器人或者远程维护系统；基础设施供应方代表有德国电信(Deutsche Telekom)、博世(Bosch)以及萨普(SAP)，它们提供软件支持结构或服务，比如云计算、大数据存储和处理等；工业用户代表有传统的全球制造企业，如大众(VW)和巴斯夫(BASF)，他们使用快速成型或者能源智能建筑技术优化生产过程。不仅有传统的大公司积极参与，该计划也特别注重吸引中小企业参与，力图使中小企业成为新一代智能化生产技术的使用者和受益者，同时也成为先进工业生产技术的创造者和供应者。

与纯粹的互联网不同，"工业4.0"想实现的是生产设备之间的连接，把不同的设备通过数据交互连接到一起，让工厂内部，甚至工厂之间都能成为一个整体，形成生产的智能化。这种工业设备生产数据的交互在德国正在变为现实。2013年，蔡司（Zeiss）集团在欧洲机床展上展出的一套名为PiWeb的系统，能够把跨国公司分布在不同地区工

开启工业4.0的新商业模式

厂的机器测量数据进行网络共享，生产经理在办公室里即可看到每一个工厂的数据，实现全球数据的同步监测。德国的博世、奔驰和大众等公司已经开始使用这套系统。

正如德国总理默克尔所说，未来智能工厂能够自行运转，零件与机器可以相互交流，这令跨行业合作成为必须。她建议，信息及通信业、机械制造业等相关行业需要相互保持"好奇心"，加强合作，不要只把目光局限在自己的领域。

从"工业4.0"来看，德国工业界在技术与理念上的更新从未止步，虽然至今没有一个完整的"智能工厂"的大型组件在现实工业领域投入使用，虽然"工业4.0"的提出到发展，还只有短短几年时间，虽然延缓"工业4.0"从概念到实现的诸多因素还有很多，但是从企业的积极投入和2014汉诺威展会上众多的展示来看，德国已经表明了一个明确的态度，即：坚定地向"下一步"迈进。

进入工业4.0时代，具体而言，如何抢占制高点主要表现在以下几个方面。

第一个方面：从互联开始。

伴随着世界经济的不断发展与延伸，工业革命必将进行又一次全新的变革，那便是下一个工业革命时期——第四次工业革命，即工业4.0时代。

"连接"是工业4.0时代永远不变的主题，它的连接范围涵盖了设备、生产线、工厂、供应商、产品、客户等所有生态链在内的上下游生态单元，并且在信息物理系统的基础上将传感器、嵌入式终端系统、智能操作系统、通信设施连接交织在一起形成一个智能网络，从而使不同设备之间、产品与设备之间、虚拟数字与物理世界之间实现互联互通，最终达到从机器设备到操控系统，到人类社会的数字信息交流。

  生产设备间的互联 由不同类型和功能的智能单机设备的互联，可以组成智能生产线；不同智能生产线之间的互联又组成了智能车间；智能车间的互联组成智能工厂；不同地域、行业、企业的智能工厂的互联则又组成了一个智能制造系统。更为重要的是，这些智能单机设备、智能生产线、智能车间以及智能工厂，可以自由、动态地进行组合，以满足不断变化的制造需求。

  设备和产品的互联 比生产设备间的互联更进一步的是，生产设备和产品之间能够通信，这使得产品能够"理解"制造的细节并协助生产过程的推进。与设备互联的产品似乎被赋予了智慧，知道"自己将被如何使用"，回答诸如"我是什么时候被制造的"、"哪组参数应该被用来对我进行处理"、"我应该被传送到哪儿"等问题。正如德国总理默克尔在2014年汉诺威工博会上所指出的，工业4.0意味着智能工厂能够自行运转，零件与机器可以进行交流。

  虚拟和现实的互联 信息物理系统是工业4.0的核心，它通过将物理设备连接到互联网，使物理设备具备了计算、通信、控制、远程协调和自治这五大功能，从而实现虚拟网络世界与现实物理世界的融合，将原先由冷冰冰的机器、生产线组成的冷冰冰的工厂转变为一个具有"温度"的智能环境——智能制造的核心就在于实现机器智能和人类智能相互协作，实现生产过程的自感知、自适应、自诊断、自决策、自修复。

  万物互联 顾名思义，万物互联（Internet of Everything，IOE）就是将人、物、数据和程序通过互联网连接在一起，实现所有人和人、

开启工业4.0的新商业模式

人和物、物和物之间的相互连接，进而重新构建起整个社会的生产工具、生产方式以及生活场景。这其中，人们能够以多种方式通过社交网络连接到互联网，基于感知、传输、处理而产生的各类人造物将成为网络的终端，由此使得人、物、数据能够在网络环境下进行流程再造；最终，人类对外部世界的响应模式也将因为在线化、实时化的数据与智能处理发生重大改变。

第二个方面：高度集成化。

工业4.0将无处不在的传感器、嵌入式终端系统、智能控制系统、通信设施通过信息物理系统形成一个智能网络，使人与人、人与机器、机器与机器，以及服务与服务之间能够互联，从而实现横向、纵向、端对端的高度集成。

纵向集成　所谓的纵向集成，是指在企业内部所实现的所有生产、运营环节信息的无缝连接，也就是说，企业内部信息流、资金流和物流的集成，是在哪一个层次、哪一个环节、哪一个水平上，是在生产环节上、跨流程/部门的环节上的集成，还是产品全生命周期的集成——这是所有生产智能化的基础。

横向集成　跨出单个企业的范畴，集成扩展到了不同企业之间。横向集成是企业之间通过价值链以及信息网络所实现的一种资源整合，为实现各企业间的无缝合作，提供实时产品与服务，推动企业间研产供销、经营管理、生产控制、业务与财务全流程的无缝衔接和综合集成，进而实现产品开发、生产制造、经营管理等在不同企业间的信息共享和业务协同。

端到端集成　如果再延伸到整个价值链，运用信息物理系统，能够实现价值链上各个环节的集成。所谓端到端集成就是围绕产品全生命周期的价值链，通过对价值链上不同企业资源的整合，实现从产品设计、生产制造、物流配送、使用维护等在内的产品全生命周期的管理和服务；通过集成参与产品价值链创造的各供应商、制造商、分销商以及客户信息流、物流和资金流，在为客户提供更有价值的产品和服务的同时，重构产业链各环节的价值体系。

第三个方面：数据就是核心。

SAP高级副总裁柯曼（Clas Neumann）曾指出，企业数据分析就像汽车的后视镜，开车没有后视镜就没有安全感，但更重要的是车前档风玻璃——对实时数据的精准分析。这句话凸显了数据对于工业4.0的重要性。

产品数据　产品的各种数据被记录、传输、处理和加工，使得对产品全生命周期的管理成为可能，也为满足个性化的产品需求提供了条件。首先，内嵌在产品中的传感器将获取更多的、实时的产品数据，使得产品管理能够贯穿需求、设计、生产、销售、售后乃至淘汰报废的全部生命历程；其次，在企业与消费者之间的交互过程以及交易行为中，也将产生大量数据，这些数据能够帮助消费者参与到产品的需求分析和产品设计、柔性加工等创新活动中。

运营数据　工业生产过程中无所不在的传感、连接，产生了丰富的数据，这些数据使企业能够在研发、生产、运营、营销和管理方式进行创新。首先，产生于生产线、生产设备的数据可以用于对设备本身进行实时监控；其次，通过对采购、仓储、销售、配送等供应链环节上的数据进行采集和分析，能够为企业决策提供有效的指导，进而大幅提升运营效率，并且大幅下降运营成本；再次，对销售数据、供应商数据的变化进行实时分析，还可以动态调整、优化生产及库存的节奏和规模。

价值链数据 大数据技术的发展和应用，使得价值链上各环节的数据和信息能够被深入分析和挖掘，为企业管理者和参与者提供审视价值链的全新视角，使得企业有机会把价值链上的更多环节转化为企业的战略优势。

外部数据 大数据分析技术在宏观经济分析、行业市场调研中得到了越来越广泛的应用，已经成为企业提升管理决策和市场应变能力的重要手段。少数领先的企业已经通过为各个层级员工提供信息、技能和工具，引导员工更好、更及时地在"影响点"做出有效决策。

对实时数据的精准分析 无论是产品数据、运营数据、价值链数据还是外部数据，如果只是将它们收集好放在那里而不做任何实时分析，那也是白搭。因此，对实时数据进行精准分析，是工业4.0的生产体系区别于传统工业生产体系的本质特征。在工业4.0时代，制造型企业的数据将呈现爆炸式增长，所有的生产装备、感知设备、联网终端，包括生产者本身都在源源不断地产生数据，这些数据将渗透到企业运营、价值链乃至产品的整个生命周期，进而铸成工业4.0和制造业革命的基石。

第四个方面：生产方式大变身。

在工业4.0时代，物联网和（服）务联网将渗透到工业的各个环节，形成高度灵活、个性化、智能化的生产模式，推动生产方式向大规模定制、服务型制造、创新驱动转变。

从大规模生产向个性化定制转型 在工业4.0时代下的生产过程，将实现极大的自由度与灵活性，通过在各个环节植入用户参与界面，新的生产体系能够针对不同客户及产品进行不同的设计、采购、生产计划、加工以及物流配送，极端情况下还可以进行个性化的单件制造，并且对于单件产品的设计、制造、配送等环节都能够实现赢利。在这一过程中，客户由部分参与转变为全程参与，他们不仅会出现在生产流程的两端，还将广泛、实时地参与到生产和价值创造的全过程。

从生产型制造向服务型制造转型　服务型制造是未来工业转型的重要方向，越来越多的制造型企业将围绕产品全生命周期的各个环节不断融入能够带来市场价值的增值服务，以此从提供产品转变为提供融入大量服务要素的产品与服务的组合。

从要素驱动向创新驱动转型　在工业4.0时代，以廉价劳动力、大规模资本投入等传统要素为驱动的发展模式将难以为继，移动互联网、云计算、物联网、大数据等新一代信息技术在制造业的集成应用，将带来产业链的协同开放创新，带来客户的参与式创新，带来制造业技术、产品、工艺、服务的全方位创新，同时将不断催生和孕育出新技术、新业态和新模式，从而激发整个社会的创新、创业激情，加快从传统的要素驱动向创新驱动转型。

开启工业4.0的新商业模式

从概念到战略

德国"工业4.0"从倡议到形成国家战略,其发展过程可以简单描述如下:

2011年,在汉诺威工业博览会开幕式致辞中,德国人工智能研究中心负责人和执行总裁Wolfgang Wahlster教授首次提出"工业4.0"这一词,旨在通过互联网的推动,形成第四次工业革命的雏形。

2013年,是"工业4.0"在德国发展非常快速的一年。

2013年,德国成立了"工业4.0"工作组,并于同年4月在汉诺威工业博览会上发布了最终报告《保障德国制造业的未来:关于实施工业4.0战略的建议》(Securing the future of German manufacturing industry:Recommendations for implementing the strategic initiative INDUSTRIE 4.0)。

2013年,德国联盟教研部与联邦经济技术部将其列为《高技术战略2020》十大未来项目之一。

2013年12月,德国电气电子和信息技术协会发表了德国首个"工业4.0"标准化路线图。

2014年4月,汉诺威工业博览会,主题:"融合的工业——下一步"。

机械化、电气化和信息化标志了前三次工业革命的技术革新。随着物理网络系统(CPS)和物联网(IoT)技术的发展,将网络化引入制造业,标志着第四次工业革命的到来。

德国经济增长的动力来自于其基础产业——制造业,它也是德国经济在欧洲陷入债务危机时依然坚挺的保障。为了保证德国在制造业中继续保持全球领先地位,夯实德国作为技术经济强国的核心竞争力,德国政府倾力推出"工业4.0"战略,并因此被认为是第四次工业革命的先行者。

德国工业4.0的核心内容可以总结为：建设一个信息物理系统网络；研究智能工厂、智能生产两大主题；实现横向集成、纵向集成与端对端集成三大集成;推进三大转变。

1.建设信息物理系统网络

信息物理系统的核心思想是强调虚拟网络世界与实体物理系统的融合。换言之,即强调制造业在数据分析基础上的转型。

进一步讲,信息物理系统是连接、云储存、虚拟网络、内容、社群、定制化的一种融合。信息物理系统可以将资源、信息、物体以及人员紧密联系在一起,从而创造物联网及相关服务,并将生产工厂转变为一个智能环境。

2.研究智能工厂、智能生产两大主题

实现工业4.0的核心是智能工厂与智能生产。作为目标核心载体的智能工厂,即分散的、具备一定智能化的生产设备,在实现了数据交互之后,能够形成高度智能化的有机体,实现网络化、分布式的生产设施；智能生产的侧重点在于将人机互动、智能物流管理、3D打印等先进技术应用于整个工业生产过程。

3.实现横向集成、纵向集成与端对端集成

在生产、自动化工程以及IT领域,价值链上企业间的横向集成是指将使用于不同生产阶段及商业规划过程的IT系统集成在一起,这包括了发生在公司内部以及不同公司之间的材料、能源以及信息的交换(比如入站物流、生产过程、出站物流、市场营销),横向集成的目的是提供端对端的解决方案。

与此相对应,网络化制造系统的纵向集成是指将处于不同层级的IT系统进行集成(例如,执行器和传感器、控制、生产管理、制造和企业规划执行等不同层面),其目的同样是为了提供一种端对端的解决方案。

端对端工程数字化集成是指贯穿整个价值链的工程化数字集成,是在所有终端实现数字化的前提下所实现的基于价值链与不同公司之间的一种整合,这将在最大程度上实现个性化定制。在此模式下,客户从产品设计阶段就参与到整条生产链,并贯穿加工制造、销售物流等环节,可实现随时参与和决策并自由配置各个功能组件。

4.生产模式、产品规模、客户导向的转变

完成生产模式、产品规模、客户导向的促进和转变。一是实现生产由集中向分散的转变,规模效应不再是工业生产的关键因素,工业生产的基本模式将由集中式控制向分散式增强型控制转变;二是实现产品由大规模趋同性生产向规模化定制生产转变,未来产品都将完全按照个人意愿进行生产,极端情况下,将成为自动化、个性化的单件制造;三是实现由客户导向向客户全程参与的转变,客户不仅出现在生产流程的两端,而且是广泛、实时参与生产和价值创造的全过程。

归纳而言,德国工业4.0的核心,就是利用信息通信技术把产品、机器、资源和人有机结合在一起,通过信息通信技术建立一个高度灵活的个性化和数字化的智能制造模式。在此模式中,信息物理系统将推动生产对象直接或借助互联网实现机器对机器通信,自主实现信息交换、运转和互相操控;智能工厂能够自行运转,产品与机器可以相互交流,机器可以自组织生产,供应链将自动化协同,产业链分工将被重组,创造新价值的过程将发生改变。

在工业4.0时代,购买汽车再也不必跑遍各大4S店,车主只需在家中上网轻松点击鼠标,就可以根据自己的喜好"私人定制"一辆汽车。订单下完,还可以同步了解厂商的生产进度,了解汽车各个零部件的组装状况,甚至可以细致观测到每一个焊接的形状。这种汽车会根据车主的身高自动调节座椅、后视镜和方向盘,还会根据各种损耗情况,自动计算出何时需要保养。出现故障后,汽车会自动收集相关数据和指标,传送到云端进行诊断,随即告知车主排除故障的正确操作步骤,包括最近的维修点和前往维修点需要的时间。

而在航空业中,发动机不仅是飞机的动力来源,更是传输航空信息的重要部件。一旦飞机发生偏移或偏离航道的情况,异常数据信息应该被记录并传递回地面。因此,发动机制造商不仅仅是设备生产商,更是信息服务提供商。从制造者到信息服务商的转型是工业4.0的要求,也是制造业未来发展的趋势。推动德国制造业从单纯的围绕产品制造的产销模式,向基于大数据分析与应用基础上的智能制造模式转型。这是德国推进工业4.0战略的主要产业意图。

德国是一个高端制造业大国,但与美国相比,德国的制造业服务化相对比较弱,其产品提供了功能价值,却没有充分挖掘服务价值。

开启工业4.0的新商业模式

因此，工业4.0的提出，意味着德国试图利用其变革德国制造业的方向，即通过向智能制造的转型，大力推进制造业服务化，不仅通过卖产品创造价值，也通过卖技术、卖服务创造财富。

工业4.0强调通过信息网络与物理生产系统的融合来改变当前的工业生产与服务模式。在工业4.0时代，产品与生产设备之间、不同的生产设备之间，通过数据交互连接到一起，让工厂内部纵向之间甚至工厂与工厂横向之间都能成为一个整体,从而形成生产的智能化。在信息物理系统实现过程中产生的工业大数据，其应用和分析等相关技术必然成为工业4.0的基础。由此，在工业4.0时代,制造业也将从单纯的围绕产品制造的产销模式，向基于大数据分析与应用基础上的智能制造模式转变。

如何将工业4.0的理念和战略转化为具体行动，德国人提出了系列行动计划,包括标准化、网络设施、信息安全、流程再造、人才培训、法律政策等，这些都是重要而且必要的行动,但进一步聚焦，则可以聚焦到三个最核心的行动上，即将标准、技术和人才作为工业4.0最优先考虑的领域。

(1)标准优先

德国三大协会调查结果表明，数据的标准化是工业4.0面临的最大挑战。德国也已把标准作为工业4.0战略实施的优先领域，这既是信息技术与工业技术融合发展的内在要求，也是德国工业发展进程中长期以来坚持的基本理念。德国电气电子和信息技术协会于2013年12月发表了工业4.0标准化路线图，为工业4.0行业标准制定提供了概览和规划基础，在参考体系结构、用例、术语与模型、技术流程、仪器和控制系统、服务流程、人机交互技术、开发流程、标准库、知识库等12个领域提出具体建设。德国工业4.0平台、电气电子信息技术协会和电工委员会(DKE)以及相关企业联合组成跨行业、跨领域的工作组,加快标准化路线图的实施和制定工作。

(2)技术优先

当一波一波的新技术涌来并不断推动生产方式持续变革时,我们需要新的理念、新的思维、新的概念,在产品形态、管理方式、组织架构、商业模式等方面进行一系列变革,但回顾工业1.0、工业2.0、工业3.0走过的百年历程,最基本的规律是,产业革命的前提首先是技术革命。从国家角度来看,没有核心技术支撑的产业变革终将会昙花一现。德国人清醒地认识到,工业是德国经济的基石,而这块基石的基础是百年来德国在工业技术领域坚持不懈的创新,这也是他们最引以为豪的地方。就工业4.0战略的实施而言,继续保持并不断强化德国在工业软件、工业电子、基础材料、基础工艺、基础装备、基础器件以及交叉融合领域的技术优势,并力图在虚拟仿真、人工智能、智能工厂、智能产品、信息物理空间等新的技术领域抢占先机。德国教育和研究部、经济和能源部、交通和数字基础设施部、弗劳恩霍夫研究所等一批联邦和州政府支持的研究院所,SAP、西门子、博世以及一批"隐形冠军"企业,已经参加到抢占新一轮技术制高点的竞争中,德国提出要成为智能制造技术的主要供应商和信息物理系统技术及产品的领导者。

(3)人才优先

在德国企业界谈到工业4.0未来面临的挑战时,无论是传统制造业企业,还是ICT企业,都把人才问题看作他们面临的共同挑战。德国企业普遍认为,工业4.0导致了对优秀员工标准的转变,工业4.0建立在一个开放、虚拟化的工作平台之上,重复性的熟练体力和脑力工作不断被智能机器所替代,人机交互以及机器之间的对话将会越来越普遍,员工从服务者、操作者转变为一个规划者、协调者、评估者、决策者。德国认为,目前德国传统的大学教育体系中的学科设置和教学理念是基于20世纪70年代工业需求制定的,过去的40年学科专业不断细分的教育模式难以培养能够驾驭日益复杂综合的制造业体系,工业4.0的实践不仅仅对企业自身提出了挑战,而且对传统的教育体制提出了新挑战。

领先的供应商战略与市场战略

工业4.0对德国制造业而言,拥有极为重要的意义。为此,德国政府制定了双重战略,即在工业4.0时代,让德国成为领先的市场和供应商。

CPS概念最早由美国国家基金委员会在2006年提出,被认为有望成为继计算机、互联网之后世界信息技术的第三次浪潮,其核心是3C（Computing、Communication、Control）的融合。

CPS是融合技术,包括计算、通信以及控制（传感器、执行器等）。中国科学院何积丰院士指出:"CPS,从广义上理解,就是一个在环境感知的基础上,深度融合了计算、通信和控制能力的可控可信可扩展的网络化物理设备系统,它通过计算进程和物理进程相互影响的反馈循环实现深度融合和实时交互来增加或扩展新的功能，以安全、可靠、高效和实时的方式监测或者控制一个物理实体。CPS的最终目标是实现信息世界和物理世界的完全融合，构建一个可控、可信、可扩展并且安全高效的CPS网络，并最终从根本上改变人类构建工程物理系统的方式。"

据资料显示，在2005年5月，美国国会要求美国科学院评估美国的技术竞争力，并提出维持和提高这种竞争力的建议。5个月后，基于此项研究的报告《站在风暴之上》问世。2006年2月，美国以《站在风暴之上》为基础发布了《美国竞争力计划》，将信息物理系统CPS列为重要的研究项目。到了2007年7月，美国总统科学技术顾问委员会（PCAST）在题为《挑战下的领先——竞争世界中的信息技术研发》的报告中列出了八大关键的信息技术，其中CPS位列首位，其余分别是软件、数据、数据存储与数据流、网络、高端计算、网络与信息安全、人机界面等。

CPS连接了信息世界与物理现实世界，使智能物体互相通信、相互作用，创造一个真正的网络世界。生产设备中的嵌入式系统与生产线上的物联网传感器是构成CPS的要素之一，这些技术被称为"物理技术"。但是，CPS体现了当前嵌入式系统和物联网的进一步进化，与互联网或者网上可搜集的数据、服务结合在一起，实现更加广泛的基于创新型应用或过程的新物理空间，淡化物理世界与信息世界的界限。也就是说，CPS通过提供构建物联网的基础部分，并且与"服务互联网"一体化，融合于"工业4.0"中。使得传统制造业中的物理技术就像互联网让用户相互通信、相互作用的关系发生变革一样，将给我们与物理现实世界之间的相互作用关系带来新的、根本性变化。

开启工业4.0的新商业模式

举一个简单的例子，智能手机的基本作用是电话功能，而现在它的应用和服务已经远远超出这个范畴。由于全新的划时代应用和服务的提供商不断涌现，渐渐形成新的价值链，所以，CPS也将对现有业务与市场模式带来范式上的转变。汽车工业、能源经济，还有包括"工业4.0"的生产技术的各个工业部门，将同步这些新的价值链而发生巨变。

CPS可以帮助德国制造业有效提高生产效率，它的落实将巩固德国制造业如今的地位。而信息物理融合技术的发展将为产品的进出口带来更多机会。德国政府对工业4.0的执行，主要是通过双重战略的展开对市场潜力进行深层次挖掘和释放，此项战略包括在众多工厂的智能制造中部署信息物理融合系统。德国企业通过这种方式加强德国制造产业的创新能力。而德国的双重战略主要表现在两个方面。

其一，德国的双重战略主要是指：

（1）领先的供应商战略：通过信息物理融合系统将虚拟世界与现实世界融合起来，让国内制造业高度智能化、信息化。

领先的供应商必须以设备供应的角度，诠释工业4.0所隐含的巨大发展潜力。德国设备供应商为全世界的制造业提供最先进的技术，并制订最优质的解决方案，因此在工业4.0进程中，德国供应商在生产方面处于领先地位。

那么，德国是如何保证自己处于世界领先地位的呢？其中的关键就在于怎样选出比较适用的方法，将领先技术与工业4.0的新潜力融合在一起，最终在创新方面做出重大突破。正是因为这种信息通信技术与智能化、自动化战略的互相融合，才使市场产生变化。尽管全球市场变得越来越复杂，但德国制造业在管理上依然有条不紊。因此，德国企业才可以在市场中开拓出新机遇。

现有信息技术必须经过改良才能满足不断发展的制造业，而制造业特殊需求的满足必须在接下来的开发过程中不断保持。为了实现规模经济及产能的高效益，我们必须在制造业的生产技术和信息技术方面做出加强，通过信息物理融合系统向工业4.0迅速迈进。与此同时，必须对现有战略进行详细规划，保证在物理网络框架制造中提升工作效率。然后将研究和培训作为优先开发的领域，这在智能化、信息化和自动化工程中可以发挥出实验性应用的作用。

如果德国想保持自己在工业4.0时代领先供应商的地位，还将面临另外的挑战，就是通过信息技术打造全新的网络框架。这将会涉及新商业模型，尤其是商品与服务的连接方面。

为了成功过渡到工业4.0，德国制造业中创新周期短的产业必须与创新周期相对较长的产业密切配合，这样才能开发出高效益、高工作效率的商业模式。

（2）领先的市场战略：开展信息物理系统方面的营销活动，致力提高德国制造设备产业的生产效率和收益。

德国国内的制造业领域率先实施了工业4.0计划。但为了成功开拓出这一领先市场，必须与不同厂商之间形成紧密联系，加强不同企业之间的商务联系与合作。这将对符合逻辑的，但拥有不同创造价值的产品进行更严格的要求，使其在相应的制造系统中实现点对点的数字化整合。

制造业在工业4.0变革中还面临着另外一个特殊挑战，就是将现存任务与中小企业有效地整合在一起，归入新的价值网络中。德国制造业因为大型企业与中小型企业的有效整合而空前强大。但很多中小企

开启工业4.0的新商业模式

业根本就没有采取有效措施应对工业4.0在其框架结构中带来的变化。究其原因：一是因为它们没有专业型优秀人才；二是因为它们对新型信息技术的不熟悉导致其持怀疑态度，致使前进的脚步慢了下来。

如果想要中小企业全面融入新的价值网络中，就要设计一个可行的知识和技术转移协议。例如，大型企业需要进行实验性应用，而中小企业正好可以为它们增强价值链网络的可视化效果。中小企业还可以采用适当方法，学习先进的信息物理融合技术，以实现掌握领先供应商的技术。这样不仅可以有效消除障碍，让中小企业更详细地了解新价值网络，还可以让它们在自身业务开展中灵活运用信息物理融合系统。

为实现这一点，企业在基础技术的开发和使用上一定要加快速度。例如，数字传输可以通过高速宽带来实现。同时，对企业员工的训练和培养也变得十分重要。此外，还可以通过这种方法来应对复杂工作的开展以及进行高效的组织设计。

其二，双重战略的主要特征：

传递工业4.0目标最好的方法就是使用领先供应商战略和市场战略，让二者进行互相协调，从而确保它们之间的效益互补。德国众多经济学者将这种方法称作"双重战略"。这种方法包括几个十分重要的特征：

（1）通过横向整合，将不同企业之间所隐含的价值链和网络挖掘出来。

（2）这种方法可以帮助众多企业实现横跨整个价值链的制造系统的开发和数字化进程的整合与利用。

（3）灵活地将制造系统进行垂直化整合。

这些特征使制造商在面对风云突变的市场时能够及时采取有效措施应对危机,从而取得极为稳固的市场地位。同时,它们的价值创造活动必须适应市场需求的变化。双重物理网络系统可以有效地帮助从事制造业的企业在变幻莫测的市场中实现高速的、准确的、没有任何障碍的生产。

工业4.0的双重策略必然会让德国提高其在各国供应商中的地位,一直保持其地位上的领先优势,同时使其提供的解决方案在工业4.0众多解决方案中居于领先地位,从而实现领先市场的目的。

然而,对于很多行业来说,工业4.0不可能构成专业的技术或与此相关的挑战。而工业4.0的相关技术必然会不断变化,并引起更大的影响,同时还可以帮助企业开发新业务,并为促成更多人的就业提供新机遇。

20世纪80年代末期,德国成功将可编程序控制器与制造业整合在一起,为制造业自动化提供了更多可能,同时采用有效措施对劳动力进行有效管理。其通过这种方式成功进行了第三次工业革命。

德国工业基础相比其他任何国家来说,都是极其雄厚的,它的软件工业也十分成功,同时在语义技术领域也有着十分突出的成就。这些都表明德国可以在工业4.0变革中占据更有利的位置。很多障碍都不能构成阻碍,如人们对技术等方面的接受问题、市场上技术工人的短缺问题等。

然而,只有将所有利益相关者充分地组合起来,将信息物理网络与服务业对制造业的潜力全部挖掘出来,才能保证德国制造业在未来居于领先地位。

自2006年以来,德国的物联网和服务互联网的发展就一直受到政府的支持，德国政府采用高技术战略对信息物理网络系统进行大力推动。目前已经研究出一些在世界上居于领先地位的成果。工业科学研究联盟已经在多次会议上提出，工业4.0项目的开展已经成为迫在眉睫的事情。推行工业4.0项目，首先要构建工业4.0平台。

工业4.0平台的秘书处是由很多部门组合而成的，其中包括德国信息技术、机械设备制造等部门。而最主要的任务则是为工业4.0时代的主题制定研发醒目的任务图。

德国的工业4.0平台上的所有参与者都在为保障德国制造业的未来而努力，并将此制定为自己发展的终极目标。这个平台邀请所有与工业4.0利益相关的企业共同探索大变革所带来的机遇，这样便可以利用工业4.0所带来的变革推动工业革命的成功实现。

工业4.0时代，德国凭借积累的优势在市场和供应商方面居于领先地位。为此，除了一些比较难的技术项目，很多行业的企业员工都要携手合作，这样才可以实现更好的发展。而工业4.0平台可以保证这种创新潜力被各行各业充分利用。

工业4.0的宏伟蓝图必须在渐进式的发展下才能实现，不能一蹴而就。它的发展速度在不同领域之间也是各不相同的。因此，我们必须建立起规范的示范项目，以最快的速度向市场输入新产品。

落实工业4.0愿景可以运用双轨战略。利用现有的基础技术及生产制造经验对需要制造的项目进行调整，并在更广的范围内进行推广实验。同时，还要为市场研发和实验性应用提供新的方案。如果双轨战略可以实现既定目标，那么德国必然会成为工业4.0改革中的领先供应商。而打造领先市场必然会使德国市场在全球居于领先地位，这样便可以使德国更具吸引力，同时还可以更好地保护国内制造业。

第二章
走进工业4.0时代

与一些发展中国家相比，我国的劳动力成本方面的优势也在慢慢弱化。东南亚一些国家的劳动力成本与我国的差不多，有的甚至还要更低。例如印度为吸引外资制定了比我国更为优惠的政策措施，其平均劳动力成本比我国还要低，而其专业人才的质量又绝不在中国之下，因此两国在劳动密集型产品上的竞争很激烈。

成本优势的丧失，打击的不仅是参与跨国业务的中国企业，还有一切以出口为导向的中国制造业企业。在国际竞争中，"中国制造"最大的传统优势正在丧失，"中国制造"的代表企业、世界最大的代工企业富士康正式对外发布了百万"机器人大军"计划，以应对日益严重的用工荒和人工成本的不断上涨，这也预示着中国制造将结束人口红利时代。

第一次工业革命是机械取代人力，第二次工业革命是自动取代手动，第三次工业革命让制造业迎来了信息技术和自动化。落后的人力劳动已经无法满足现代化制造业的需求，一些发达国家很早就开始应用自动化技术提升生产力。富士康总裁郭台铭也曾经表示，到2016年，定位为智能化机器人生产基地的山西晋城富士康产值将有望突破500亿元，在5到10年内将出现首批完全自动化的工厂，数年内将借助自动化技术消除简单、重复性的工序。

"工业4.0"将在第三次工业革命的基础上，从自动化向智能化、网络化和集成化方向发展。"工业4.0"在一定程度上将促进发达国家的制造业技术升级，也将导致部分制造企业的回流，从而对我国制造业产生间接影响。

可以说，"中国制造"正在面临空前的机遇，同时也面临着前所未有的挑战。

高标准化、组织先进化与个性化产品战略

德国工业4.0研究协会表示,在现有的政策框架下,生产要素的规划、技术,甚至是产业互联的最终集成,都离不开各方对工业4.0进程中所设定的技术标准和计划框架的遵守,各方都必须保持一致的步调进行工业4.0进程的调整。该协会称,全球第一个工业4.0标准化规划线路就是在工业4.0进程中迈出的重要一步,它是所有参与工业4.0建设方必须共同遵守的相关标准和统一规格。

我国应高度重视标准在工业转型升级、信息化和工业化两化深度融合战略和战略性新兴产业发展中的引领作用,大力推进标准的国际化建设。德国是一个重视标准的国家,并将标准放到引领产业发展的高度上,认为标准尤其是关于安全、健康和环保等方面的标准,代表着掌控科技、掌控产业的进一步发展。据德国标准化协会的计算,过去几年德国每年3.3%的GDP增长中,标准的贡献率占0.9%,仅次于资本投入。

工业4.0认为,实现工业4.0目标的关键是建立一个人、机器、资源互联互通的网络化社会,物联网、互联网、服务化的智能联接必然要求一个系统框架,在这个框架内,各种终端设备、应用软件,它们

之间的数据信息交换、识别、处理、维护等必须基于一套标准化的体系。为了顺利实现向工业4.0的转化,德国工业4.0工作组把标准化排在为推进工业4.0需要在关键领域采取的八项行动的第一位,工业4.0工作组还同时建议在工业4.0平台下成立一个工作小组,专门处理标准化和参考架构的问题。为此,2013年12月,德国电气电子和信息技术协会发表了"工业标准化路线图"。可以说,德国工业4.0中的标准化战略显示出"前导+研发"的鲜明模式特征,即在先进技术的研发的同时,标准化同步甚至超前进行,以便为产业发展勾勒出整体框架。

为此,我们在推进两化深度融合的战略中,不仅要重视发挥标准化工作在产业发展中的引领作用,及时出台两化深度融合标准化路线图,而且还要实现标准的国际化,使得中国设立的标准得到国际上的广泛采用,以夺取战略性新兴产业发展的全球制高点。

工业4.0的主要目标之一是满足用户的个性化需求,并且可以在设计、规划、运行等阶段融入个性化的、用户专需的标准,然后同最后的修改进行合并。通过工业4.0,即使再小的生产项目都可以实现盈利。

工业4.0时代,制造业的基础科技在为了满足某些个性化需求而被迫开发创新时,我们才可以做出重大突破,取得更大成就。但一些使用方法和运作方式,以及最佳应用案例必须在价值网络中进行不断渗透,以实现不同需求。其实,这就是为了让智能化在不同领域之间完全展开,让知识和技术进行跨界"交流"。为此,制造业中实施双重战略的运作部门已经展开了详细深入的分析和研究,并得到了大量一手资料。

从生命周期来看,这个项目可以保证智能化工厂的技术条件在长时间内不用进行换代升级，并保证技术驱动、生产制造系统在企业与企业的竞争中占据更多优势地位。这种生产制造系统在中小型企业的战略制定中将会占据重要位置。

然而，供应商和市场的各个方面，以及多重领域协作必然不可能是因为工程师之间的亲密合作而实现的。工业4.0在未来制造业领域将会产生重大影响，将使虚拟世界与现实世界相互融合在一起。而在解决某些问题时必须在理论方面的实际操作层面共同操作才能实现。同时，这也为我们在新的研究中提出了新的要求：注重工作场所中虚拟与现实结合的新社会基础构架。

社会责任可以为这种形式的生产带来益处，从而让雇员积极参与进来，并对自身做出的承诺进行强化。这是出于对雇员所具备的技术和经验而考虑的。即使是在生产和销售流程中，也要注意这一点。CPS需要重新构架覆盖整个价值网络的组织工程。这是出于激发员工生产积极性方面的考虑，同时也是出于为自身终身化发展寻求一条可行性出路方面的考虑。

跨领域解决方案同样适用于这些事件，就是将专家从各个学科领域抽调出来，组建一个研究机构，进行这方面的专项研究。

如果工业4.0变革成功了，那么研发活动必须得到相关政策的支持。而我们还可以在工业4.0变革中进行如下设想。

第一，生产工艺与信息技术融合。如今，数字化工厂概念已经深入到各个企业的核心理念之中。这一概念首先强调的是在生产上要进行数字化整合，并通过信息技术进行相关融合。比如，使用计算机辅助设计技术、生产计划控制系统等。而它们基本上都是围绕一个相对固定的中央控制系统来进行的。而工业4.0时代，生产必须做到分散，全面降低集中制，通过信息物理融合系统增加生产设备的自主控制，从而将制造设备与网络形式连接起来，组成统一整体，这样才能让生产过程更开放、更灵活，从而发现更多优化的可能，并通过这种生产方式有效提升生产效率。而在这个过程中起到关键作用的则是CPS。

CPS（信息物理融合系统）是一个由各种信息技术组合而成的一套控制系统。

目前在航空、汽车、能源、交通控制、电子产品等很多领域，已经推出了许多类似CPS的系统，但这些系统大部分都采用的是信息数据传输技术，强调的是运算控制能力，而CPS强调的是虚拟与现实之间的有效连接。

CPS通过信息技术成功实现对时间、空间方面的严密控制，其在本质上是人与机器网络之间的融合。

第二，智能化工厂在产品生产方面拥有高度灵活性，因此可以根据消费者的个性化需求进行产品的生产和制作，这样便可以满足多样化、不断改变的顾客需求，同时还可以通过高科技手段，大批量生产个性化产品。从某种意义上说，这同第一次工业革命之前的场景有些相似：消费者与工厂之间的交流逐渐多起来，这种现象不仅表现在签订合同之前，并且贯穿产品的整个生产过程。因此，顾客甚至可以在生产流程中对订单上的细节之处进行适当调整。

例如力士乐泵厂，它可以年产100万台机用泵。这一数量虽然看起来很多，但其中却分为二十几个大类，而每类再分几十个规格，每个规格下的变量功能又分十几种，限压和恒功率值等方面的设定也是各不相同的。因此，产品在最后会分成数万种，这样算下来，每批量并没有多少。这就要求在生产管理上必须采取灵活多变的方式，以应对顾客的不同需求。

第三，通过工厂智能化可以让生产更具人性化，这样便可以让员工得到解放，让他们在工作时间上更灵活，在工作中更专注。还可以通过网络，进行分散式生产，从而使能量供应变得更加分散。通过网络，可以让员工上班更方便，甚至足不出户，便可以完成一天的工作。这样便可以有效地减轻城市排放量的负担，做好节能减排工作。我们可以做以下安排。

（1）将所有加工设备、需要制造和加工的部件、机械填充部件等可以完成工作流程的部件装上CPS，这样就让所有的部件都具备了无线上网功能。

（2）这样可以使待加工部件与加工设备直接联系起来，精确到传输到哪台设备前进行哪些流程，实现工作部件对整个工厂的智能控制。

（3）负责下道工序的部件等待材料填充，独立自主的传送装置可以通过已经设定好的运营路线，将材料送给机器填充部件。

（4）一切后续工序需要的产品信息，必须让接下来负责生产加工的部件自己存储读取。

（5）如果出现差错，或消费者的要求与正在进行加工的数据不符，报警装置便会自动报警。需要补充改进的地方，便会通过改进措施进行快速改进，然后发给各个工作部件。

从2008年起，德国应用技术研究院与柏林管理研究所携手打造了一个名为Sopro的实验车间，通过笔记本电脑对产品的生产过程进行模拟，然后自我安排加工，对整个生产过程进行自主控制。之后又在凯泽斯劳滕市的人工智能研究中心打造了一间实验室。此次将近有30家企业参与了实验室的运营。

西门子中国区业务部认为，当前中国乃至全世界的制造业都面临着三方面的挑战。

第一是时间。如今市场竞争日益激烈，是否有效地缩短产品面世时间，对于任何企业来说都是至关重要的。因此，研发生产的速度慢了，必然会被市场淘汰。

第二是众多企业没有很好的办法可以有效提升生产效率。在这种情况下，很多企业让员工不停地加班，以高效标准化进行工作，不产生任何浪费，但这种生产方式还是受到了时代的打击，最终将会面临淘汰。

第三是市场需求不断变化。这就要求制造业必须以更高的灵活性进行生产加工，尤其是客户的个性化需求会越来越多。而那种原来的大规模流水线装配作业已经失去了推动工业化继续前进的动力。虽然可以保证一定的生产效率，但在灵活性方面没有任何价值可言。

在这种情况下，工业4.0成了众多企业的必然选择，因为它融合虚拟与现实生产的特性与当今的时代主题不谋而合。西门子信息技术首席执行官鲁思沃认为，智能生产与自动化，甚至是数字化制造已经变得越来越重要，成为决定一个企业是否可以继续存在的前提条件，而现实与虚拟生产的有效融合，是因为信息技术的进步与硬件处理技术的增强。如今，仅通过产品生命周期软件就能让整个产品生命周期变得更长，从产品设计到生产实施，一直服务于客户。

工业4.0不只是在技术上发生变革，也不只是在生产过程中进行转变，还得在管理方面进行全面整顿和调整。我们应该抛弃以前的孤岛式想法，准备好一切投身到变革之中。任何单独的公司或国家都没有

开启工业4.0的新商业模式

实力去影响或改变整个世界的制造业，因此这就需要我们大家齐心协力，共同合作，在各个方面展开全面、深入的合作，让这种特性深入到各个领域之中，这样才能在工业4.0变革中赢得最大的利益。

工业4.0时代的新工业革命标准之争

长期以来，德国一直对自己在工业领域的优势感到骄傲，但"数字时代"的到来使这种优越感荡然无存，尤其是当美国互联网巨头们纷纷"涉足"工业领域时，德国感受到了来自大西洋彼岸的巨大威胁。因此，德国提出并力推工业4.0战略，努力想要实现实体工业生产与虚拟数字世界的无缝对接，并意图引领第四次工业革命。

在工业4.0的双重战略中，德国提出不仅要重视发挥大企业的龙头作用，更高度强调如何使中小企业能够应用工业4.0的成果来解决"产、学、研、用"互相结合和促进的问题。

德国将"工业4.0"视为国家战略，将工厂智能化视为国家方针。通过信息技术，最大限度地发挥工厂本身的能力。

德国工业4.0战略不仅有传统的大公司西门子、博世、库卡积极参与，也特别注重吸引中小企业参与，力图使中小企业成为新一代智能制造技术的使用者和受益者，同时也成为先进制造技术的创造者和供应者。

　　从技术发展、创新生态到社会融合，工业4.0特别注重"工业系统的整体跃迁"的实现路径与配套体系建设。我国在实施两化深度融合战略中，不但要重视大企业的龙头作用，还应充分吸收中小企业参与，以推动跨学科、跨行业的创新生态系统的建设。同时，如何为工业提供综合的宽带互联网基础设施、如何开发和管理工业大数据、如何保证工业IT系统与工业控制系统的安全，这些课题都值得我们在实施工业转型升级规划时重点考虑。尤其重要的是，我们应把推进工业大数据产业的发展置于抢占新一轮技术与产业革命的制高点的高度加以推进，不仅应加强工业大数据的应用研究，更要加强工业大数据分析和处理技术的开发。

　　在实施两化深度融合战略、发展战略性新兴产业的过程中，不仅要重视关键技术的发展和突破，更应重视系统配套体系、企业创新生态系统的建设。工业4.0强调系统、集成以及社会资源的再配置，是对整个制造业体系的发展的总体思考，而不仅仅把它作为一个新技术发展问题。

　　然而，要实现这一战略，德国显然面临着诸多障碍，如信息技术的安全漏洞、标准化和专业化人才的匮乏、基础设施不足以及相关费用过高，等等。除此之外，德国还需要解决众多国际标准问题——这也是其亟需解决的最主要的问题，试想，如果有一天"德国标准"成了世界通行的准则，那么对德国来说，之前付出的这一切代价都是值得的。

　　"工业4.0"是由大规模批量生产向大规模定制生产转变，是由集中生产向网络化异地协同生产转变，是由传统制造企业向跨界融合企

开启工业4.0的新商业模式

业转变。德国"工业4.0"工作组的最终报告中认为,实现"工业4.0"尚存在标准化、复杂的系统管理、通信基础设施建设、网络安全保障等4大难题。同样的难题也同样的存在于我国的未来制造业。

(1)标准化:工厂要对内外的各种物品与服务进行联网,那么,通信方式、数据格式等许多内容都需要标准化。

目前,在国际标准化舞台上,美国、德国、日本等发达国家之所以能够长期保持主导地位,其原因正是凭借强大的制造业综合实力,而我国目前在国际标准化舞台上仍然处于"听众"角色,也从侧面反映了我国制造业整体水平的差距。我国制造业在产品设计和生产流程控制方面一直是弱项,缺少标准化,更缺少国际标准化的思维。

标准先行是"工业4.0"战略的突出特点。"工业4.0"战略的关键是建立一个生产设备、生产资源、生产管理系统互联互通的网络化制造模式,以及各种终端设备、应用软件之间的数据信息交换、感知、分析处理、维护等必须基于一套统一的标准化体系。因此,为了保障"工业4.0"顺利实施,德国将标准化排在八项行动中的首位,同时在"工业4.0"平台下成立一个工作组,专门处理标准化和参考架构方面的问题。

跨学科、跨领域是制造业高技术化发展的显著特点。随着制造业技术不断进化,以信息技术、半导体、新材料、新能源为代表的许多高新技术,正在以前所未有的广度和深度渗透到制造业的各个环节之中,使制造业的产品和生产过程,以至于管理方式都发生了深刻、甚至是革命性的变化,导致一大批新兴高技术制造业产业的出现。反过来,制造业在发展过程中,不断融入机械、电子、电气、光学、自动控制、新材料、新能源、人机工程,以及信息技术、网络技术、通信技术,以及信息安全等诸多技术领域的集成与应用,形成极为复杂的系统化过程。所以,只有一开始就进行标准化的约束和引导,才能有序开展与推广。

因此,在上述技术发展的趋势下,未来的制造业中,标准仍将继续发挥重要基础作用。标准的建立和掌握也往往是产业内企业制定战略时必须关注的重要领域。也可以说,标准已经成为未来制造业的战略工具。

(2)复杂的系统管理:实际生产过程与各种业务管理系统协同之后,系统整体更加复杂化,对其进行管理将更困难。

产、学、研、用多个层面的联合机制在一定程度上能够化解系统的复杂化,不断完善管理体系。德国"工业4.0"是由德国工程院、弗劳恩霍夫协会、西门子、博世等企业联合发起的,工作组成员也是由产、学、研、用多方代表组成的。因此,"工业4.0"战略一经提出,很快得到了学术界、产业界的积极响应。事实上,发达国家重视产、学、研合作的战略意图不仅仅是扩大市场,主要还是希望通过产、学、研合作创新,来提升竞争力。

从我国制造业来看,企业普遍重视技术,但不重视流程管控,尤其是在技术研发方面。而未来的制造业体系将越来越复杂,这就需要在产、学、研、用多个层面来联合推动制造业的创新发展。因此,我国应该充分吸收和借鉴德国"工业4.0"的产、学、研、用联合模式,一方面,政府要通过引导和支持的方式促进不同类型的产、学、研合作联盟发展;另一方面,选择几个重点行业和关键技术领域进行试点,由创新意愿较高的企业牵头,联合科研实力雄厚的大学或科研机构,组建多种形式的产、学、研研发联盟,充分调动各方资源和力

开启工业4.0的新商业模式

量,共同推进技术研发与应用推广。

德国认为,在"工业4.0"时代,实际生产过程与各种业务管理系统协同之后,系统整体更加复杂化,对其进行管理将更困难。除了产、学、研、用多个层面的联合互动之外,还需要实现"制造系统的横向、纵向集成"和"工程端到端的集成"。横向集成主要解决企业和企业之间复杂系统管理,实现信息无缝的交流,也就是网络协同制造的企业间通过价值链,以及信息网络所实现的一种资源信息共享与资源整合,确保了各企业间的无缝合作;纵向集成主要解决企业内部的复杂系统管理,从企业的研发、设计、制造、验证、物流、交互,所有的信息无缝隙的、高效的、顺畅的传递;端对端集成主要解决贯穿整个价值链的工程化信息系统集成的复杂系统管理,以保障大规模个性化定制的实施。

(3) 通信基础设施建设:主要是指适用于工业的、具有高可靠性的通信基础设施建设。

一方面,德国"工业4.0"的本质就是基于信息物理系统(CPS)实现"智能工厂",让制造业的各个环节充分地与互联网融合,形成工业互联网。而实现工业互联网就需要适用于工业的、具有高可靠性的通信基础设施建设作为基本保障。

另一方面,随着工业互联网的形成,也必然会出现工业大数据。比如说,设计、仿真、工艺、加工、产品结构、配置关系、变更记录等产品数据,设备、质量、生产、采购、库存、电子商务等运营数据,客户、供应商、合作伙伴、客户满意度等价值链数据,等等。工业大数据的采集、传输、交互和共享,必然要求建立容量、带宽、存储与数据处理能力更强大的基础实施。

而当前的网络基础设施恐怕难以满足"工业4.0"时代的要求。因此，构建容量更大、服务质量更可靠的工业通信基础设施将成为未来制造业中迫切需要解决的一项课题。

（4）网络安全保障：工厂与外界实现联网之后，恶意软件的入侵、受到网络攻击的危险性将进一步提升，需要制订保障网络安全的对策与解决方案。

自从进入21世纪之后，已经出现了许多对工业基础设施进行网络攻击的案例。比如，澳大利亚下水道监控系统和美国核电站监控系统曾被第三方经由无线网络系统侵入，波兰地铁信号系统被入侵等。而近年来，这样的攻击案例正在迅速增加。2012年8月，沙特阿拉伯国营石油公司Aramco受到了网络攻击。据纽约时报报道，攻击者的目标为制油/制气工程，通过使工程中止，让石油/天然气的生产发生异常。这个攻击中使用了"Shamoon"计算机病毒，所幸没有造成生产异常，但是却影响了该公司3万多台计算机的正常运行，Aramco公司的内部网络访问为此中断了一周。在日本，对制造业的网络攻击案例也在增多。据称，某个日本企业每5分钟就遭受一次网络攻击，而且，攻击的来源都不相同。

随着"工业4.0"时代的到来，人力、物料、生产设备、各种生产管理系统，以及价值链上的众多协同企业都将互联，随之而来的是网络安全问题的隐忧，也就迫切需要建立一套完善的工业互联网信息安全认证体系。安全认证体系建设是信息安全保障的基础性工作，但在认证制度的设计和标准规范的研究与设计方面，还需要大量的经验和积累。初期，我国可以与国际认证机构合作，开展联合认证服务，但要逐步建立自己的安全认证机制。这不仅是与国际通行做法接轨，也有利于信息安全领域的国际交流与合作,在切实提高我国信息安全水平的同时,帮助和促进工业企业提升信息安全技术水平,引导产业健康发展。

工业4.0的发展战略愿景

2008年的金融海啸让欧美发达国家深刻地意识到虚拟经济的脆弱性。由于制造业长期以来向发展中国家转移(俗称"去工业化"),发达国家都出现了不同程度的"产业空心化"问题。这是欧洲经济持续低迷的一个重要原因。而德国凭借在制造业上的领先优势,在欧洲经济危机中一枝独秀。德国政府把工业4.0列入《高技术战略2020》大纲的十大未来发展项目之一,正是为了在第四次工业革命浪潮到来之际,再次占据时代的先机。

德国专家认为,工业4.0的梦想可能在20年内成为现实。由于科技的飞速发展,物理世界与数字世界逐渐融合成了一张无所不包的物联网。这意味着未来的工业生产方式将变得高度灵活,产品与服务的个性化定制能力空前增强,不同企业能在业务上实现无缝合作,制造业从生存型制造转型为服务型制造,从而研发出所谓的混合型产品。

除了提出"工业4.0"概念的德国外,美国也在积极迎接第四次工业革命的到来,提出了"制造业复兴"计划。

第二章
走进工业4.0时代

远在地球的另一边，美国也正通过各种计划，促进先进制造业发展，有人称之为"再工业化"。据不久前一份研究报告显示，由于竞争力上升，美国在未来6年内每年将从欧洲、日本和中国等出口大国夺取700亿~1150亿美元的制造业出口额，这使得美国"再工业化"成为全球热门议题之一。

1900年，美国实现工业化，20世纪80年代完成了现代化进程。但自那时起，由于放松了对金融市场的宏观监管，虚拟经济恶性膨胀，最终于2007年爆发次贷危机。2009年年初，美国开始调整经济发展战略，同年12月，公布了《重振美国制造业框架》；2011年6月和2012年2月，又相继启动《先进制造业伙伴计划》和《先进制造业国家战略计划》，推行"再工业化"和"制造业回归"。如今，已经出现了某些制造业回归美国的迹象。

美国政府提出的"再工业化"，旨在达到"一石数鸟"的效果：短期刺激经济复苏、缓解严重的失业状况，并缓和社会矛盾；中期调整产业结构，培育新的增长动力，促进经济再平衡；长期则是要抓住新一轮产业革命之机，谋划战略主导权，重塑国家竞争优势。例如在发展先进制造业方面，3D打印技术产业已成为美国"十大增长最快的工业"之一，有专家指出，与蒸汽机或电话一样，3D打印技术具有相似的时代意义，预示着新的工业革命正在到来。

早在2010年，美国总统奥巴马在签署《美国制造业促进法案》时，就提出了"再工业化"（即"制造业回归"）战略。然而，这并非简单的回归，而是运用飞速发展的人工智能、机器人和数字制造为美国重新构筑制造业的竞争优势，这些技术不仅能让制造业更具创造力、更加本地化和个性化，还能降低成本。

开启工业4.0的新商业模式

2012年3月,奥巴马首次提出建设"国家制造业创新网络"(National Network of Manufacturing Innovation,NNMI),通过建立研究中心的方式,加强高等院校和制造企业之间的产学研有机结合。随后,美国总统执行办公室、国家科学技术委员会和高端制造业国家项目办公室于2013年1月联合发布了《国家制造业创新网络初步设计》,投资10亿美元组建制造业创新网络,集中力量推动数字化制造、新能源以及新材料应用等先进制造业的创新发展,打造一批具有先进制造能力的创新集群。

可以说,美国版的工业4.0实际上就是工业互联网革命。而在此过程中,除了美国政府的政策扶持外,行业联盟的率先组建也成为推动工业互联网革命的重要推手。

工业互联网最早由通用电气公司于2012年提出。随后,为了将商业生态的价值最大化,美国五家行业龙头企业联手组建了工业互联网联盟(Industrial Internet Consortium,IIC),并大力推广这一概念。除了GE这样的制造业巨头,加入该联盟的还有四家IT企业——IBM、思科、英特尔(Intel)和美国电话电报公司(AT&T)。

GE认为,工业互联网的价值体现在三方面:第一,提高能源的使用效率;第二,提高工业系统与设备的维修、维护效率;第三,优化并简化运营,提高运营效率。与工业4.0相比,美国提出的工业互联网更加注重软件、网络、大数据等对工业领域服务方式的颠覆——同德国强调的"硬"制造不同,"软"服务恰恰是软件和互联网经济发达的美国最为擅长的。

2011年,GE在美国加州硅谷建立全球软件研发中心,开发工业互联网,研发内容包括工业互联网平台的创建、应用以及数据分析,目前研发团队已经达到上千人。在2012年11月发布的名为《工业互联网——打破智慧与机器的边界》的报告中，GE预测：在美国，如果工业互联网能够使生产率每年提高1%~1.5%，那么未来20年，它将使美国人的平均收入比当前水平提高25%~40%；如果世界其他地区能确保实现美国生产率增长的一半，那么工业互联网在此期间将为全球GDP增加10万亿~15万亿美元——相当于再创一个美国经济。在这之后，GE从2013年到2016年间，投入了15亿美元开发工业互联网。

在未来，工业互联网、工业自动化和工业机器人将是工业4.0发展的三大领域。而工业互联网拥有一个最大的优势，那便是能使智能的机器真正地促进生产效率的提高。

美国通用电气公司（GE）是世界上最大的提供技术和服务业务的多元化服务的跨国公司，从飞机发动机、发电设备到金融服务，从医疗造影、电视节目到塑料，GE都致力于通过多项技术和服务来创造人类的美好生活。

早在2008年，全球金融危机爆发期间，经济状况不景气，让GE意识到自己的工业客户都将目光集中放在了如何提高生产率和利润率，以及如何降低能耗的问题上。为此GE算了一笔账。假如将燃气发电厂的生产效率提高1%，就可以为全球节约大概660亿美元的燃油；假如铁路在运营上能够节约1%的运营成本，那么每年就可以累计节省56亿美元；假设石油、天然气勘探开发的利用率能够提高1%，那么每年就能够节省900亿美元的资本支出花销。总之，如果在铁路、航空、医疗、电力、石油和天然气六个领域能够分别提高1%的效率，那么就可以实现未来15年内2760亿美元的增长。

根据这个估算结果，GE的董事长兼CEO杰夫·伊梅尔特从中发现了巨大的商机。由于工业生产领域已经将现有物理学原理发挥到了极致，但是现有的机器并没有足够发挥的能力，因此导致生产效率低下。单纯地升级生产设备已经显得力不从心。结合这个现状，杰夫·伊梅尔特将目光转向了软件信息技术。

GE在这样的发展现状中找到了属于自己的位置，把大型工业机器与传感器和软件等连接起来，进而在海量数据中寻找潜在价值。于是，GE将这个可以实现人、数据和机器相联接的全球化开放网络命名为"工业互联网"。

对于工业互联网，GE有自己的一套构想方案：在工业互联网领域，复杂的物理机械、网络传感器和软件系统相结合，从根本上提高生产效率。为此，杰夫·伊梅尔特更加坚信，这必然是未来工业4.0时代传统制造业升级的重要方向。

GE全球副总裁、全球软件和分析中心总裁鲁威廉说过这样一句话："云计算和大数据正大幅驱动向工业互联网的商业转型，工业互联网的核心在于机器可以智能互联，我们可以用软件分析其中的数据，以促进生产率的革命。"然而，这句话正从本质上阐明了"工业互联网"的真相。

装有传感器的智能设备可以带来海量数据。如果能够合理、高效地利用这些数据，将可以实现机器设备有序性管理、生产流程与操作流程优化进行、能源消耗最大限度地得到缩减。正是因为如此，杰夫·伊梅尔特看到了大数据的重要所在。

2011年底，杰夫·伊梅尔特投资10亿美元创立了GE全球软件和分析中心，并且开发工业互联网软件技术。随后，他还特意从知名的互联网方案解决商思科那里，将已经在工业互联网领域工作25年的老将鲁威廉挖过来，委任其接管GE全球软件服务，以及工业互联网战略。

在鲁威廉的协助下，GE的工业互联网发展如虎添翼。2013年6月，GE将智能机器、传感器和高级分析功能进行了整合，并且推出了第一个用来管理大型机器所产生的工业大数据的大数据分析平台。

作为新手的GE来说，仅仅凭借一己之力是很难构建庞大的工业互联网的，因此，GE试图说服更多的IT企业来加入。因此，不久以后，GE的合作战线已经扩展到了亚马逊网络服务。2014年10月10日，GE的合伙人中已经有了软银、威瑞森和沃达丰的身影。

GE之所以能够实现向软件和服务转型，是跟GE在过去的122年中发展工业技术和制造业的经验累积的原因分不开的。随着过去经验累积的不断增加，GE有40款工业互联网产品诞生了，广泛涉足各个领域，包括商用航空、发电、水处理、铁路运输、能源管理和医疗等。2014年仅短短一年的时间，这40款工业互联网产品就给GE带来了10亿美元的盈利，预售订单总额也超过了13亿美元。这是GE的"工业互联网"方案所收获的最为理想与美好的结果。

在工业互联网方面，GE有很多独特优势，比如客户有价值一两千亿美元的机器和设备委托GE管理、维护。但要真正完成互联网公司的转型，也很不容易。30多万名分布在全球175个国家和地区、分属九大业务集团的员工，从洞悉、决策到行动，需要怎样的响应机制，才能让整个组织保持快捷灵敏？

回归工业制造，出售超过半数的缺乏竞争优势的业务，剥离一度占收益半壁江山的金融集团；建立以客户为中心的组织结构。虚拟的GE商店（GE Store）是整个架构的核心，它包含GE数字集团、全球运营中心、研发以及全球增长组织，意在让集团成为一个整体，在全球

开启工业4.0的新商业模式

范围交流知识、技术和工具，实现研发共享、服务共享。客户只需面对一个入口，一个国家和地区的能力也可以帮助GE其他国家和其他业务单元赢得订单。

2014年推出全新价值观"GE信念（GE Beliefs）"，强调客户导向、速度、精益和学习，并将任务驱动型的"快速工作法"体现在整个组织的管理运营中，以应对互联网转型的文化要求。目前在GE，从初级员工到全球运营总裁中间只隔五个层级。为了体现扁平化和效率，总裁也没有自己的办公室，与员工一样在开放的办公空间工作。每个经理带领的员工最多只有8名，便于员工和经理快速沟通，避免长达十几层的汇报流程错失市场机会。

2015年9月，GE内部建立了一个横向整合的软件与数字公司（GE Digital），预计到2020年，它将跻身全球10大软件公司之列。

GE这样预见未来：如果一切顺利，很快你的Apple Watch、家里的智能温控器将和飞机引擎、大型发电厂一样，被工业互联网联结在一起。预计到2020年，将有500亿台设备接入互联网。

当人的世界的音乐、图片、健身信息都已上传至云端，机器的世界比以前任何时候都更迫切地需要安全耐用的专属云服务，让所有资产设备都说同一种数据语言。但与音乐、图片有所不同的是，一些机器上的传感器可能无法正常运行，收集到的数据常常是不完整或是凌乱的，需要尽快整理、修复、分析。因此GE的工业云服务不仅要具备存储功能，更要在对不同情景的感知中，处理不完整信息，提供解决之道。

GE曾是人类历史上最伟大的工业公司，今天，"GE前进的终点是回到未来。"密歇根大学罗斯商学院教授诺尔·M.迪奇说。

这个未来，就是惊涛拍岸的工业互联网。GE这样定义自己在今天的使命：发现数字的奥秘，倾听机器的对话，人类历史上第四次工业革命与你共创造。

从今天开始，谈到互联网，GE这个名字你不能忽略。

中国制造2025

"中国或许是世界工厂，但德国是世界工厂的制造者。"德国管理学思想家赫尔曼·西蒙（Hermann Simon）对中德制造业发展的现状，一言以蔽之。

中国和德国是目前世界上最主要的制造业大国。在2008年的金融危机中，得益于在制造业的强大优势，德国的表现非常稳健自如，这让全球都意识到，工业实体经济的重要性。同时，德国的经验也告诉中国：继续全力发展工业，推动工业化的转型升级，对整个国家的经济发展依然具有十分重要的意义。

自1972年中德建交以来，至今已有40余年，两国在制造业方面已经实现了全方位的合作。如今，随着全球化经济和全球化制造的迅速发展，无疑为两国创造了巨大的互利合作空间。在德国推出工业4.0战略之时，中国正全力走在从"制造"向"智造"迈进的路上。

同美国硅谷的公开戒备态度不同，德国十分看重中国的商业机会和中国政府的合作态度。在虚拟经济的创新方面，中国同美国的差距较大；但是，在"智能制造"（即制造业数字化、网络化、智能化）这样的核心技术方面，中国有着独特的优势。与德国在工业4.0战略上的合作，将为中国引进更多高精尖技术，极大提升制造业水平，帮助中国制造业早日接近国际标准，并将给中国科技企业带来在诸如互联网、物联网、云计算、大数据等领域的众多发展机遇。可以说，工业4.0是中国制造业转型的巨大契机。

合作并不只是对中国一方有利。虽然，德国最先提出工业4.0的概念，但其应用市场仍十分有限。"从竞争的角度来看，我们从不把中国视为对手。"西门子管理委员会成员、工业业务领域首席执行官鲁思沃（Siegfried Russwurm）说，"德国的国内市场较小，而中国拥有全球最大的机器设备市场，我们完全可以很好地合作，共同开发其中的价值。"由此可见，最终能够使工业4.0真正成功的市场在中国。德国是中国在西方最亲密的伙伴，中德双方不仅在这方面达成了共识，更为重要的是，双方都对美国信息技术的两面性抱有疑虑。

中德两国正式合作的契机始于2014年10月，多达110条的《中德合作行动纲要》充分显示了双方的合作诚意。在这个涵盖了政治、经济、文化、农业、工业、文明等诸多方面的行动纲要中，工业4.0领域合作的内容颇为引人瞩目。

以往大国间的技术合作，往往以实用主义为导向，合作的核心离不开精密机床或核心零部件这样的"硬货"，但细细拆解这份行动纲要中的几项重要目标，就不难发现中德两国对于观念契合层面的追求已经远远超越了实用层面的以物易物。中国与德国向来都不缺乏创新精神，只是相比于工业革命1.0、2.0乃至工业3.0时代，它们为工业4.0

战略下的合作增添了更多的创新之意。

按照这份行动纲要，中国工业和信息化部、科技部将同德国联邦经济和能源部、联邦教研部，以加强相关领域信息交流为目的，建立工业4.0对话，为两国企业在该领域开展自愿、平等的互利合作搭建平台；同时加强两国企业集团及行业协会之间的专业交流，从而进一步深化彼此间的合作，而两国政府也将为合作提供更为有利的框架条件和政策支持。

由于工业4.0在世界范围内的成功与否取决于国际通行的规则与标准，因此中德两国将在标准问题上紧密合作，将工业4.0议题纳入中德标准化合作委员会的合作框架中。此外，双方还将继续加强该委员会主导的现有合作项目——例如电动汽车、高能效智慧能源控制、智慧家居、供水及污水处理等，致力于开展更具系统性和战略性的合作。

同时，凭借中国担任2015年德国汉诺威消费电子、信息及通信博览会（CeBIT）合作伙伴国这一契机，以公正、开放的贸易及产品竞争为基础，两国将在移动互联网、物联网、云计算、大数据等领域进一步深化合作。

纵观欧美日等发达国家的发展历程，通常都是先实现工业化，再推广信息化。

但是在中国，则是工业化与信息化同步发展。早在2002年，中国就提出要走新型工业化的道路，即"坚持以信息化带动工业化，以工业化促进信息化，走出一条科技含量高、经济效益好、资源消耗低、环境污染少、人力资源优势得到充分发挥的新型工业化路子"。然而，随着近年来互联网技术不断飞速发展，互联网在中国已经有了非常广泛的应用，只是这种应用更多是在消费领域，而不是在产业领

开启工业4.0的新商业模式

域。

此次中德两国就工业4.0签署合作纲要，对中国来说正当其时。因为工业4.0要求的是互联网新技术向产业领域渗透，正可以极大促进中国工业化与信息化的融合，对当下中国经济转型、结构调整都有着特殊的意义。根据德国工业4.0战略，中国工信部正着手编制《中国制造2025发展纲要》，旨在对我国工业有待加强的领域进行强化，大力推行数字化、网络化、智能化制造；提高创新设计能力；完善技术创新体系；强化制造基础；提升产品质量；推行绿色制造；培育具有国际竞争力的企业群体和优势产业；发展现代制造服务业……力争在2025年从工业大国转型为工业强国。

毋庸置疑，中国制造产业在迎接新工业革命到来的过程中必定会历经重整、洗牌，乃至停滞，甚至衰退，但同时这一过程中也蕴藏着新机遇，如果中国企业足够开放、敢于创新，也许再过一二十年，德国汉诺威工业展上展现的未来制造的"人器对话"，便会在中国遍地开花。

毫无疑问，拥有广阔制造业基础和潜在消费市场的中国将成为这场工业革命的主战场。只是，这一次，中国应该积极参与、投身其中，并且建立起自身的话语权。

李克强总理说："中德合作，只有升级版，没有终极版。双方加强创新合作，可以为两国经济发展和繁荣创造更好条件，通过互学互鉴，用智慧拆解难题，开启未来。"在新一轮工业革命的激烈竞争中，以抢眼的"中国速度"配合过硬的"德国质量"，联手创新，形成合力，必将为推动中国工业转型升级注入新的动力，从而在向工业化迈进的过程中占得先机。

在全球工业革命方兴未艾之际，中国对于工业和信息产业的发展构想，不再恪守以往"每五年一次"的短期规划，而是更加注重中长期规划，将规划的年限扩展到十年。这份被称为中国版工业4.0战略的《中国制造2025发展纲要》，由中国工程院主持编制。

《中国制造2025发展纲要》是中国在由制造大国向制造强国转型过程中的顶层设计和路径选择，是动员全社会力量建设制造强国的总体战略，也是推进两化深度融合的具体规划。"向工业强国转型"是这项规划的目标，而重点行业、领域和区域规划的"1+X"模式是这项规划的关键词。此外，规划将借鉴德国工业4.0战略，围绕在我国工业有待加强的领域进行强化，力争在2025年从工业大国转型为工业强国。

最终目标：向工业强国转型 这一目标包含两重含义：一是通过工业的发展使中国更加繁荣强大；二是促进中国由制造大国向制造强国转变。

制造强国应具备四大特征——雄厚的产业规模、优化的产业结构、良好的质量效益，以及持续的发展能力。根据包括了上述特征的制造业综合指数，就可以构建出制造强国的基础数据体系。根据最新数据显示，在主要工业化国家的制造业综合指数分布中，美国遥遥领先，稳居第一方阵；德国、日本位于第二方阵；而中国、英国、法国、韩国处在第三方阵。

由此，在国际政治格局不发生重大变化的前提下，综合考虑工业发达国家在其工业化进程各阶段综合指数的增长率，以及中国的GDP增长率，可将我国迈向工业强国的进程分为三个阶段：2025年，中国制造业可迈入世界第二方阵，即工业强国的行列；2035年，中国制造业将位居第二方阵的前列；到2045年，中国制造业有望进入第一方阵，成为全球首屈一指的工业强国。

而现期首先要完成工业强国进程的第一阶段，即"中国制造2025"的最终目标——基本实现工业化，向工业强国转型，打造中国制造升级版。将最终目标进一步扩展解释，那就是：制造业增加值位居世界第一；主要行业产品质量水平达到或接近国际先进水平，形成一批具有自主知识产权的国际知名品牌；一批优势产业率先实现突破，实现又大又强；部分战略产业掌握核心技术，接近国际先进水平。

作为中国建设制造强国的总体战略，"中国制造2025"集中体现为四大转变、一条主线和八大对策。

四大转变

一是由要素驱动向创新驱动转变；二是由低成本竞争优势向质量效益竞争优势转变；三是由资源消耗大、污染物排放多的粗放制造向绿色制造转变；四是由生产型制造向服务型制造转变。

一条主线

以体现信息技术与制造技术深度融合的数字化、网络化、智能化制造为主线。制造业数字化、网络化、智能化将从根本上提高产品功能、性能和市场竞争力，全面提升产品设计、制造和管理水平，极大促进规模定制生产方式的发展，延伸发展生产型服务业，深刻地改革制造业的生产模式和产业形态。

八大对策

一是推行数字化、网络化、智能化制造。高度重视发展数控系统、伺服电机、传感器、测量仪表等关键部件和高档数控机床、工业机器人、3D制造装备等关键装备；突破一批"数控一代"机械产品和智能制造装备；推进数字化车间、数字化工厂、数字化企业的试点和应用。

二是提高产品设计能力。应用先进设计技术，开发设计工具软件，构建设计资源共享平台；由代加工向代设计和出口自创产品品牌转变；制定激励创新设计的政策。

三是完善制造业技术创新体系。促进企业成为真正的技术创新主体；加强产业共性技术研究开发；加强创新人才培养。

四是强化制造基础。核心基础零部件/元器件、关键基础材料、先进基础工艺及产业技术基础这"四基"的整体水平很大程度上决定了产品质量的优劣，是提高产品质量的根基，必须坚持以产业需求和技术变革为牵引、以专业化为方向、以标准化为基础，并以此强化制造基础。

五是提升产品质量。严格质量监管，建立质量诚信体系；提高重大装备质量的一致性、稳定性；推进品牌创建。

六是推行绿色制造。促进制造业流程的绿色发展，建立循环经济链；开发和推广节能、节材和环保产品、装备、工艺；发展再制造工程。

七是培养具有全球竞争力的企业群体和优势产业。大力发展战略性新兴产业和先进制造业，加快传统产业转型升级，提高高端制造业比重。

八是发展现代制造服务业。促进制造业由大规模流水线生产，转向定制化的规模生产，实现产业形态从生产型制造业向全生命周期的服务型制造业的转变。

开启工业4.0的新商业模式

第三章

工业4.0的智能化模式

> 德国总理默克尔说，未来智能工厂能够自行运转，零件与机器可以相互交流，这令跨行业合作成为必须。她建议，信息及通信业、机械制造业等相关行业需要相互保持"好奇心"，加强合作，不要只把目光局限在自己的领域。

开启工业4.0的新商业模式

工业4.0时代的智能工厂

德国政府所设立的"工业4.0"工作组,其中不仅有能够代表德国的企业、研究机构和大学的专家,还有从政府机构聘请的观察员。相关的企业主要有:ABB、巴斯夫(BASF)、宝马(BMW)、博世(BOSCH)、戴姆勒(Daimler)、英飞凌(Infineon)、萨普(SAP)、西门子(Siemens)、蒂森克虏伯(ThyssenKrupp)及通快(TRUMPF)等。

"工业4.0"强调通过网络与信息物理生产系统的融合来改变当前的工业生产与服务模式。物联网、信息通讯技术以及大数据分析等相关技术是"工业4.0"的基础。它意在将传统工业生产与现代信息技术相结合,将集中式控制向分散式增强型控制的基本模式转变,并最终实现工厂智能化、生产智能化。

该战略已经得到德国科研机构和企业界的广泛认同,例如,弗劳恩霍夫协会(Fraunhofer-Gesellschaft)将在其下属的应用与综合安全(Fraunhofer AISEC)、实验软件工程 (Fraunhofer IESE)、制造工程及自动化 (Fraunhofer IPA)、光电子,系统技术和图像处理(Fraunhofer IOSB)及材料流和物流(Fraunhofer IML)等研究所中引入"工业4.0"概念;西门子公司已经开始将这一概念引入其工业软件开发和生产控制系统;恩德斯豪斯(Endree-Hauss) 公司按照"工业4.0"要求也在积极开发自己的过程工业自动化解决方案,实现不同区域、不同客户生产资料的信息共享。

工业4.0时代,智能工厂将大行其道。智能化是指为了获得最佳的工厂生产、经营目标,将物联网、执行机构、工厂大数据系统、知识系统、数据通信系统进行有机整合而形成的IT支撑系统,是企业为提高自身竞争力、提高运营效率、提升企业竞争力必须面对的课题。在智能化工厂中,生产制造的每个环节都需要高度的自动化、智能化。

数据是未来工厂的关键元素。随着虚拟和现实世界的不断融合,人、数据和机器相互连接,形成开放的网络:人与人、人与机器、机器与机器之间将发生对话和信息交换;海量数据提供的"经验"将帮助企业对生产中复杂多变的状况做出精准判断和实时反应。如今,大数据的重要性已经不言而喻,在智能工厂里,生产制造各个环节的数据采集、传输、存储、运算、分析都是至关重要的。产品数据、运营数据、价值链数据、经济运行数据、行业数据、市场数据、竞争对手数据,这些数据的战略意义不仅在于掌握庞大的数据信息,更在于对这些含有意义的数据进行专业处理,所以先进数据分析工具在未来制造业的地位将越来越关键,而自动化软件则是构建智能工厂的重要基础。同时,控制系统的自动化会加快融入整个工厂的IT系统中,软硬件一体化将是未来制造业发展的大势所趋,越来越多的自动化软件会采用新技术,与信息化系统进行深度集成。

因此,一家企业乃至一个行业的未来,将越来越不可能仅仅取决于企业或行业本身,对未来起决定性作用的或许正是工业软件系统。通过工业软件系统,可使生产工序及系统组件间实现交互,这种交互不只作用于生产层面,还作用于业务层面,实现虚拟与现实的融合,并将企业和企业外部组织连接在一起。这种工业软件系统就是"软硬

第三章
工业4.0的智能化模式

件一体化系统"。

软硬件一体化系统可以帮助企业将机器、存储系统和生产手段连接在一起并构成一个相互交织的网络，在这个网络中，可以进行信息的实时交互、调准。同时，这些互相连接的系统还可以独立地进行自我管理，并制定出各种可行性方案，再根据预先设定的优化准则，将它们进行比对、评估，最终选出最佳方案。这就使生产更具效率、更环保、更加人性化。软硬件一体化系统还可以对生产中产生的数据进行实时分析，并可通过云技术将不同数据库部署成一个整体数据库，实现远程数据诊断，从而提高企业数据检索、挖掘能力。这种以信息技术为基础，整合软硬件的系统应用，一方面加深了企业与企业之间的纵向一体化程度；另一方面，在从预订到交货的横向一体化中，各个环节也被紧密地联系了起来。

软件即未来。在未来，中国企业只有构建了这样一套软硬件一体化系统，才可能真正迈入工业4.0的康庄大道。

在构建软硬件一体化系统的过程中，中国企业不妨优先考虑建立一定基础的制造执行系统。制造执行系统是一套面向制造企业车间执行层的生产信息化管理系统，在国外知名企业中使用广泛。国内最早的制造执行系统是20世纪80年代宝钢建设初期从西门子公司引进的，近年来，许多中国企业逐渐开始采用这项技术来增强自身的核心竞争力。

南车南京浦镇车辆有限公司通过制造执行系统，改变了生产过程中的一系列问题——数据管理与反馈难、物料管理捉襟见肘、管理成本不断攀升、生产工艺复杂且标准不统一、产品质量信息和设计反馈之间信息链断裂、设计研发信息向制造端转移不顺畅，等等，实现了产品生产流程标准化、制造过程透明化,同时减轻了质检人员的工作量,产品质量全面提升。此外,得益于制造执行系统所带来的诸多益处,浦镇公司从中充分认识到标准化的意义,公司管理者也开始反省生产中的不足和信息化应用的空间。此外,华润双鹤、长虹、东风汽车等企业在引入制造执行系统后,均提高了生产管理的效率,尝到了"两化融合"带来的收益。

智能制造对企业提出的要求是,必须清楚掌握产销流程,提高生产过程的可控性,减少生产线人工干预,及时正确地搜集生产线数据,更加合理地安排生产计划并掌控生产进度,等等;从产品开发到设计、外包、生产及交付在内的整个生产制造中的每个阶段都必须实现高度的自动化、智能化,并且实现各阶段信息的高度集成。毫无疑问,作为连接底层自动化控制系统和上层管理系统的纽带,制造执行系统正是构建智能工厂的核心。

那么,什么是制造执行系统?美国制造执行系统协会(Manufacturing Execution System Association,MESA)给出的定义是:制造执行系统能通过信息传递,对从订单下达到产品完成的整个生产过程进行优化管理。当工厂里有实时事件发生时,制造执行系统能对此及时做出反应和报告,并利用当前的准确数据进行指导和处理。这种对状态变化的迅速响应使得制造执行系统能够减少生产过程中没有附加值的活动,有效地指导工厂的生产运作,从而既能提高工厂及时交货能力、改善物料的流通性能,又能提高生产回报率。制造执行系统还通过双向的直接通信在企业内部和整个产品供应链中提供有关产品的关键任务信息。

美国制造执行系统协会对制造执行系统的定义强调了以下三点:

第一，制造执行系统是对整个车间制造过程的优化，而不是单一解决某个生产瓶颈；

第二，制造执行系统必须提供实时收集生产过程数据的功能，并做出相应的分析和处理；

第三，制造执行系统需要与计划层和控制层进行信息交互，通过企业的连续信息流来实现企业信息的集成。

制造执行系统是一套对生产现场综合管理的集成系统，它用集成的思想替代原来的设备管理、质量管理、生产排程、分布式数控（Distributed Numerical Control，DNC）、数据采集软件等车间需要使用的孤立软件系统。MES在信息化系统中具有承上启下的作用，是一个信息枢纽，强调信息的实时性。

制造执行系统在企业中的运用分为5个层级：

第一，初始级。及时反馈生产计划完工情况。应用质量管理系统，能够对生产过程中的质量进行实时把控；清晰知道生产任务的详细进度，对关键件进行追溯管理。

第二，规范级。对设备、人员、能源等进行自动化数据采集；对设备实时状态进行管理，如出现停机等状况时能够实时反馈到系统中；初步优化生产计划并指导生产；实现生产作业过程管理，建立完善的生产追溯管理体系。

第三，精细级。优化生产计划，并建立与其他资源的集成关系；实现对技术文件、物料、设备、工艺工装、人员、能源等与生产任务单的集成化管理；建立生产现场多方预警管理与电子看板管理体系。

第四，优化级。实现设备与能力计划的部分集成；能够根据车间员工的资质、生产能力等因素，自动进行生产排班；能够对能源进行优化，降低能源成本。

第五，智能级。能够应用适用于自动化生产的各类设备，包括数控机床、机器人、自动寻址装置、存储装置、柔性自动装夹具、检具、交换装置及更换装置、接口等；应用自动化控制和管理技术，实现生产系统仿真及动态调度等。

对于中国企业来说，无论目前对制造执行系统的应用处于哪个阶段，未来都要向"智能级"发展，将制造执行系统打造成软硬件一体化的智能工业软件系统。在这个过程中，中国企业切忌盲目上项目，而应该根据企业类型、所处发展阶段，来选择与企业实际情况相匹配的功能模块，选择专业的软件公司提供协助。实施制造执行系统的过程，可分为以下几个步骤：

第一，确定需求与调研。从技术上来看，与自动化软件相关的技术越来越成熟，自动化软件将朝着集成化方向发展，而这与工厂生产方式的变化有很大关系。制造执行系统中的软硬件一体化的目标是实现智能生产，其构建涉及企业生产过程的各个环节，需要进行全方位的需求分析与现况调查，理清工作流程，明确需进行标准化的流程与模块。

第二，制定实施方案。企业的情况各有不同，项目组应配合软件系统供应商做好制造执行系统的业务需求调研，并一起制定出企业制造执行系统实施方案。

第三，网络敷设和硬件部署。制造执行系统的软硬件一体化是串联各项业务，使之互相协作的信息枢纽，必须建立起基础网络设施，用以连接虚拟数据及硬件设备。

第四，基础数据准备。基础数据的规范性和准确性是保证智能系统成功实施的关键，在构建制造执行系统之前，必须通过相关管理人员整理、核查、录入生产基本资料、设备、工艺路线等信息。

第五，系统功能测试及试运行。制造执行系统开发基本完成后，需要对系统中的功能模块进行测试，并在工厂选定某个车间进行试运行。

第六，培训和应用推广。通过培训，让企业全体员工熟悉制造执行系统的配置和操作流程，全面落实系统的使用。

第七，持续改善，不断优化。建立持续改善的流程，形成持续改善的文化，使制造执行系统的软硬件一体化更加符合智能生产的要求，并能不断促进工厂的智能化提升。

发现最佳实践，总结行业经验，加强交流推广，开展试点示范，是过去几年推进两化融合工作的基本思路，也是德国在推行工业4.0的基本方法。西门子、大众、宝马、博世等在讲到智能制造时，都提到他们所认为的最能体现工业4.0理念的全球最佳智能工厂，而且有许多是在中国。在行业及区域层面推广智能工厂和智能制造体系应当是下一步可以考虑的重要工作方向。

1.在行业层面推广智能工厂

选择电子、汽车、机床、机械、冶金、纺织等重点行业开展智能工厂应用示范，首先要推广普及单机智能化，围绕推广普及智能制造单元–智能车间–智能工厂–智能制造系统，组织开展装备智能升级、工艺流程再造、基础数据共享、远程诊断维护等试点，逐步实现车间级、工厂级的智能化改造，不断探索智能工厂普及过程，不同行业新的产业生态系统的演进规律和发展模式。这将是一项长期而艰巨的历史任务。

开启工业4.0的新商业模式

2.在区域层面推广智能制造系统

在产业集群内构建跨企业的智能制造生产体系是制造业未来发展的重要方向，未来的智能制造将是一个复杂的巨系统。IBM说城市是系统的系统，弗劳恩霍夫研究所也说智能制造是系统的系统。制造过程的信息感知、互联、集成必然把制造带到一个系统的系统时代，树立智能制造的系统观也是理解智能制造本质的重要内容。要以增强国家级产业集群竞争优势为出发点，围绕集群内生产装备的数字化、智能化、网络化改造，深化产业链上下游协同研发设计、协同供应链管理、网络制造的集成应用，探索如何构建企业间高效协同的智能制造体系和产业价值链体系。

全面使用智能设备

全世界智能机器联合起来，为人类服务！这些智能机器还会联合它们的远亲近邻，大数据云计算、RFID感应器家族、互联网、物联网、情境预测分析和决策软件等，一起形成"智能配件"、"智能设备"、"智能工厂"、"智能产业链"的工业集成生产系统。

怎样理解这些智能子系统之间的关系？想像一下"俄罗斯套娃"，一个套一个，绵延不断，但都遵守共同标准、有相互兼容的界面和接口。工业4.0运行系统包括：一个由物联网、互联网、云计算连接起来的网络状、分布式智能生产系统。它可以自我预见需求，自我

第三章
工业4.0的智能化模式

诊断和维修保养，自我沟通协调物流。让生产系统自动生产产品，它是智能机器联合时代的乌托邦。

深圳富士康园区往东50公里，是深圳雷柏科技股份有限公司的厂区。这家2002年创办的键盘鼠标生产企业，已经是国内最大的无线外设设备生产商。自2011年，雷柏科技不断引进工业机器人设备，确立元器件和模组的标准，研发智能自动化体系，逐渐完成了从自动化机械设备到工业机器人生产线的进化。现在，雷柏科技的机器人取代了75%的员工，工厂产能至少增加了三倍；雷柏科技生产的键盘鼠标产品毛利率高达30%左右，而同类企业的毛利率一般只有10%。

雷柏科技是我国使用智能设备——工业机器人提升企业竞争力的成功案例。可以肯定的是，未来将有越来越多的以工业机器人为主体的智能设备进入中国工厂。在拥有"世界工厂"之称的中国珠江三角洲地区，一座巨大的厂房内，塑料原材料经过各个机器的自动化操作，变为一个个成型的空调零部件；一只只机械手将成品放在传送带上输送到打包区；搬运机器人在厂房内穿梭运送各种货物；仅有三两名员工站在生产线的终端对成品进行核验。这是全球最大的专业化空调企业格力空调正在全力打造的机器人自动化生产线。

工业机器人并不是我们在科幻电影中看到的那种机械人或者仿真人，而是通过软件和远程遥控技术运行的专业机电设备。随着计算机技术的发展，这些机器人的功能也将越发强大，性能不断提升，工业机器人的应用领域已经不再限于传统的汽车、物流等粗放生产领域，已经涉足注塑、手机、电子等精密制造领域。为苹果手机代工的富士康就已大量使用了工业机器人。

使用工业机器人等智能设备，是中国企业构建智能工厂，实现智能升级的必要硬件。在传统的制造执行系统中，任务单、岗位指导书通过人工下达，机械装备由人工操作，生产情况的统计也要人工输入汇总——由于有许多工作和环节需要人工参与，致使生产效率不高，容易出现错误。在未来，传统制造企业将向智能工厂转型，用自动化和机械设备代替人工，加工制造过程完全靠智能设备完成，这些智能设备可以进行互联，对人员、材料、设备、成品、半成品进行一体化管控。如之前章节介绍的，在宝马、大众、西门子、博世的智能工厂中，工业机器人已经成为生产的主体。

使用智能设备是工业4.0的基石之一，也是中国企业建设智能工厂、迈向工业4.0的必由之路。

"中国制造2025"确定：推行数字化、网络化、智能化制造。2020年前，广泛推行数字化制造，在优势行业以重点企业为主体开展智能制造应用示范；2020年后，全面推广智能制造。高度重视发展数控系统、伺服电机、传感器、测量仪表等关键部件和高档数控机床、工业机器人、3D制造装备等关键装备；突破一批"数控一代"机械产品和智能制造装备；推进数字化车间、数字化工厂、数字化企业的试点和应用。这些为中国制造企业向智能工厂转型提供了明确的路径。

全面实现工业1.0（机器制造，机械化生产），大部达到工业2.0（流水线，批量生产，标准化），局部具有工业3.0（高度自动化，无人化/少人化生产），点状出现工业4.0（数字化网络化智能化）萌芽——这不仅是对"泉州制造"现状的描述，也基本道出了"中国制造"的整体现状。

有数据显示，中国已经成为全球购买工业机器人最多的国家。不过，与中国庞大的制造业基础相比，中国工业机器人利用水平仍然很低。据国际机器人联合会的统计,每万名制造业工人的机器人保有量,韩国396个,日本332个,德国273个,世界平均水平58个,而中国只有23个——这一数据与上述"点状出现工业4.0萌芽"的中国制造业现状基本吻合,同时也表明了中国制造企业要实现智能化的转型升级,使用智能设备是必经之路。

使用工业机器人,能使生产环节实现高度自动化,也满足了多样化产品对柔性制造的要求。而传感技术的发展和普及,为大量获取制造数据和信息提供了便捷的技术手段。数字技术和自动化技术使制造业的发展模式、运行效率等发生了深刻变化。基于数字化技术,除了制造过程本身可以实现智能化外,还可以逐步实现智能设计、智能管理等,再加上信息集成、全局优化,最终构建起智能工厂。

使用工业机器人等智能设备,能够解决"人的问题"。首先,智能设备能将人从枯燥、伤害大的工序中解放出来。富士康最早实现机器人作业的是跟抛光相关的作业工序,这道工序最大的危险在于所产生的大量金属粉尘,虽然工人都佩戴了口罩,车间也配置了吸尘风机,但仍然容易让这个车间的工人患上尘肺病。用机器人替代人工操作对人体有伤害的工序是大势所趋,国外很多自动化流水线都是从这些环节起步的。机器人生产系统可以把工人从单调、程序化的工作中解放出来,使人能够将精力集中在创新和增值业务上。长远来看,灵活的工作组织形式、智能的自动化生产,能够让工人们更好地整合工作与私人生活,为工作和生活找到一个更好的平衡点。

其次,智能设备能够突破人的极限,完成人不可能做到的事情。"一只机械手臂可以无休止地将两根连接线折出三个完美的弯,然后将它们穿过肉眼几乎不可能看见的小洞。"这是《纽约时报》(New

York Times）所描述的飞利浦（Philips）生产电动剃须刀的机器人工作时的场景。机器人可以用几乎万无一失的准头挑出组装所需要的各种零件；它们可在毫米级别的精度绕线，将与牙签一般薄的转轴配入细孔中；然后，它们通过使用激光或压力传感器来知晓何时开始和结束一项工作。而富士康的无人工厂，对"人"的突破更为令人震撼。在我国台湾地区新北市，富士康建了一座无人工厂，全自动化的生产线，由机器手臂来做CPU的插槽，能够非常精准、毫无误差地在两三厘米见方的电路板上，密密麻麻插上3000根端子，每天的产量高达7000多个；无人工厂的厂房比人工工厂节约了一半的面积，且生产线系统模块化，便于搬迁；机器人的工作不怕脏也不怕粉尘，不怕累也不怕化学药水，不需要休息也不需要光线，无人工厂24小时工作连灯都不用开，全暗房。

第三，智能设备能够解决中国制造企业的用工荒、人力成本高等现实问题。过去30多年，中国经济之所以能保持10%左右的高增长，主要是因为中国劳动力资源比较丰富，有广阔的市场空间。但是近几年，劳动力价格在不断上涨，年轻一代劳动力的供求关系发生了很大变化，制造企业必须用更高的工资来吸引这些劳动力。惠州一家电子制造企业有1200多人，近年遇到招工难、用工贵、流失大的难题。90后就业观念发生了重大转变——工作不是唯一，自由才是首选、内地产业兴起、第三产业发展，这些因素导致企业招工越来越难，惠州地区的招工成本已达到370元/人次，一般电子行业平均月流失率约16%，夜班、站立作业的岗位流失率更高，再加上90后员工越来越难管理，这家电子制造企业的生产效率不断下降。因此，他们在2008年成立了专门的事业部，推进自动化技改，并开发出三轴机器人平台等产品，以解决用工问题。随着工业机器人均价每年下降4%，以及劳动力成本逐年上升，这家企业2004~2013年的人员年均工资涨幅达到15%，这使得其机器人自动化的投资回报期（投入成本/年收益）呈下降趋势，2010年时的计算结果是6年，2015年缩短到了2.4年。作为中国引进机器人最为成功的企业之一，雷柏科技指出："越往后面看，人工成本越往上涨，我们（采用机器人）的竞争优势就越会得到体现，我们的竞争优势跟他们拉开很远的时候，整个行业的状况就完全不一样了。"

在此需要着重强调的是，中国的工业4.0之路，需要大量引进和使用智能设备，但是在引进的过程中，必须兼顾企业现状。因为智能设备并非越先进越好，只有匹配企业的发展现状及远期战略，才能够起到促进企业长足发展的作用。

智能制造主导的产业升级

在工业3.0时代，实体经济与虚拟经济出现了脱节现象。互联网技术的发展催生了超越实体且积累财富更快的虚拟经济。以制造业为主体的实体经济难以与之竞争，从而导致发达国家出现"去工业化"浪潮。然而，实体经济的萎缩最终引发了全球性金融危机，使全世界都受到了不同程度的危害。于是，复兴工业成为各国摆脱经济危机的重要手段。

开启工业4.0的新商业模式

制造业在工业体系中占据着主导地位,也是国民经济的支柱。工业制造业分为劳动密集型、资源密集型、技术密集型等不同的发展模式。除了技术密集型制造业之外,其他的制造业在信息社会的语境下是需要被淘汰的夕阳产业。

第三次工业革命为制造业带来了自动化生产等高新技术,让各类制造业都不同程度地提升了生产效率,尤其是技术密集型制造业。但相对于飞速发展的信息通信技术与互联网经济,制造业逐渐变为人们眼中最保守、最落后于时代的产业之一。

随着工业4.0概念的出现,制造业将掀起席卷全世界的新一轮产业革命,凭借智能制造技术实现产业升级,重新成为"先进"的代名词。毫不夸张地说,第四次工业革命的本质就是争夺智能制造的主导权。谁先完成工业体系的智能化升级,谁就将在工业4.0时代执牛耳。

智能制造是一个系统工程,里面包含了四大因素:用智能机器人代替工人生产的自动化生产线;高度智能化的生产线控制系统;融合虚拟生产与现实生产的物联网系统;MES生产信息化管理系统。

其中自动化生产线主要是对制造工艺与生产工序的升级。这是实现智能制造的硬件基础,也是推动制造业企业转变发展模式的技术条件。

劳动密集型与资源密集型的传统制造业,主要依靠加大劳动力与资源的投入来提高生产率,不需要太先进的制造技术。但随着劳动力成本上涨与能源的高消耗,传统制造业的竞争力不断下降。为了降低成本,这两种制造业企业往往会把工厂与生产线转移到发展中国家,以便获得更廉价的劳动力,同时更靠近资源原产地。发达国家的"去工业化"浪潮,正是由于制造业转移海外所造成的。事实证明,这种发展模式难以经受住互联网经济的冲击,注定要被以智能制造为主导的无人化、数字化生产模式取代。

自动化生产线用智能机器人代替了人工,不仅生产效率大大提高,生产成本与能源消耗也大幅度降低。如此一来,制造业企业就从劳动密集型、资源密集型的发展模式转变为技术密集型的发展模式。不必再将工厂与生产线转移到海外发展中国家去,而是将其留在工业体系更完善、经济环境更优越的本国。"去工业化"与"制造业空心化"等发展瓶颈也将迎刃而解。

光有自动化生产线还不够。工业3.0时代已经出现了自动化生产线,但还远远谈不上智能制造。因为智能制造不仅仅需要升级硬件系统(生产线),还需要建立配套的软件系统。硬件系统的升级主要集中在生产制造流程,而软件系统更多用于优化整个制造业的管理与决策。如果没有生产线控制系统、物联网系统和MES(生产信息化管理系统)等软件系统的支持,就算不上真正的智能制造系统。

最先提出工业4.0的德国人,把以智能制造为主导的产业升级当成了战略目标。尽管德国一直没有"去工业化",但也面临着来自互联网经济的严峻挑战。

德国总理默克尔曾指出,当今全球90%的技术与知识创新不是在欧洲产生的。此外,德国企业的各种数据资源都掌握在美国硅谷的互联网巨头手中。不仅亚洲新兴国家在互联网经济中迅速崛起,美国也通过发展先进制造业来克服"去工业化"的问题。错失互联网机遇的德国对此深感忧虑。但与此同时,德国也敏锐地意识到高科技制造业竞争将成为未来产业发展的制高点。

洞悉新一轮产业革命的不仅是德国。美国、欧洲其他工业国、日

开启工业4.0的新商业模式

本等发达国家,都不约而同地把制造业的智能化改造视为第四次工业革命的"天王山"。尽管美国用的概念是"工业互联网"与"先进制造",日本用的概念是"工业智能化",但其本质都是紧紧抓住"智能制造"这个重中之重。

纵观人类的科技发展史,每一次技术革命都可以视为制造技术的升级。在以蒸汽机技术为主导的工业1.0时代,工厂生产的是"蒸汽一代"产品。在以电机技术为主导的工业2.0时代,工厂生产的是"电气一代"产品;在以信息技术为主导的工业3.0时代,工厂生产的是"数控一代"产品;而随着工业4.0的到来,未来工厂生产的将是"智能一代"产品。这个定义的主要依据就是工业制造技术的特征。

从这个角度说,第四次工业革命是一场以智能制造为主导的产业革命。这场革命将促使制造业的产业模式发生两个根本性变化:一是,以标准化为基础的大规模流水线生产模式,将转变为以个性化为宗旨的定制化规模生产;二是,制造业的产业形态将从"生产型制造"升级为"生产服务型制造",进一步强化对消费者的服务职能。

当前各国的产业升级战略规划虽大相径庭,但它具有以下三个共同点。

第一,用数字化、智能化的信息技术全面、彻底地改造传统制造业,将制造工艺、生产流程、管理方式变得更加智能化。

第二,国家推出以发展智能制造业为核心的战略规划,制定了一系列优惠政策,并加强对基础设施升级的投入,从全局角度部署工业4.0的发展。

第三,产业界、学术界与政府进行全方位联合,从不同的角度推动智能制造技术的研发与推广。

第三章
工业4.0的智能化模式

由此可见,智能制造已经被各国列为工业4.0的核心。打造自己的智能制造产业体系,成为各国竞争未来发展主导权的焦点。

从价值创造与技术创新的角度看,工业3.0时代的技术密集型制造业是一种生产制造型企业。智能制造对于这种企业的意义,更多是提升效率、降低成本、强化质量,从而获得行业市场的主导权。但在工业4.0时代,制造业企业必须向"生产服务型制造"的经营模式转变。

因为,第四次工业革命所需要的,不单是工业设备的升级,也不局限于局部的智能机器人研究,而是要求各国在信息技术与物联网、服务网络的基础上,对整个制造行业进行深度整合与彻底的智能化改造。由此可见,智能制造不仅仅是换一条更先进的生产线,而是一个覆盖整个产业价值链的系统工程。

若想实现产业升级的战略目标,制造业需要在以下五个方面推行智能化升级。

第一,产品的智能化。智能制造技术的关键,是让产品能够被自动化生产线有效识别、定位、追溯,从而让生产线上的智能机器设备可以根据不同产品的定制要求进行制造加工。这就要求产品本身具备自动存储数据、感知指令、与控制中心通信的能力。具体而言就是,在各种待加工产品中加入智能传感器、处理器、信息存储器、无线通信器等微型智能设备。

未来的工业4.0世界将是一个网络化、智能化的世界,其最主要的标志就是智能产品的广泛运用。

业内人士预言,产品智能化进程将持续数十年。智能化产品具有普适性、渐进性、颠覆性三大特征。例如,智能手机、智能计算机、智能冰箱、智能彩电、智能家居、智能穿戴、智能汽车、智能机器人等产品,都是工业4.0物联网的有机组成部分。

智能产品的广泛运用,不仅为消费者的生活带来空前的便利,也对企业生产提出了新的挑战。通过制造智能产品来打造智慧城市,也是工业4.0的一个重要发展方向。

第二,工业设备的智能化。智能制造的主体是智能化的工业设备。例如,从单个的智能机械手、智能传感器、智能机床到智能生产线、智能工厂,工业生产设备都采用高水平的人工智能。工业设备的智能化可以说是狭义的"智能制造"。其他领域的智能化,都离不开制造设备的智能化。唯有这样,制造业才能发展出智能工厂,重组工业产业链。

第三,生产方式的智能化。所谓智能化的生产方式,主要指的是个性化生产与服务型制造。在工业4.0时代,智能工厂完全根据消费者的个性化需求进行自动生产。企业内部组织将与产品的最终用户、业务合作伙伴形成一个新的产业价值链。信息流、产品流、资金流在生产制造流程中的运行方式也将有所改变。

第四,管理的智能化。企业在工业大数据的帮助下实现了纵向、横向、端对端集成,可以及时、完整、精确地获得海量的用户数据。企业将与产业价值链上的所有利益相关方共同打造产业物联网,从而更加科学、高效、灵活、便捷地管理企业。

第五,服务的智能化。智能制造模式可以让最终用户全程参与整个产品的生命周期,与智能工厂携手完成研发设计、制造加工、组装包装、物流配送等环节。由于实现了与消费者的全程无障碍沟通,智能工厂可以在整个产品生命周期中为消费者提供更加人性化的服务。

总之,智能制造是系统中的系统,是第四次工业革命的核心内容。只有建立起一个完整的智能制造产业体系，才能占领工业4.0时代的制高点。

智能制造

智能制造已成为德国工业4.0战略、美国工业互联网计划、中国两化深度融合概念背后的"最大公约数"。那么，什么是智能制造呢？

在德国，智能制造是指利用信息物理系统，依托于传感器、工业软件、网络通信系统、新型人机交互方式，实现人、设备、产品等制造要素和资源的相互识别、实时连通、有效交流，从而促使制造业研发、生产、管理、服务与互联网紧密结合，推动生产方式向定制化、柔性化、绿色化、网络化发展，并不断充实、提升、再造制造业的全球竞争新优势。

西门子以及弗劳恩霍夫应用研究促进协会（Fraunhofer-Gesellschaft）的专家们认为，工业4.0就是要建立一个智能生态系统，当智能无所不在、连接无处不在、数据无处不在的时候，设备和设备之间、人和人之间、物和物之间、人和物之间的联系就会越来越紧密，最终必然出现一个系统连接另一个系统、小系统组成大系统、大系统构成更大系统的情况，而对于工业4.0的目标——智能制造而言，它就是系统的系统。

智能制造是系统的系统，对于这句话应该如何理解？一个系统连接另一个系统，小系统组成大系统，大系统构成更大系统，对于这番情形又该如何去认识呢？

让我们从身边的智能手机开始，试着解释一下上述问题。

第一，每一台智能手机都是一个系统。在我们看起来智能手机就是一个终端，但实际上它是由终端、基于应用程序（application，APP）的电子商务平台、百万级应用共同构成的一个智能系统。每一部智能手机都是系统，智能手机之间的互联就形成了更大的系统。

第二，智能手机的生产环节也是一个系统，是研发系统、生产系统、物流系统、销售系统和服务系统的集成。由每一台智能生产设备所组成的智能生产线也构成了一个系统，不同职能生产线之间的互联又构成了更大的系统。

第三，智能手机的生产离不开供应商。每一个供应商都是一个系统，不同的供应商之间的互联则构成一个系统网络，企业间供应链协同就是一个大系统。

第四，主持手机生产制造的必然是企业，而企业的有序运营靠的是不同的管理流程、规章和制度。每个管理流程都是一个系统，人事、财务、资产、客户、运营等是构成管理流程大系统的一个个独立子系统。

第五，每一位使用智能手机的客户信息都被存储在企业的客户管理系统中，系统能够实时感知、获取、评估、遴选、转化客户的需要……这些还只是与智能手机相关的众多庞杂系统的一部分，而智能制造，则是由这些不同系统所组成的大系统，即系统的系统。

在德国乃至全球，一个超复杂的巨系统正在形成。车间里的机器如一部智能手机，通过更新操作系统实现功能升级，通过工业应

第三章
工业4.0的智能化模式

用程序实现各种功能即插即用，通过应用程序编程接口（application programming interface，API）不断扩展制造生态系统，所有的机器、产品、零部件、能源、原材料，所有的研发工具、测试验证平台、虚拟产品和工厂，所有的产品管理、生产管理、运营流程管理，所有的研发、生产、管理、销售、员工、各级供应商、销售商以及成千上万个客户，都将是这一系统的重要组成部分。

对于智能制造这个大系统，我们可以从智能产品、智能装备、智能生产、智能管理和智能服务五个维度来认识和理解。

维度一：智能产品。与传统产品不同，智能产品是将传感器、处理器、存储器、通信模块、传输系统融入产品，使得产品具备动态存储、感知和通信的能力，进而实现产品的可追溯、可识别、可定位。例如，计算机、智能手机、智能电视、智能机器人、智能穿戴是物联网的"原住民"，这些产品自诞生起便是网络终端；而传统的空调、冰箱、汽车、机床、风机等则是物联网的"移民"，它们正排着队等待连入网络世界。据专家推测，到2020年，物联网中的"原住民"和"移民"总数将超过500亿；尽管万物互联的概念早已提出，但多年以后，还是会有大量难以成为网络终端的物联网"边民"出现。这样的憧憬与推测继而提出了一个富有挑战的问题：企业的产品会在什么时间、以什么样方式实现智能互联，成为一个智能产品？

维度二：智能装备。通过先进制造、信息处理、人工智能等技术的集成与融合，可以形成具有感知、分析、推理、决策、执行、自主学习及维护等自组织、自适应功能的智能生产系统以及网络化、协同化的生产设施，这些都属于智能装备。在工业4.0时代，装备智能化的进程可以在两个维度上进行：单机智能化，以及由单机设备的互联而

开启工业4.0的新商业模式

形成的智能生产线、智能车间、智能工厂。这一进程将伴随信息通信技术方面创新应用的演进而不断深化,并且至少将耗费至少几十年的时间。

维度三:智能生产。这是一种理想的生产系统,能够智能地编辑产品特性、成本、物流管理、安全性、生产时间等要素,从而实现为不同客户进行最优化的产品制造。当生产过程中的每一个环节都实现了传感无所不在、连接无所不在、数据无所不在、计算无所不在、服务无所不在的时候,就意味着生产组织方式全面变革时代的来临——不同国家、不同行业、不同规模的企业都在不断探索个性化定制、极少量生产、服务型制造以及云制造等新业态、新模式,其终极目标就在于重组客户、供应商、经销商以及企业内部组织关系,重构生产体系中信息流、产品流、资金流的运行模式,重建新的产业价值链、生态系统和竞争格局。在我们迈向智能生产时代的过程中,企业需要不断思考一系列的基本问题——我是谁,我在哪里,我的边界在哪里,我的竞争优势来自何方,我的价值是什么……

维度四:智能管理。随着企业内部所有生产、运营环节信息的纵向集成、企业之间通过价值链以及信息网络所实现的资源的纵向集成,以及围绕产品全生命周期的价值链的端到端集成的不断深入,企业数据的及时性、完整性、准确性将不断提高,必然使整个生产制作过程以及产品全生命周期的管理更加精准、更加高效、更加科学。工业4.0时代还给我们带来了管理领域的革命。

维度五:智能服务。企业可以通过捕捉客户的原始信息,在后台积累丰富的数据,然后构建需求结构模型,并进行数据挖掘和商业智能分析,除了可以分析客户的习惯、喜好等显性需求外,还可以进一步挖掘与时空、身份、工作生活状态关联的隐性需求，从而主动为客户提供精准、高效的服务。可见，智能服务实现的是一种按需和主动的智能，其中不仅仅需要传递、反馈数据，更要系统地进行多维度、多层次的感知和主动、深入的辨识。

　　智能服务是智能制造的核心内容，越来越多的制造型企业已经意识到了从生产型制造向生产服务型制造转型的重要性。服务的智能化，既体现在企业如何高效、准确、及时地挖掘客户潜在需求并实时响应，也体现为产品交付后对产品实施线上、线下服务并实现产品的全生命周期管理。在服务智能化的推进过程中，有两股力量相向而行，一股力量是传统制造企业不断拓展服务业务；另一股力量是互联网企业从消费互联网进入产业互联网，并实现人和设备、设备和设备、服务和服务、人和服务的广泛连接。这两股力量的胜利会师将不断激发智能服务领域的技术创新、理念创新、业态创新和模式创新。

开启工业4.0的新商业模式

机器人工业4.0时代的转型升级

机器人是科幻小说中经久不衰的题材。从捷克作家卡雷尔·查培克的《罗萨姆的万能机器人》到《机器人总动员》,创作者都从不同角度描绘了智能机器人与人类共同生活的场景。美国人在1959年制造出世界上第一台工业机器人,并随即成立了全球首家机器人生产厂——Unimation公司。从此以后,机器人在工业领域逐渐普及开来。

2014年德国汉诺威国际工业博览会上,西门子公司的展台前人头攒动,一条代表"未来制造"的汽车生产线吸引了许多参观者的眼球。两台库卡机器人正完美配合,装配大众高尔夫(Golf)7系轿车的车门。这些机器人不仅具备娴熟的装配技艺,还懂得彼此沟通——如果前一台机器人提高了装配速度,它会提前通知后一台机器人做好准备;它们甚至还能灵活变换工作任务,几分钟前还在安装车门,几分钟后可能就开始另一项新任务了,比如安装方向盘,甚至喷涂油漆。

"机器对话"(machine-to-machine,M2M),即机器与机器之间的通信,是对按部就班的自动化生产的一次巨大跨越,也是未来制造的标志之一。沟通是未来智能制造的核心要素,这种沟通包括人与人、人与机器、机器与机器之间的信息交换,并且对于整个庞杂的制造过程来说,要做到高效精准,就必须提高沟通的速度与准确度——

第三章
工业4.0的智能化模式

这就意味着机器间的每次沟通时耗或频次将达到百万分之一秒,甚至更低。

在工业4.0时代,机器人的智慧不仅仅体现在沟通上,它们还可以借助海量数据提供的"经验",对生产中复杂的状况做出精准判断;它们甚至能发展出模仿、学习的能力,懂得自行组织生产,从而不断提升生产效率。由于机器人具有生产柔性,能够在实际生产中很好地满足产品多样化生产的需求,它们能够解放枯燥重复岗位上的劳动人员,使得生产流程更加高效、快速。

工业智能化的发展趋势已被诸多业内学者所肯定,未来工业生产将是安全、高效的生产模式,工业机器人作为智能化的代表,将遍布生产线、生产车间和工厂中。然而,无论智能化发展到怎样先进的水平,人始终都是生产的第一要素,再先进的生产方式仍然需要人来掌控,所以未来智能工业时代将是人与智能机器并存的时代。

"我究竟是什么?"——在讲述2035年机器人与人类关系的电影《我,机器人》中,被警察抓捕的机器人Sonny一脸茫然地这样问道。事实上,这个疑问正是现实世界中人类所思考和研究的重要议题之一。

20世纪60年代初期,当美国推出第一台具备人类外形的工业用机器人时,机器人更多被定位成"机器"。然而,随着人工智能在近十多年来的迅猛发展,机器人已经逐渐成为现代社会中不可或缺的社会成员。

随着科技的不断进步,特别是工业3.0的到来,广泛采用工业机器人的自动化生产线成为制造业的核心装备。而在工业4.0时代,智能机器人将在生产生活中扮演更为重要的角色。从某种意义上说,智能机

开启工业4.0的新商业模式

器人的全面升级是新一轮工业革命的重要内容。

早在20世纪，学术界与产业界就曾经预言智能机器人将夺走工人的饭碗。这个场景也多次被反映在科幻电影中。但迄今为止，人类的工业机器人密度（每一万名工人拥有的机器人数量）还远远没达到科幻片里的水准。

全球平均工业机器人密度为58台/万人，中国仅为21台/万人，德美两大制造强国分别为253台/万人和130台/万人。而工业机器人普及水平最高的日本，也只达到了306台/万人。由此可见，以自动化生产为标志的工业3.0时代的制造业，还没能实现智能化生产。尽管日本等制造强国早已投资建设"无人工厂"，但目前的"无人工厂"只能算是"无人生产车间"，还谈不上用智能机器人全面代替人类员工。

美国和德国是全球拥有工业机器人数量最多的两个国家，可以说机器人就是它们发展经济的"先进伙伴"。2008年金融危机以来，全球经济复苏乏力，欧美各国纷纷回归制造业。在这股浪潮中，发展工业机器人已成为美国重振制造业、德国实现传统产业转型升级的战略途径之一；在"工业4.0"概念中，工业机器人也是最热门的话题之一。

英国经济学家保罗·麦基里（Paul Markillie）认为，第四次工业革命浪潮的主体就是工业机器人。德国人工智能研究中心（DFKI）首席执行官沃尔夫冈·瓦尔斯特尔（Wolfgang Wahlster）教授指出："工业4.0能为我们带来一种人与技术互动的崭新变化，就是机器适应人的需求而不是相反的情况。具有多通道用户界面的智能工业辅助系统能将数字学习技术直接搬到生产车间。"

人类对工业机器人的开发与研究由来已久。1958年，被誉为"工业机器人之父"的约瑟夫·英格·伯格（Joseph Engel Berger）创建了世界上第一个机器人公司Unimation（Universal Automation），并参与设计了第一台Unimate机器人（用于压铸作业的五轴液压驱动机器人）；与此同时，美国AMF公司也研制出了Versatran（Versatile Transfer）机器人（主要用于机器之间的物料运输）。在随后的50多年研究、开发与应用历程中，人类对机器人的概念逐渐趋于一致——机器人即靠自身动力和控制能力来实现各种功能的机器。国际标准化组织（International Organization for Standardization，ISO）采纳了美国机器人工业协会（RIA）的定义："机器人是一种可编程和多功能的操作机器；为执行不同任务而具有可用电脑改变和可编程动作的专门系统。"

工业机器人是集机械、电子、控制、计算机、传感器、人工智能等多学科先进技术于一体的、重要的现代制造业自动化装备，它涉及机械工程学、电气工程学、微电子工程学、计算机工程学、控制工程学、信息传感工程学、声学工程学、仿生学以及人工智能工程学等多门尖端学科。业内通常将工业机器人分为日系和欧系。日系的主要代表有安川（Yaskawa）、OTC、松下（Panasonic）、发那科（FANUC）、不二越（NACHI）、川崎（KHI）等公司；欧系主要有德国库卡、克鲁斯（CLOOS）、瑞典ABB、意大利柯马（Consorzio Macchine Utensili，COMAU）、奥地利IGM等公司。

随着工业4.0浪潮的到来，传统的大规模标准化生产方式将逐渐退出历史舞台。大批量多种类的个性化定制将成为新的主流生产方式。生产组织形态会从集中式生产转变为分散式就近生产。与此同时，工业互联网的出现促使企业由"生产型制造"转型为"生产服务型制造"。要实现这些目标，离不开智能机器人技术的升级。

按照各国专家的描述，智能制造是工业4.0的核心内容。而智能机器人又是智能制造系统中最重要的硬件设备。为此，各国无不把研究智能机器人作为第四次工业革命的重要项目，力求实现连通整个产品生命周期的真正意义上的"无人工厂"。从某种意义上说，智能制造系统最大的技术瓶颈是依靠智能机器人技术来克服的。

个性化定制的消费模式在工业3.0时代已然出现。制造业为此还研究出数控机床与柔性制造等新工业技术。柔性制造的优点是具有很强的生产灵活性，可以精细加工千人千面的个性化定制产品。但是，柔性制造往往没有统一的技术规格与设计要求，很难用大规模的流水线生产，只能依靠数控机床的柔性制造设备。

所以，经济学家与工程师在过去一直认为规模制造与柔性制造是两种无法兼容的生产模式。柔性制造缺乏规模制造的高效率与成本优势，而规模制造不具备柔性制造的高灵活性与精细工艺。

传统的规模制造模式是通过产品、零部件标准化实现的。通过标准化来简化生产制造工艺与流程，以便智能化程度较低的工业机器人能按照指令自动生产。这种自动化生产难以完成大批量多种类个性化生产的任务，制约了柔性制造的规模效应。传统制造业也难以充分满足日益壮大的个性化消费市场。

随着制造业的数字化、网络化发展，两种截然相反的制造模式被整合为一体，形成了新的制造模式，从而能让消费者的个性化需求充分体现在产品研发、制造、应用等环节。解决问题的关键正是智能机器人的广泛应用。

智能传感技术的发展，让智能机器人通过多种传感器产生了"视觉"、"思考"、"交流"能力。虽然不像《霹雳游侠》里的智能汽车那样精通人类语言与思维方式，但工业4.0的智能机器人完全能够与其他机器人、产品、零部件及企业管理者、消费者进行信息交换。

如此一来，智能机器人就可以用自己的"智慧"，对工作状态与生产环境等情况做出自主判断，实时检测生产制造流程中的问题，并根据"自我学习"的工作经验（主要是工业大数据分析系统自动生成的解决方案）及时处理这些可能影响生产的因素。

随着现代科技的迅速发展，工业机器人已成为柔性制造系统（flexible manufacturing system，FMS）、自动化工厂（factory automation，FA）、计算机集成制造系统（computer integrated manufacturing system，CIMS）中重要的自动化工具；并且，工业机器人的种类不断丰富，功能越来越强，自动化和智能化水平也显著提高，这使得工业机器人的应用领域也在不断拓宽——汽车、电子电器、工程机械等行业已大量使用了配备工业机器人的自动化生产线。其中原因很简单，广泛采用工业机器人，不仅可提高产品的质量与产量，而且对保障人身安全、改善劳动环境、减轻劳动强度、提高劳动生产率、节约原材料消耗以及降低生产成本，有着十分重要的意义。如今，工业机器人在制造业的应用范围已越来越广泛，其标准化、模块化、网络化和智能化程度将越来越高，功能也越发强大，毫无疑问，在自动化生产线上采用工业机器人已成为自动化装备的主流及未来的发展方向。国际机器人联合会（IFR）主席申原伸介（Shinsuke Sakakibara）表示，过去4~5年间，世界机器人行业得到了长足的发展，行业平均增长率为8%~9%。据联合会统计，近年来世界工业机器人行业的年总产值约250亿美元。

开启工业4.0的新商业模式

值得一提的是,机器人的应用大大提升了生产效率,一只巨型机械臂轻而易举地举起车门,并丝毫不差地将其安装到车身上;其他机械臂几乎在同时迅速靠拢,相互之间以毫厘之距擦肩而过,到达车身旁后,它们对车门开始了焊接工作,一时间,火花四溅。当这项任务完成之后,这些机械臂又迅速散开,回到了自己本来的位置,而车身则滚滚向前,去往下一个装配站……这如同一场精心排演的芭蕾舞,数以千计的工业机器人在工厂自如地"翩翩起舞"。然而,与舞者不同的是,机械臂不需要任何休息,却对电能永不餍足。

据统计,一家日产千辆的汽车厂每年消耗数亿度电能——堪比一座中型城市的年耗电量,其中,负责驱动传送带、机器和泵的电机以及操作机械臂关节的电机所消耗的电能占工业耗电量的2/3左右。然而,要从工业机器人的控制系统中挖掘节电潜力,还有很长的路要走。

为了找出行之有效的办法,大众汽车、西门子和弗劳恩霍夫应用研究促进协会联合发起了一个为期3年的研究项目,名为"绿色车身技术创新联盟"(InnoCaT),旨在通过细致观察制造机械臂的运动过程,使用高效的软件解决方案优化生产过程,从而大幅降低机械臂的耗电量。通过一系列深入研究,项目团队发现,机械臂运动过程中遇到的障碍物和设置安装高度时的失误,是推高耗电量的一般因素,最费电的过程是机械臂频频变换运动方向时发生的减速和加速动作。

目前,生产线机械臂的运动路径是由人工编程的,几乎所有工业机器人都尚未实现运动优化,突发运动会造成耗电高峰和机械应力。鉴于此,项目团队创建了一个模拟模型,试图对机械臂的运动方式进行优化。为了开发运动优化的算法,项目团队将一个典型的汽车工业

第三章
工业4.0的智能化模式

机器人搬到实验室，对它执行多种不同任务时的能耗进行了分析。然后根据分析结果，创建了模拟模型。运用模型进行每一次测定之后，科学家们都要调整不同的参数，由此逐步确定哪些设置的节电潜力最大。

人类在搬运重物时会本能地以最符合人体工程学的方式运动。同样的，模型也为机器人计算出了能实现动力学优化的节电运动路径。试验结果令项目团队惊喜不已——优化路径的节电潜力高达10%~50%。同时，由于将突发运动改为弧线运动路径，机械臂的机械应力得以减少，从而降低了维护要求，缩短了停工时间。由于沿生产线分布的装配站必须进行严丝合缝的装配，所以重新设计的机械臂运动，必须与过去那种突发运动一样迅速，并且能够精确匹配动作周期。为此，项目团队又对试验结果进行了仔细分析，以确定能否将其转化为实际操作。反复分析确认无误后，研究人员为用于车身制造的机械臂人工编写了运动路径程序，项目团队第一阶段的工作告一段落。

在2014年年初开展的第二阶段工作中，工程师测试并改进了一个能自动优化特定运动耗电量的软件模块。程序员首先规定机械臂必须到达的位置，如一系列焊点。软件仅需数秒钟就能计算出焊点之间最节电的路径，同时还能保证使机械臂相互之间保持最短距离。这不是一件容易的事，因为机械臂必须沿着复杂的位置顺序快速移动。若是以人工方式优化每一条机械臂的运动路径，需要花费好几天时间，而使用软件则只需短短数秒就能完成全部计算——这对于需要使用数以千计的机械臂的汽车装配厂而言，将节省下巨大的人工工作量。

工业4.0时代的智能制造，并不仅仅是机械臂的舞台，机械臂与机床的交互也十分重要。因为伴随着制造业的自动化程度越来越高，制造商都希望既能提高资源使用效率，又能同时提升生产过程的灵活性。这其中，技术尖端的机床对企业而言是一笔重大投资，如何最大限度地提高其利用率和效率就成了研究的重中之重。为此，西门子正与机械臂和机器生产领域的全球领先供应商之一库卡合作，研究如何将机械臂和机床的控制系统合为一体。

过去，负责将工件插入机器并在加工完毕之后取出的工业机器人的程序，是利用其自有控制单元来编写的；现在则可以在机床的用户界面直接为机械臂编程。这样一来，就能更好地协调机器的加工工序，同时大幅降低为相关机械臂编写程序的工作量。这样做的另一个目标是，可以进一步改善工件加工过程中机械臂与机床之间的交互动作。在未来，机械臂将执行诸如磨、铣等简单任务，特别是在加工新材料时；而机床则被专门用于要求巨大力量或极高精度的生产工序——这将有效提高机床的利用率。由于工作范围广，并具备灵活的运动轴，机械臂也可以用于加工复杂或大型的部件，譬如，可以取代成本不菲的特制设备，加工风轮机叶片或机翼等。在这种情况下，人类可以在机床的用户界面上直接为机械臂编程，操作控制系统。

总之，目前人类所从事的相关研究，从设计到模拟生产，再到工程和车间投产，最终目的都是为了改善机器在其整个生命周期内的相互协调性，从而更好地为人类服务。

随着工业机器人智能水平的不断提高，工业生产线将获得更强的自适应能力与自主决策能力。工业3.0时代的"数控一代"产品，也会由此进化为"智能一代"产品。

未来的制造业将会广泛应用一种融合信息、机械、材料技术的

第三章
工业4.0的智能化模式

高度信息化的增材制造技术。这种新型制造技术就是人们津津乐道的"3D打印技术"。这种新型制造技术与智能机器人有着极深的渊源。甚至有专家预言,智能机器人与3D打印技术的完美结合,将成为未来科技大爆发的发动机。

从本质上说,3D打印技术是一种高度智能化的快速制造技术。智能生产线是把加工好的零部件按照个性化需求进行分类组装。而3D打印技术是直接从原材料开始快速生产零部件,并在此基础上根据产品设计数据进行层层加工。例如在《神偷卡门》中,主人公把一个小型设备插入钥匙孔,该设备就能自动测量锁的结构,并马上制造出一个能开锁的钥匙。这就是一种简易的3D打印设备。

3D打印技术把个性化生产发挥到了极致,可以说是智能机器设备中最耀眼的明珠。尽管这种先进制造技术尚未成熟,但已经被德、美、日、中等工业大国列为与智能机器人同等重要的发展项目。

在可以预见的未来,由智能机器人与3D打印设备组成的智能制造系统,可以轻松制造出每个消费者需要的任何日常产品。而在高端工业领域,这种智能制造系统将进一步提升智能工厂的生产效率与灵活度。

从这个意义上说,如果没有智能机器人技术的长足进步,智能生产线与3D打印等智能制造技术便难以实现。工业3.0升级到工业4.0的一大重要标志,正是工厂机器人密度不再以每万名工人拥有的机器人来计算。因为,经过升级的制造业,将拥有更多的无人化智能工厂。智能机器人已经代替人类的大部分工作。工厂的生产方式与经营方式将发生彻底改变。我们将不会再看到劳动密集型工厂里那种动辄成千上万工人在流水线上作业的宏大场景。人与工业机器人的协作关系,也会从以人为主体,变成以机器人为主体。换言之,当大家走进一家超大规模的工厂时会发现,数以万计的各种类型的机器人正井然有序地执行各项工作。当生产线出现问题时,第一个跑到现场的不是工程师与机械修理工,而是负责维修设备的智能机器人。

为了实现这个美好的想像,许多跨国集团纷纷增加工业机器人的数量,并引进或自主研究以智能机器人为主导的新型生产线。

富士康在全球拥有200多个子公司与多达120余万名员工。虽然经营的是高科技产品,但富士康工厂依然采取的是劳动密集型企业常用的"人海战术"。由于工作压力过大,管理不够人性化,富士康常常被媒体讽刺为"血汗工厂"的典型。

随着工业4.0概念在全球传开,富士康也雄心勃勃地提出了"机器人计划",试图用智能机器人来解决劳动力成本上涨等制造业的常见难题。

但是,目前工业机器人的人工智能水平还不够高,功能也较为单一,难以从事复杂的制造工作,而且成本较高。所以,富士康在短期内还无法完成华丽的产业升级。尽管如此,富士康依然打算在未来能以100万台智能机器人大军来代替120余万生产工人,因为这是第四次工业革命的大势所趋。

致力于工业4.0建设的各国,都把智能机器人当成工业4.0转型升级的重要道具。

德国人工智能研究中心的首席执行官沃尔夫冈·瓦尔斯特尔表示:当世界进入工业4.0阶段后,人类可以建立一种全新的人与技术互动的方式。由智能机器人来适应人的需求,而不再是人来配合机器人的机械行动。未来的智能工业辅助系统将拥有多通道的用户界面。这使得生产线上的智能机器人，可以通过数字学习技术来不断提高人工智能水平。

而《第三次工业革命》的作者、英国《经济学家》著名编辑保罗·麦基里指出，具有高度智能水平的工业机器人，就是第四次工业科技革命浪潮的主体。

总之，在制造业转型升级的时代洪流中，智能机器人将越来越深入我们的工作与生活。如果忽视了智能机器人的研发与推广，整个工业4.0发展战略可能会从根基上动摇。

开启工业4.0的新商业模式

第四章
工业4.0的产业化新模式

互联网、云计算、物联网、大数据将是工业4.0时代,信息通信技术和网络空间虚拟系统相结合的信息物理系统的依托,或者说互联网、云计算、物联网、大数据与制造业的有机融合才是工业4.0。

开启工业4.0的新商业模式

第四章
工业4.0的产业化新模式

工业4.0颠覆传统产业

工业4.0在传统生产模式的理论上产生了颠覆式进化,使技术方面也呈现出颠覆式变革。同时,生产模式的颠覆式发展,表明生产制造方面虚拟与现实的结合在构建新型智能化生产模式中发挥了不可替代的作用。未来,工业的机械化生产不再仅仅局限于产品"加工"方面,那时的产品可以通过信息处理技术对机械下达操作指令,一切生产工序都由机械来完成。

CPS的出现成功实现了虚拟空间与现实世界的有效连接,使智能物体之间的通信产生作用,创造出更快速的网络世界,CPS体现了数据传输技术的进一步进化。CPS是构建物联网的基础部分,它可以加快"服务互联网"的一体化进程,有效实现工业4.0。这些技术都属于"实现技术",用于培育创新型应用或更高效的互联网空间,削弱虚拟世界与现实世界之间的界限。实现技术帮助个人通信完成了有利变革,同时也为我们与现实世界之间的联系带来根本性变革。

工业4.0最主要的任务就是推动生产的智能化发展,基于高性能软件的数据传输技术与数字信息技术的相互融合及相互作用,将加强生产的全球化功能。例如,智能手机所延伸出的诸多应用与服务,已经远远超出手机最主要的通话功能。由于新型智能化供应商的不断涌现,使工业生产的价值链有了新的发展,所以,智能互联将对现有业

开启工业4.0的新商业模式

务与市场模式产生颠覆式革新。汽车工业、能源经济，甚至是工业4.0生产方面的各个部门都会因为价值链的革新而产生新的颠覆式变化。

"工业4.0"与CPS想实现的是通过物联网、信息通讯技术与大数据分析，把不同设备通过数据交互连接到一起，让工厂内部，甚至工厂之间都能成为一个整体，在自动化之上，形成制造的智能化。这一智能化又包含两大主题：智能工厂与智能生产。

智能工厂主要关注智能化生产系统及过程，以及网络分布式生产设施的实现。未来，各个工厂将具备统一的机械、电器和通信标准。以物联网和服务互联网为基础，配备有感测器、无线和RFID通信技术的智能制造设备可以对生产过程进行智能化监控。由此，智能工厂能够自行运转，且工厂间零件与机器可以相互交流。结合大数据技术，智能工厂还能对生产与修理作出可能的提示。这使得工厂设备脱离固有生产线的束缚，可以不断做出智能的调整，从而使得一次性生产的产品也可以通过颇具收益的方式制造出来，打破了标准化生产的成本优势。

智能生产是在智能工厂的基础上进一步加入了人的要素，同时强调生产过程本身，主要涉及整个企业的生产物流管理、人机互动、3D打印以及增材制造等技术在工业生产过程中的应用等。目前大部分制造系统都采用集中式控制方案，在中央控制机器上独立地进行处理，工人主要负责监控维修控制机器。未来的智能生产是以人为中心的基于信息物理系统为智能辅助系统创造更优秀的人机互动模式。

工业4.0与CPS希望通过智能工厂与智能生产的建设，最终实现的是制造模式的变革。每一个产品将承载其整个供应链和生命周期中所需的各种信息。设备将由整个生产价值链所继承，可实现自组织。

管理能够根据当前的状况，灵活决定生产过程。以智能化生产为特征的预测型制造，可以用"6C"模式来定义。"6C"是Connection（连接）、Cloud（云储存）、Cyber（虚拟网络）、Content（内容）、Community（社群）、Customization（定制化）六个英文单词的首字母缩写。"6C"模式的工厂与机器设备都高度智能化。其不仅可以实时共享数据信息，还可以进行自我管理，并根据智能联网来配合其他工厂或机器设备的行动。

6C条件下的产品本身，将成为信息的载体。产品能够自动记录其生产过程的一切。同时，它还能够辅助操作步骤与监测周围环境。比如一款产品出厂情况会根据温度与湿度的变化发生变化，产品还会自动提示监事人员自己还需要增加什么样的额外调整措施。

6C条件下的工厂可以实现全产业链的智能生产，实现生产的自我调整。2013年，蔡司（Zeiss）集团在欧洲机床上展出的PiWeb系统正是这一理念的现实反映。该系统能把分布在不同地区、不同产业链环节的工厂机器测量数据汇总。未来，这些汇总信息能够自动通过系统分析出调整结果，重新返回各个工厂实现实时智能化调整。

6C条件下的管理可以实现透明化生产，预测性制造。目前的制造中，存在许多无法定量的因素，包括加工过程中的性能下降、零件的偶发失效、废品的返工、整体设备的效率下降等。通过透明化，也就是一种阐述并量化那些不确定因素，以使生产组织者能客观地估计自身制造和装备状态的能力，通过管理实现预测性制造，做到维修成本的降低，运行效率的提高，产品质量的改进。

从这个意义上说，工业4.0时代就是以预测型制造模式为主导的时代，也是工业大数据普遍运用的时代。

开启工业4.0的新商业模式

制造业企业的智能化升级，将以大数据分析技术为基础。工业大数据系统的构建，不但将有效提升制造业企业的技术创新能力，也是企业在第四次工业革命中的一大重要任务。

这就要求生产制造系统具备智能分析产品制造全过程及各个制造设备运行状况的能力。通过全程收集、传输、分析各个生产环节、制造设备甚至零部件生产的数据，将生产制造过程中的不确定因素变得"透明化"，提前预测出产品制造所存在的问题。

未来工厂实现预测型制造的关键在于，获得透明化的工具及技术，让那些不确定因素可以被及时检测和量化分析。反应型制造之所以依赖工程师的经验判断，正是因为无法将不可见的不确定因素转化为可解读的数据。若要解决这个问题，离不开工业大数据技术的支持。

德国的工业4.0把信息技术融入工业生产体系，通过CPS来实现预测型制造。美国的"工业互联网"则是运用大数据技术和智能分析软件将人、机器、信息一体化，从而完成生产制造模式的升级。无论哪种方案，都以智能与互联为本质特征，充分利用工业大数据技术，把产品、机器、资源和人纳入到同一个智能物联网当中。

工业4.0颠覆传统制造业的生产方式与商业模式

工业4.0将实现虚拟世界与现实世界的"大一统"。智能工厂可以通过数据交互技术，实现设备与设备、设备与工厂、各工厂之间的无缝对接，并实时监测分散在各地的生产基地。智能制造体系将实现兼具效率与灵活性的大规模个性化生产，从而降低个性化定制产品的成本，并缩短产品的上市时间。生产制造过程中的不确定因素将变得"透明化"。企业将从反应型制造转变为预测型制造。

美国国家科学基金会（NSF）智能维护系统产学合作中心的李杰教授曾发表论文，称未来的工业4.0时代将是一个"预测型制造"的时代。

工业制造流程存在许多不确定因素。即使严格遵守工业生产规范，机器、工人以及制造过程中，也存在许多超出企业决策者掌控之外的情况。比如，生产设备加工性能的下降，零部件的偶然失效，废品与返工都会打乱原定的生产计划。这是工厂内部的不确定因素。而在工厂之外，用户需求的波动与下游营销部门的失误，同样会干扰制造过程。

传统的制造模式可以理解为反应型制造。这种制造模式主要是根据设备老化、加工失灵等可见的故障来做事后维护。但对于那些不确定的因素,往往反应迟滞。

而预测型制造模式不同,其可以通过智能传感网络将生产流程变得"透明化",及时发现初次故障并运用人工智能来预测下一次设备失效的时间点,从而进行主动维护,最大限度地减少生产中的不确定因素。由此可见,预测型制造是一种具有工业4.0特色的智能化制造模式。

按照工业4.0的要求,未来的预测型制造需要完成三个转变。

第一,制造流程价值化。未来的工业制造不是生产出质量过硬的产品就够了。而要参与到整个产品的生命周期当中,将制造过程与产品设计、技术研发充分结合,用制造把设计师与用户的创意变成现实。

第二,制造流程智能化。在预测型制造过程中,智能生产线可以根据产品设计参数的差异与加工状况的变化做出针对性调整。这好比机器设备获得了"自省"能力。包括机器设备在内的整条生产线,在设计、研发、制造全过程中能根据及时的数据分析灵活调整产品加工方式。

第三,制造流程无忧化。预测型制造的概念,体现了制造业追求的最高境界。工业4.0在整个制造过程中,坚持以零故障、零忧患、零意外、零污染为目标。工厂里所有的机器都连成一个协作区,让传统生产制造过程中的种种不确定因素变得"透明"可见,能够被智能分析系统尽早预测出可能影响生产的因素,并采取主动维护措施。

以机床为例,工业4.0时代的机床内部设有智能传感器,这些传感器可以将机床的工作情况转化为有效数据,传输到控制中心。人与机器都可以根据这些信息来了解机床的状态。

在预测型制造时代,复杂烦琐的零部件保养工作也将变得更加便捷高效。

例如接通物联网的螺杆,可以提前向控制中心提示何时需要做润滑保养。在反应型制造时代,工程师更多是凭经验来推断机器性能的衰退时间的。这使得生产故障与意外的发生概率无法降低至零。而工业4.0时代的螺杆一旦进入工作状态,就会自动向企业的控制中心反馈机械运行数据。如此一来,工程师就能更准确地实时了解零部件的健康情况,预知什么时候应该更换新螺杆。

智能传感器技术的不断成熟,使得数据收集工作变得更为简单。无论是生产线上的机器设备,还是待加工产品,都可以被智能传感器有效监测并形成可供分析的各种参数。例如,有些生活用品厂就在待加工产品的标签上安装了智能芯片,让每个产品的个性化定制需求信息被智能传感器上传到智能生产线的云平台上。

云计算等大数据技术是一个划时代的发明。它能让人们更快、更准地分析与处理数量多到爆炸的信息。

在工业4.0体系中,CPS能在云计算的基础上实现机器与机器之间的"沟通"(所谓的M2M通信)。各个机器设备可以进行数据交换与互相控制。甚至连被加工的产品,也能与机器设备进行数据交流。如此一来,机器设备与整条流水生产线都能自组织生产。无人化生产的智能工厂就是在此基础上自行运转的。

毫不夸张地说,工业大数据技术是工业3.0升级到工业4.0,即制造业智能化转型的必要条件与技术基础。工业大数据不仅促进了产品制造流程的智能化,还推动了工业体系从反应型制造模式向预测型制造模式的变革。

前文提到的个性化生产，就是预测型制造的一种表现形式。个性化生产源于个性化消费需求。贯穿其中的是个性化消费所产生的各种数据。但商业领域的大数据与工业大数据既有联系也存在差异。

工业大数据不同于普通的用户数据，其具有多源性、价值密度低、动态性强等特征。在此之前，机器分析只能挖掘出结构化数据的应用价值，而那些半结构化数据、非结构化数据无法被机器充分识别与分析。随着信息技术的发展，科研人员把建模技术、仿真技术与大数据技术整合到一起，推出了工业大数据技术。这将使人们可以更方便地研究复杂系统的动态行为。

制造业的智能化系统的建模与控制系统的优化，都离不开海量的图像与数据。而企业的生产指标、计划调度、质量管理等领域，也会生产大量的复杂数据。通过大数据技术对生产制造流程的优化整合，可以让工业4.0体系实现优化运行，特别是实现预测型制造这个工业生产的最高境界。

未来的制造业企业将采取分散式组织形式。这就要求企业必须具备更强的数据处理能力。否则就无法及时处理分散于各个部门的大量数据，实现人、机器、信息的一体化，更谈不上完成反应型制造向预测型制造的转变。

而工业大数据可以有效提高整个产业价值链的"透明度"，优化企业的运营效率。跨国公司能将所有的子公司、部门、车间、生产线、机器设备的数据全部集中于云计算平台之上。通过工业大数据的强大计算能力，整合来自研发、工程、生产等环节的数据，并在此基础上创建PLM（产品生命周期管理）平台。PLM平台将用虚拟模型化技术来优化工业生产流程，确保各个生产环节能根据相同的数据协同工作。

总之，工业4.0时代的预测型制造模式离不开工业大数据这个基础。工业大数据将在第四次工业革命中占据至关重要的地位。

工业4.0改变人们的知识技术创新方式

从本质上说，第四次工业革命的转型过程，正是制造业全面创新升级的发展过程。制造工艺、产品研发、商业模式、产业形态、组织形式等领域的创新，将会变得层出不穷。

传统的大规模定制将让位于多元化的个性化定制。企业此前采用的是生产型制造模式，但在工业4.0时代将逐渐转型为服务型制造模式。而依赖廉价劳动力与资金投入的传统要素驱动模式，将被创新驱动的发展模式所取代。云计算、物联网等新信息技术，为传统的制造业带来崭新的产业链协同开放创新模式，以及用户参与式创新。整个社会的创新激情，将被工业4.0彻底激活。

在新一轮产业技术变革中，在抢占新一轮产业竞争制高点的过程中，我们要充分认识到中国在互联网经济的优势，这一优势是德国及欧洲国家所不具备的。如何持续创新体制机制，把互联网与工业融合创新事关工业由大变强的整体战略布局。

1.理性认识互联网经济在智能制造战略布局中的地位

目前，关于互联网企业在中国制造业转型发展中的作用有不同认识,有蔑视的、有不屑的，也有吹捧的、夸大的，站在不同角度这些认识都是可以理解的。但是有一点是明确的，我们不能把中国的互联网企业与制造业的作用对立起来，不是谁把谁颠覆、谁把谁灭掉、谁把谁替代这样一种关系，而是在中国崛起的道路上互联网企业与传统制造企业如何融合创新、手牵着手向前走的关系。

2.积极培育引导新技术新业态新模式

把握云计算、物联网、大数据等新一代信息通信基础设施对制造模式的变革作用，积极研究制定工业云、工业大数据创新发展的相关指导意见，支持面向中小企业的工业云服务平台建设，推进软件服务、制造资源、标准知识的开放共享，培育社会化、共享式制造新模式。鼓励发展基于互联网的个性化定制、网络众包、云制造等新型制造模式。

3.推进制造业服务化

智能服务是德国工业4.0的核心，也是美国产业互联网的重要议题，其本质是在连接无所不在、数据无所不在的新时代，如何重构生产者与消费者的关系，建立一种服务无所不在的新模式。我们要把制造业服务化作为智能制造战略中的核心任务，摆到全局更加重要地位，做到认识到位、布局到位、政策到位，积极推进制造企业由生产型制造向服务型制造转变，引导在线监控诊断、全生命周期管理、总集成总承包、电子商务、供应链金融等新业务发展。

在不久的将来，人、机器、信息将被CPS信息物理融合系统连接在一起。创新2.0追求的用户创新、开放创新、协同创新、大众创新活动，不再局限于实验室与生产车间之内，而是让实验室、生产车间直接与用户端进行无缝对接。各行业与各产业之间的界限将越来越模糊，产业价值链将面临重组的命运。社会各界也将逐步突破传统的协作方式，在更高的层次上完成无障碍协同。

工业4.0的实施过程实际上就是制造业创新发展的过程，技术、产品、模式、业态、组织等方面的创新将层出不穷。

技术创新：工业4.0在技术层面的创新将主要在以下三条轨道上进行：一是在信息技术体系中，新型传感器、集成电路、人工智能、移动互联以及大数据的创新将不断演进，并且这些创新将为新技术在其他行业的融合、渗透奠定技术基础；二是在信息化创新环境下，传统工业模式下的创新流程、创新手段和创新模式将不断被优化，并在既有的技术路线上持续演进；三是传统工业与信息技术将融合发展，其中既包括信息物理系统、智能工厂整体解决方案等一系列综合集成技术，也包括集成工业软硬件的各种嵌入式系统、虚拟制造、工业应用电子等单项技术突破。

产品创新：随着信息通信技术不断融入工业装备，工业产品将逐渐向数字化、智能化方向发展，进而产品结构也将得到持续的优化和升级。一方面，汽车、船舶、家居的智能化创新步伐正在加快，如汽车正进入"全面感知+可靠通信+智能驾驶"的新时代；另一方面，制造装备正从单机智能化向智能生产线、智能车间到智能工厂演进，提供工厂级的系统化、集成化、成套化的生产装备将成为产品创新的重要方向。

模式创新：首先在生产模式层面，工业4.0要求从过去的"人脑

开启工业4.0的新商业模式

分析判断+机器生产制造"转变为"机器分析判断+机器生产制造"的方式，基于信息物理系统的智能工厂和智能制造模式正在引领制造方式的变革；其次在商业模式层面，由于工业4.0所具备的"网络化制造"、"自我组织适应性强的物流"和"集成客户的制造工程"等特征，使得其在追求新的商业模式时，将率先满足动态的商业网络而非单个公司。此外，网络众包、异地协同设计、大规模个性化定制、精准供应链管理等新型智能制造模式也将加速构建产业竞争的新优势。

业态创新：伴随着信息技术等的升级应用，从现有产业领域中衍生、叠加出的新环节、新活动，将发展成为新的业态，也就是说，在新市场需求的拉动下，将会形成引发产业体系重大变革的产业。从目前来看，工业云服务、工业大数据应用、物联网应用都有可能成为或者催生出一些新的产业和新的经济增长点。制造与服务融合的趋势，使得全生命周期管理、总集成总承包、互联网金融、电子商务等得以在加速重构的产业价值链新体系中发挥重要作用。

组织创新：在工业4.0时代，很多企业将会利用信息技术手段和现代管理理念，进行业务流程重组和企业组织再造，现有的组织体系将会被改变，符合智能制造要求的组织模式将会出现。基于信息物理系统的智能工厂将会加快普及，从而进一步推动企业业务流程的优化和再造。

以往，"标准化"对"创新"是一种制约。而在"工业4.0"中，衍生出"研发"＋"行业支持"＋"标准化"＝"创新"的方程式，令许多业界人士颇为震惊。

在传统制造业时代，标准决定着产品、决定着市场取向。所以，随着越来越多的高新技术的诞生与发展，企业以专利和知识产权申报

第四章
工业4.0的产业化新模式

为标准,成了制造业获取最大经济利益的最佳途径。标准成为专利技术、知识产权的最高体现形式,制造业的经济利益更多地取决于标准,渐渐地,标准也越来越多地蒙上垄断色彩。正因为如此,标准在一定程度上遏制了创新,它无视信息时代的客户需求的差异化,不再符合新的互联网思维和未来制造业思维。

当然,如果只有创新而没有跟进的标准化,那么创新成果就很难转化为经济效益。但是,如果过度强调标准化,则容易形成垄断化的管理体系,从而扼杀创新。那么,如何处理"创新"与"标准"两者之间的关系,优化创新模式呢?"工业4.0"中其实给出了一个答案。

"工业4.0"在分散的价值网络上实现横向互联,并进行实时管理。从用户下订单开始,直到产品物流交货,贯通原材料采购、产品研发与设计、生产制造与客户关系管理、供应链和生产能耗管理等信息系统,帮助工厂实现产品的短期上市、更高的生产灵活性和资产利用率、更低的成本和更可控的风险。这样一来,首先,用户参与"研发"互动,提供更多的创新思路;其次,智能工厂通过互联网网站接受个性化定制产品的生产订单,通过Facebook、微博等社会化媒体工具征集合作生产设备或合作伙伴,从阿里巴巴平台采购原材料和零部件,制造成品交货之后,系统自动通过网上支付进行销售结算,形成跨领域的"行业支持";最后,技术成熟、产品定型之后才开始"标准化":使得制造业具备了更好的弹性和柔性,以及标准化与多样化并存,形成"研发"+"行业支持"+"标准化"="创新"模式,保障"大规模定制"等模式的实施,从而实现既能适应市场对产品多样化的需求,又能享受大规模生产优势的目标。

工业4.0改变了制造业思维

互联网思维的冲击此起彼伏。那么,究竟什么是互联网思维?对于制造业而言,互联网思维意味着什么?制造业有没有互联网思维?

马云曾说过:"在很多人还没有搞清楚什么是PC互联网的时候,移动互联网来了;在我们还没搞清楚移动互联网的时候,大数据时代又来了。"然而,现在正当人们还沉浸在工业自动化的欢乐氛围中的时候,工业4.0时代已经来临了。

在2013年德国提出工业4.0概念之后,诸多国家纷纷对其极为关注。工业4.0时代,网络技术在智能制造的推动下,形成智能生产,最终实现实时自动化管理。工业4.0不仅仅代表着全新的制造业的复苏与崛起,更代表着信息产业化的再次兴起。

从目前的诸多事实来看,信息技术特别是互联网技术的发展和应用已经非常广泛,并且达到了前所未有的深度与广度,从而推动了制造业生产方式和生产模式的变革与推陈出新,由此带来的便是产品属性的变化。

随着移动互联网的不断发展,汽车在功能上也逐渐与移动互联网接轨,通过更多的外围设备与外围系统向外界传递与分享更多的信息。通过智能交通系统，可以实现对外界交通路况信息、加油站信息的实时了解；通过智能导航定位系统，可以实现精准定位；通过智能手机、平板电脑等外围设备的连接，可以让汽车拥有更加具有扩展性的应用服务。

Google无人驾驶汽车的行车距离已经达到了百万英里，其最大特点在于通过车载摄像机和雷达传感器、激光测距仪与大数据完美结合来完成驾驶任务。Google无人驾驶汽车的车顶上安装了能够发射64束激光射线的扫描器，当激光遇到车辆周围的障碍物时，就自动反射回来，并以此计算出与障碍物之间的距离。此外，在车的底部还有一个测量系统，通过该系统可以测量出车辆的加速度、角速度等数据，而后再利用GPS数据计算出车辆的具体位置；之后，所有的这些数据都与车载摄像机所捕获的图像一同输入计算机中，通过计算机高效地计算处理这些数据信息，最后由系统进一步迅速做出相应加减速度的判断，以保证车与车之间不会发生相撞事故。

随着信息技术的不断发展，它在国民经济中的作用显得尤为重要，已经更加全面、更加广泛地渗透到了制造业的各个角落。传统制造业中诞生的汽车电子、家电、武器装备、电子玩具等物理产品，已经随着计算机技术、移动互联网的兴起与发展逐渐向网络产品开始转变。

因此，信息技术将渗透到制造业产业链的各个环节。目前，条形码、二维码、传感器、ERP、CAD、CRM、PLM等计算机软件技术在制造业中已经得到了广泛使用，并且移动互联网、物联网等信息技术也已经在工业领域中广泛使用，这使得传统制造业与工业物联网之间进行了完美的融合。与此同时，大数据为代表的新一代信息技术也在

开启工业4.0的新商业模式

不断壮大,由智能设备所产生、收集、处理的数据量也远远超过了原来以计算机或者人工收集、处理的数据量,使得数据的产生、收集、处理每一个环节都变得简易、快捷。

信息产业对于制造业的深入渗透,已经在很多产品方面有所体现。谷歌除了上述无人驾驶汽车以外,还推出了仿真机器人、特种机器人、开发机器人等。百度也致力于信息产业在制造业中的深度开发,推出了百度机器人——智能问答机器人小度,曾在2014年9月在江苏卫视《芝麻开门》节目中大显身手。毫无疑问,信息技术已经在制造业中推动了传统制造业的智能化转型,并将逐渐加快制造业的智能化进程。

具体而言,工业4.0时代,智能工厂中的每个管理系统都会被定义为特定的数据信息,如果接到客户订单,系统就会自动、及时地向原材料供应商进行原料采购,并将这些原材料赋予特定的数据信息:"这是给某某客户生产某某产品的某某材料",这样,该材料就会被用于特定产品的生产以及特定目的的运输。如果产品生产过程中,原材料出现了配送错误等现象,智能管理就会对智能设备进行"对话",将配送错误的原材料按照其生产线轨迹正确无误地返回;如果生产过程中出现了原材料不够用的情况,那么智能生产机器将与订单系统提出"社交",从而自动增加原材料数量。这样,即便是把原材料嵌入产品之后,也依然能够对其路径流程信息进行保留,这种做法的优点在于能够非常容易地实现物料的追根溯源。因此,从某种意义上来讲,工业4.0时代,"原材料(物质)"="信息"。

通常,我们会将工业时代称为原子时代,将信息化时代称为比特时代。工业革命时期通过动力能源改变世界原子结构,而信息革命

第四章 工业4.0的产业化新模式

时期则是通过计算机技术和移动互联网技术来改变世界的比特结构。原子组成了物质,是物质的代表;而比特则构成了信息,是信息的代表。在比特时代,也就是信息时代,目前我们所看到的纸质书籍已经逐渐开始向电子图书开始转变,这也意味着"原子"已经开始向"比特"过渡。但是,这种过渡并不是意味着比特将全面代替原子,并不代表着原子即将消失,而是用另一种方式将原子以比特的形式出现,将原子作为一种信息(比特)来处理。

举个十分简单的例子。前边所提到的给原材料添加生产流程信息,然后将其送到生产车间,产品出炉以后再给其打上特定标签,售后服务也能根据这个实现追根溯源。实际上这就是将原材料信息化,就是将原子比特化的一种方式。

因此,工业4.0时代,原材料与信息之间的差别感将不再那么强烈,两者将会是等同的。这将最终意味着,在工业4.0时代,制造业将成为信息产业的一部分。

2014年11月,在浙江宁波一家餐厅里出现了5个机器人服务员,其中两个可以报出各种菜名,并且为顾客提供送餐、空盘回收、菜品介绍等服务,会说40句基本用语,可以代替或者部分代替餐厅服务员的工作。另外两个机器人在门口为顾客跳舞助兴。浙江机器人服务员的出现,通过栩栩如生的形式将我国进入工业4.0时代的未来展现出来,我们不禁感慨:"世界的脚步太快了!"

人类的工业发展史,是一次次科学和技术的变革史,然而这些变革都在制造业上得到了最好的体现,最终促进了人类生产、生活方式的巨大变革。

在工业4.0时代,信息技术与工业技术实现高度融合,网络、计

开启工业4.0的新商业模式

算机、信息技术、软件与自动化技术重新组合形成新的价值模型。在工业4.0时代的生产模式中,传统的行业界限将逐渐不复存在,并且以各种新的行业领域以及合作形式将其取代,而且实现产业链的分工重组。这样,原有生产力将发生颠覆性的变革。

首先,工业4.0使原有工业生产过程变得更加趋于灵活化。工业4.0实现了动态的、适时优化的、自我组织的价值链的形成,并且使得成本的可利用性和资源消耗等实现不同标准的灵活性选择。这里的灵活性包括了智能产品所具有的特有的可识别性、个性化产品定制、灵活性极高的工作环境等。

其次,工业4.0将带来全新的商业模式和合作模式。该模式从根本上保证了整个价值链中所有与利益相关的人之间,公平地分享潜在的商业利润。此外,工业4.0具有的"网络化制造"、"自我组织适应性强的物流"、"集成客户的制造工程"等特点,这也决定了工业4.0追求更新的商业模式,从而满足除单个公司以外的动态商业网络。由此将会引发一些融资、风险、责任、知识产权、技术安全之类的问题。

再次,工业4.0还会促进工作方式以及工作环境的全方位改变。全新的工作方式采取协作的方法,通过虚拟的、移动的方式开展,使得原有的传统工作方式可以脱离工厂进行工作。与此同时,伴随着工作环境以及工作方式的改变,老年人和妇女的就业比例也有了较大幅度地提升,这样就确保了当前的生活水平不会随着人口结构的变化而有所变化。

最后,工业4.0将会促成全新的信息物理系统平台的形成。该平台将所有参与人员、物体、系统全部联系起来,提供更加全面、快捷、安全的服务以及应用业务流程,并能够支持移动终端设备的业务网络中的协同制造、服务、分析和预测等功能。

工业4.0的出现,将为传统工业中的行业界限画上一个完美的句号,一种全新的网络智能架构由此诞生,进而取代传统工业发展模式,使得未来人类的生活变得更加丰富多彩。

工业4.0改变了制造业模式

第一次工业革命,蒸汽机的发明实现了机械化。第二次工业革命是一系列电器的发明,让人类跨入了"电气时代"。从20世纪70年代开始,随着信息技术的发展,计算机服务系统、ERP(Enterprise Resource Planning,企业资源计划)等软件系统在制造业领域的应用,带来了制造业的数字化和自动化。可以说,前三次工业革命让制造业的生产模式不断地进化。而"工业4.0"则是在第三次工业革命的基础上,对制造业的模式造成了转变。

在工业4.0时代,物联网和服务联网将渗透到工业的各个环节,形成高度灵活、个性化、智能化的产品与服务的生产模式,推动生产方式向大规模定制、服务型制造、创新驱动转变。

1.从大规模生产向个性化定制转型

工业4.0给生产过程带来了极大的自由度与灵活性,通过在设计、供应链、制造、物流、服务等各个环节植入用户参与界面,新的生产体系能够实现每个客户、每个产品进行不同设计、零部件采购、安排

开启工业4.0的新商业模式

生产计划、实施制造加工、物流配送,极端情况下可以实现个性化的单件制造,而关键是,设计、制造、配送单件产品是盈利的。在这一过程中,用户由部分参与向全程参与转变,用户不仅出现在生产流程的两端,而且广泛、实时参与生产和价值创造的全过程,虽然实现真正的个性化定制将是一个漫长而艰辛的过程,且这一进程只有起点没有终点。

2.从生产型制造向服务型制造转型

服务型制造是工业4.0理念中工业未来转型的重要方向,越来越多的制造型企业围绕产品全生命周期的各个环节不断融入能够带来市场价值的增值服务,以此实现从传统的提供制造业产品向提供融入了大量服务要素的产品与服务组合转变。事实上,在德国工业4.0概念提出之前,服务型制造的理念已得到广泛认同。德国西门子、博世、蒂森克虏伯等企业都从不同角度提出,推动制造业服务化转型是工业4.0的核心理念。

3.从要素驱动向创新驱动转型

以廉价劳动力、大规模资本投入的传统要素驱动发展模式将难以为继,移动互联网、云计算、物联网、大数据等新一代信息技术在制造业的集成应用,带来了产业链协同开放创新,带来了用户参与式创新,带来了制造业技术、产品、工艺、服务的全方位创新,不断催生和孕育出新技术、新业态和新模式,从而激发整个社会的创新创业激情,加快从传统的要素驱动向创新驱动转型。

过去的制造业只是一个环节,但随着互联网进一步向制造业渗透,网络协同制造已经开始出现。制造业的模式将随之发生巨大变化,它会打破传统工业生产的生命周期,从原材料的采购开始,到产

第四章
工业4.0的产业化新模式

品的设计、研发、生产制造、市场营销、售后服务等各个环节构成了闭环,彻底改变制造业以往仅是一个环节的生产模式。在网络协同制造的闭环中,用户、设计师、供应商、分销商等角色都会发生改变。与之相伴而生,传统价值链也将不可避免地出现破碎与重构。

在"工业4.0"代表新一轮工业革命的背后是智能制造,是向效率更高、更精细化的未来制造发展。在信息技术使得制造业从数字化走向网络化、智能化的同时,传统工业领域的界限也越来越模糊,工业和非工业也将渐渐地难以区分。制造环节关注的重点不再是制造的过程本身,而将是用户个性化需求、产品设计方法、资源和渠道的整合,以及网络协同生产。所以,一些信息技术企业、电信运营商、互联网公司将与传统制造企业紧密衔接,而且它们很有可能将成为传统制造业乃至工业行业的领导者。

从产品的制造来看,其整个生命周期都包含了数字化、智能化。随着信息技术的发展,工业4.0时代硬件产品的研发、设计、制造全过程必将融入数字技术、网络技术、智能技术,这将成为工业4.0时代实现由传统制造业向智能生产转变的重大变革。机器人的广泛使用、云计算、互联网、物联网的不断崛起,使全球产业链、创新产业链更加高效地运转,全新的生产模式必将成为未来工业4.0时代在制造业方面新宠。在未来,制造业已经不再仅仅局限于智能硬件产品的销售,而是向更多方向实现创新发展,为企业带来更大的发展机遇。

首先,从发展模式来看,环境绿色化必将成为制造业转型的新趋势。长期以来,生态环境与生产制造都是两个形影相伴但又水火不容的存在体。工业4.0时代,制造业转型升级,将从根本上化解两者之间的矛盾,各行其道,同时实现产品制造与生态环境最优化发展。"低碳环保"、"零污染、零排放"必将是工业4.0时代对生产制造与生态环境的最好描述。这将意味着，工业4.0时代制造业的绿色发展目标已经全面实现。这将为我国制造业实现可持续发展提供了强有力的保障。与此同时，低能耗、低污染产品不但增强了市场竞争力，还极大地减少了环境治理所需费用。

其次，从组织方式来看，制造业已经将资源配置全球化和内部组织扁平化做为其最新的竞争优势。传统制造业在管理其内部运行方面采取层级管理的方式，利用串联结构与上下游企业共同形成产业链，其管理组织具有等级分明、大而全的特点，但是这种模式很难与市场以及产品多样化相适应。当下互联网思维借助开放、协作、分享的特点，在产业分工中强调专业化、精细化，可以减少企业内部管理层级结构，生产组织更加具有柔性和创造性特点。

腾讯、小米、戴尔、海尔等企业管理模式就是采用扁平化模式。以腾讯为例。腾讯这几年一直都在对企业组织结构进行变革，其变革的方向就是管理组织扁平化。腾讯认为企业发展壮大到一定程度以后，必然会有企业内部敌人的存在，这就需要破除大企业的弊端，将大企业分割为多个小企业，因为小企业具有灵活性和创新性等特点。因此，从2012年开始，腾讯在不断地对其组织结构进行调整，以往以业务模块为中心或合伙人为中心的企业思想已经被根除，而是转为创建全新的以客户为中心的事业体。

腾讯已经将企业分割成了七大模块，即网络媒体事业群、社交网络事业群、互动娱乐事业群、技术工程事业群等。每个事业群都能够各司其职，实现客户资源整合，建立了真正以客户为中心的事业体。过去金字塔的管理模式已经被废除，取而代之的是基于客户群体形成

第四章
工业4.0的产业化新模式

大项目里套小项目的扁平化合作制度，一个事业群中有很多个项目组在共同合作。

再次，从发展格局来看，全球制造业版图将重塑。通常情况下人们会认为，欧美一些发达国家拥有最核心的制造业技术，是世界制造业发展方向的引领者；中国、印度等发展中国家拥有巨大的消费市场，成为世界最大的生产基地；拉丁美洲等处于工业化初期国家，拥有丰富的原材料，但却缺乏制造技术，因此是原材料的供应者。但是，随着全球制造技术的普遍提高，制造业生产成本的区域性已经发生了改变。

由美国波士顿公司发布的《成本竞争力指数》的报告中曾经明确指出："美国、中国、韩国、英国、日本目前已经成为制造业成本最具竞争力的国家，在2015年，美国的制造业成本仅比中国长江三角地区高5%左右，未来全球制造业分工格局将逐步进行调整。"

最后，从产业层面来看，企业要在高成本时代重塑造制造业竞争新优势。就目前来看，我国已经与美国的生产成本几乎相当，在生产环节上的竞争优势已经是显而易见的。未来制造业的发展进程中，贴近市场需求的趋势会演变得越来越显著，制造业除了将生产制造作为自身关注的焦点，更重要的是要全面推进企业不断提升，包括：第一，把产品质量和品质作为提升的重点，促进企业产品向多元化、企业管理向精细化方向发展；第二，把产品服务与全球化经营作为未来发展的重点，实现利润增长空间与利润渠道拓展的最大化；第三，把创新能力、设计能力作为重点培养内容，从而使产业竞争从低端环节逐步升级为高端环节。

由此可见，未来工业4.0时代，制造业的发展不仅仅进行智能硬件

开启工业4.0的新商业模式

销售，还有很多道路需要同步前进，只有这样才能增强该领域国家与国家、企业与企业之间的竞争优势。

工业4.0的互联网+

这个时代，消费互联网如火如荼，产业互联网呼啸而来，任何优势都敌不过时代的趋势，全球工业4.0应运而生。

我们先来看工业4.0最初用于描绘制造业的未来。以电子信息技术与互联网为标志的第三次工业革命（德国人称之为"工业3.0"），为工业4.0时代打下了良好的技术储备基础。人类将以CPS（信息物理融合系统）为依托，打造一个包含智能制造、数字化工厂、物联网及服务网络的产业物联网。凭借智能技术的力量，虚拟仿真技术与机器生产得以互联融合，整个生产价值链都能完成无缝交流。简言之，工业4.0就是智能化生产的时代。

第四次工业革命的到来，让好莱坞科幻电影中的某些幻想逐渐变成现实。工业4.0将像互联网一样彻底改变人们的工作与生活。这里面既有发展良机，也存在严峻挑战。任何不能根据工业4.0核心精神完成升级的行业与企业，甚至是风头正健的互联网巨头，都有可能在新时代的浪潮中被拍在沙滩上。

"互联网+"的三大新技术，第一叫做云技术，第二叫做物联网，第三叫做大数据。云计算实际上就是一种共享资源的平台，更加安全，也可以更加低成本地去应用。有了云计算这样一个平台，未来万物互联的时候，我们就直接可以从某一个智能终端上下载放在云端上的资讯。物联网将会给我们带来一种全新的智慧化的生活。我们不仅在人与人之间，而且在人与物之间，物与物之间都可以对话和沟通。而大数据就是智能制造、精准营销和科学决策的一种依据和前提。

什么叫"互联网+"呢？"互联网+"实际上就是上述讲到的云计算、物联网和大数据等新一代信息技术和现代制造业服务业的融合创新。而它所诞生的是一种新形态和新业态。因此，"互联网+"和"+互联网"有本质上的区别，但是现在很多专家和业内人士经常会把这两者混淆，也就是把"+互联网"当作了"互联网+"。

什么叫"互联网+"，什么叫"+互联网"呢？简单来说，"互联网+"就是一种思维、一种创造，是一种增量。而"+互联网"是一种工具、一种传播、一种存量。"互联网+"创造的是一种全新的业态，是以前没有的产品或服务。而"+互联网"是一直有的产品或者服务，只是运用了互联网这种工具来进行售卖或传播。因此，"互联网+"是全新的创造，而"+互联网"就是已有产品的一种销售或在网络上的传播。举个例子，比如我们用滴滴出行这个软件打车，如果我选择的是出租车，那么在我看来这叫"+互联网"，也就是我们打到的车，它的质量、数量以及驾驶员都没有改变，我们只是通过互联网这种工具或路径去打到车而已，代替了原来站在路边招手拦车的形式，这叫"+互联网"。那么什么叫"互联网+"呢？就是我用滴滴打车这个软件打到的不是出租车，我选择的是专车、快车、顺风车等等，这些在我看来

开启工业4.0的新商业模式

就是"互联网+",因为我们打到的车,它的质量、数量和服务人员都跟原来完全不一样。

"互联网+"用八个字就完全可以概括起来,叫做"虚实结合,产消共谋"。虚就是线上,实就是线下,虚就是某种科技的元素,实就是实际的一种运作。产就是生产者,消就是消费者,所以,"虚实结合,产消共谋"在我看来就是"互联网+"的高度概括。那么,在这底下我们能不能线上线下贯通?同时,"产消共谋"之后,我们可以订单拉动。

"互联网+"在我看来有以下几个驿站:第一,物联网;第二,智能制造;第三,智慧生活。

实际上,工业4.0概念的提出,就是美国互联网为德国带来的危机意识所引发的。这体现出了德国的竞争意识。互联网信息技术中的核心部分,如CPU、操作系统等网络尖端科技基本上都由美国把持着。近两年来,酷狗智能领域展开了一系列动作,如研发自动驾驶汽车等;亚马逊进军手机终端业务后,便展开了"快速"配送服务,由无人机配送商品等。美国互联网巨头逐步从"信息"领域进入"物理"业务领域。这便为制造领域带来了极强的破坏性影响,虽然这种影响现在还没有显现,但那只是时间问题。因此,德国迫切需要找到解决这一问题的根本性措施。

德国的工业4.0计划十分详细地描绘出信息物理融合系统的具体定义,希望可以依靠信息物理融合系统打造出新的制造模式,实现构建"智能工厂"的目的。CPS(信息物理融合系统)主要是通过虚拟与现实生产之间的相互联系,将虚拟空间的各种能力运用到现实生产中,从而使整个生产流程中,与产品设计、生产流程有关的所有数据都可

第四章
工业4.0的产业化新模式

以通过CPS进行抽样分析，构建出自动化操作的智能生产系统。

从某种意义上说，德国希望可以通过工业4.0计划阻止美国通过互联网信息技术与工业的不断融合而获得制造业中的主导地位。因为，一旦制造业所有环节都被互联网信息技术直接控制，德国在制造业的地位将遭受严重打击。因此，德国希望通过CPS对"智能工厂"中的"生产工具"进行优化和升级，使"生产工具"通过CPS实现智能开发，使工厂可以自主主导整个生产流程，并拥有足够条件处理突发事件的"智能工厂"。那时，互联网信息技术就成为制造业"智能生产"的集成对象，而不会成为管理整个生产流程的核心技能。

回顾互联网在中国20余年的发展历程，我们可以看到一个耐人寻味的事实：在层层推进的各个领域，互联网基本游走在诸如娱乐业、传媒业、零售业、金融业等"虚"的服务领域，对于通常所说的"实"的经济，即制造业，却影响甚微。很多中国制造企业隔岸观火，埋头苦干，除了改造、升级生产流水线，推行精益改善，加入全球化的工业分工体系之外，那些互联网"打劫"各类产业的颠覆故事，仿佛只是存在于另一个次元的传说。

大家都知道，德国提出了一个工业4.0，美国提出了工业互联网，那么中国呢，提出了"中国制造2025"，这三个不同的提法都拥有一个共同的追求，就是四个字"智能制造"。智能制造包含哪几个方面呢？最起码包含以下五个方面：第一，你的装备是智能的；第二，你生产出来的产品是智能的；第三，你整个管理流程是智能的；第四，你跟客户之间的互动即服务是智能的；最后，整个生产过程是智能的。所以有五大方面表现了你的智能制造。

智能制造的两大特点概括起来是什么呢？第一，就是智能化，第二就是特质化。我们可以想像接下来的互联网时代，它不仅仅是一个消费互联网，它一定是越来越偏向于产业互联网，也就是互联网跟我们的产业挂起钩来。

产业互联网一定会呈现出以下三个必然的特点：第一个特点就是制造智能化，第二个特点就是服务软件化，第三个特点叫产品个性化。

制造智能化主要是以中国制造2025、机器人以及3D打印等等这样一些标志性的事件或者技术为核心。

第四章
工业4.0的产业化新模式

物联时代的工业4.0

在作为工业技术大国，德国企业20年缺席互联网和社交媒体的盛宴。物联网终于带来重新制定游戏规则的大好机遇。从这个意义上讲，工业4.0是德国的"星球大战"计划，它发挥德国的工业技术优势，顺应人口老化和人工昂贵的限制条件，创造德国能够主导的世界工业经济规则。所以，以德国为先导的工业4.0远远超过智能工厂和数码技术的范畴，预示着未来20年的工业经济秩序。它是一场工业意识形态的竞争。它的博弈在于理想价值观和设计标准。工厂、物流、数控机床和CPS软件……它们都不过是这个工业意识形态的注脚。

未来20年，工业4.0是符合中国和德国企业的发展趋势。以中德各自的优势，两国企业是实现工业4.0最优质的合作伙伴。不过，中国企业必须要有自己的参与策略，否则那将是一条通往奴役的道路。

我们所生活的这个世界上，每天都有很多事物被接入网络，包括人、机器设备、产品、数据以及其他事物都被联系在一起，实现了"万物互联"，因此，"物联网"作为工业4.0时期的重要技术，其技术变革在工业4.0时代必将为企业带来无限商机。

当下,几乎所有的技术与计算机、互联网技术相结合,实现了人人、人物、物物之间的信息实时共享以及智能化收集、传递、处理、执行等。因此,从广义上讲,当下我们所涉及的信息技术的应用,都可以将其归纳到物联网的范畴内。

在工业4.0时代,物联网技术将在很大程度上提高人类的社会生产率。目前在各个行业领域中,互联工厂、互联城市、互联设施、互联公共安全等,越来越多的事物都已经与网络接轨,物联网已经不再是一个概念性名词,而是已经深入渗透到人类生活的方方面面,涵盖了交通、电力、水利、医疗、家居、制造业等。

剥开工业4.0、产业互联网以及两化深度融合等这些新概念的外壳,,我们可以看到不同国家应对新一轮产业技术变革的理念和战略布局的差异性,但其最根本的内核是一致的,工业4.0是互联,是集成,是数据,是创新,是服务,是转型,而这些理念也是我国推进两化深度融合所秉持的核心理念。德国工业4.0提出三个集成:纵向集成、横向集成、端到端集成。在推进两化深度融合实践中,业界普遍的共识是两化融合的重点在集成,难点在集成,要取得显著成效也在集成。企业信息化集成应用困境,也提出要把引导企业向集成应用跨越作为当前推进两化深度融合的着力点和突破点。在集成这一点上,中德两国的认识是一致的。

工业4.0包含5个关键因素:移动计算机、互联网、物联网、机器对机器、大数据及其预测性分析。这些因素其实很久以前就已经为人所知,但真正使它们发生关键性改变的则是物联网——物联网将这些因素完美融合在一起,并使它们发挥出了前所未有的功能。

2014年10月14日,在芝加哥举行了"第二届年度物联网全球论坛"，该论坛深度探讨了物联网可以为人类带来的商机与价值，并且对数十亿事物联网能够创造的市场规模进行了评估。

如今，工业4.0的概念逐渐升温，2015年可以被看作是工业4.0的元年。在未来，工业4.0将会在物联网技术的变革下给技术产业带来更大的发展机遇。

首先，从技术层面上来看，随着物联网技术的不断变革与更新，未来物联网的发展前景将与计算机技术、移动互联网等齐头并进，或者会超过其发展。物联网是建立在各项技术之上的新型技术，它对未来信息产业具有巨大的推动作用。物联网技术主要是在通信系统、计算系统、控制系统、感知系统、大数据这五方面的相互作用下实现的。事实上，早在物联网概念出现之前，这五方面的技术已经在各行各业中被使用了。通信系统作为物联网技术支撑之一，也在推出无线宽带集群技术和产品的时候，就已经在智能交通、智能电网、公共应急等行业中参与服务，从而实现了用户在指挥调度、日常办公等方面的互联互通。

其次，从成本层面上来讲，物联网技术的变革必将成为最终发展趋势，这将为很多商品或服务的成本趋于零提供了可能。未来，企业利润接近枯竭，知识产权的概念逐渐被淡化，资源过剩的思潮必将取代传统意义上的资源短缺。这样，势必给未来的经济发展带来全新的"零成本"模式，该模式必然会给社会带来无限商机和深远影响。

可以畅想一下：在未来，专业消费者正在借助物联网用几乎零成本的方式制作并对外分享自己的信息、娱乐等活动。同时，他们通过社交、合作社用一种极低的零成本模式分享汽车、服装，以及其他物品。诸多学生通过物联网参与到更多的零成本的网络课程中。更多

开启工业4.0的新商业模式

的年轻创业者直接跳过银行环节，通过物联网利用众筹模式进行融资……在这个新的世界里，物联网无处不在，所有的人和物都通过物联网融入到整个互联网的价值链中，所有的这些活动都极大地提高了生产力，降低了成本，然而可以享受的服务却是越来越好，这正是工业4.0内涵中的一种合作协同经济。

1. 物联网的智能标签用途

物联网的智能标签是通过NFC、二维码、RFID等技术标识特定的对象，用于区分对象个体，例如在生活中我们使用的各种智能卡，其条码标签的基本用途就是用来获得对象的识别信息；此外通过智能标签还可以用于获得对象物品所包含的扩展信息，例如智能卡上的金额余额、二维码中所包含的网址和名称等。

2. 物联网的智能控制用途

物联网的智能控制是物联网基于云计算平台和智能网络，可以依据传感器网络用获取的数据进行决策，改变对象的行为进行控制和反馈。例如根据光线的强弱调整路灯的亮度，根据车辆的流量自动调整红绿灯间隔等。

物联网将是下一个推动世界高速发展的重要生产力，是继通信网之后的另一个万亿级市场。物联网一方面可以提高经济效益，大大节约成本；另一方面可以为全球经济的复苏提供技术动力。美国、欧盟等都在投入巨资深入研究探索物联网。我国也正在高度关注、重视物联网的研究，工业和信息化部会同有关部门，在新一代信息技术方面正在开展研究，以形成支持新一代信息技术发展的政策措施。

此外，物联网普及以后，用于动物、植物和机器、物品的传感器与电子标签及配套的接口装置的数量将大大超过手机的数量。物联网

第四章
工业4.0的产业化新模式

的推广将会成为推进经济发展的又一个驱动器,为产业开拓了又一个潜力无穷的发展机会。按照对物联网的需求,需要按亿计的传感器和电子标签,这将大大推进信息技术元件的生产,同时增加大量的就业机会。

物联网拥有业界最完整的专业物联产品系列,覆盖从传感器、控制器到云计算的各种应用。产品服务、智能家居、交通物流、环境保护、公共安全、智能消防、工业监测、个人健康等各种领域,构建出"质量好、技术优、专业性强、成本低、满足客户需求"的综合优势,持续为客户提供有竞争力的产品和服务。物联网产业是当今世界经济和科技发展的战略制高点之一。2015年,全国物联网产业规模已超过5000亿元。

物联网是新一代信息网络技术的高度集成和综合运用,是新一轮产业革命的重要方向和推动力量,对于培育新的经济增长点、推动产业结构转型升级、提升社会管理和公共服务的效率和水平具有重要意义。发展物联网必须遵循产业发展规律,正确处理好市场与政府、全局与局部、创新与合作、发展与安全的关系。要按照"需求牵引、重点跨越、支撑发展、引领未来"的原则,着力突破核心芯片、智能传感器等一批核心关键技术;着力在工业、农业、节能环保、商贸流通、能源交通、社会事业、城市管理、安全生产等领域,开展物联网应用示范和规模化应用;着力统筹推动物联网整个产业链协调发展,形成上下游联动、共同促进的良好格局;着力加强物联网安全保障技术、产品研发和法律法规制度建设,提升信息安全保障能力;着力建立健全多层次多类型的人才培养体系,加强物联网人才队伍建设。

物联网用途广泛,遍及智能交通、环境保护、政府工作、公共安全、平安家居、智能消防、工业监测、环境监测、路灯照明管控、景观照明管控、楼宇照明管控、广场照明管控、老人护理、个人健康、花卉栽培、水系监测、食品溯源、敌情侦查和情报搜集等多个领域。

(1)物联网传感器应用

物联网传感器产品已率先在上海浦东国际机场防入侵系统中得到应用。

该系统铺设了3万多个传感节点，覆盖了地面、栅栏和低空探测，可以防止人员的翻越、偷渡、恐怖袭击等攻击性入侵。上海世博会也与中科院无锡高新微纳传感网工程技术研发中心签下订单，购买了1500万元防入侵微纳传感网产品。

(2)物联网控制应用

ZigBee路灯控制系统点亮了济南园博园。ZigBee无线路灯照明节能环保技术的应用是此次园博园中的一大亮点。园区所有的功能性照明都采用了ZigBee无线技术达成的无线路灯控制。

(3)物联网终端应用

首家手机物联网已落户广州，其将移动终端与电子商务相结合的模式，让消费者可以与商家进行便捷的互动交流，随时随地体验品牌品质，传播分享信息，实现互联网向物联网的从容过渡，缔造出一种全新的零接触、高透明、无风险的市场模式。手机物联网购物其实就是闪购，通过手机扫描条形码、二维码等方式,可以进行购物、比价、鉴别产品等功能。

这种智能手机和电子商务的结合，是手机物联网的其中一项重要功能。至2015年，手机物联网市场规模已达6847亿元，手机物联网应用正伴随着电子商务大规模兴起。

(4)物联网系统应用

物联网与门禁系统结合后形成一个完整的门禁系统,系统由读卡器、控制器、电锁、出门开关、门磁、电源、处理中心这几个模块组成,无线物联网门禁将门点的设备简化到了极致:一把电池供电的锁具。除了门上面要开孔装锁外,门的四周不需要安装任何辅助设备。整个系统简洁明了,大幅缩短了施工工期,也降低了后期维护的成本。无线物联网门禁系统的安全与可靠首要体现在无线数据通信的安全性保管和传输数据的安稳性两个方面。

(5)物联网智能应用

物联网与云计算结合后,物联网的智能处理依靠先进的信息处理技术,如云计算、模式识别等技术,可以从两个方面促进物联网和智慧地球的实现:首先,云计算是实现物联网的核心;其次,云计算促进物联网和互联网的智能融合。

开启工业4.0的新商业模式

大数据时代的工业4.0

德国工业4.0强调通过信息网络与物理生产系统的融合，即建设信息物理系统来改变当前的工业生产与服务模式。美国GE公司所倡导的工业互联网，则强调通过智能机器间的连接并最终实现人机连接，结合软件和大数据分析，重构全球工业。事实上，无论工业4.0还是工业互联网，其主要特征都是智能和互联，主旨都在于通过充分利用信息通信技术，把产品、机器、资源和人有机结合在一起，从而推动制造业向基于大数据分析与应用基础上的智能化转型。智能制造时代的到来，即意味着工业大数据时代的到来。工业大数据的应用，将成为未来提升制造业生产力、竞争力和创新能力的关键要素，也是目前全球工业转型必须面对的重要课题。

大数据是互联网智慧和意识产生的基础,也是互联网时代到来的源泉。随着互联网技术的日臻成熟，虚拟现实技术开始进入到一个全新的时期。与传统虚拟现实不同，这一全新时期不再是虚拟图像与现实场景的叠加，也不是看到眼前展现出来的简单三维立体画面。它开始与人工智能结合得更加紧密，以庞大的数据量为基础，让人工智能服务于虚拟现实技术，使人们在其中获得真实感和交互感，让大数据变得可听、可视、可运作。

工业4.0通过充分利用信息通信技术,把产品、机器、资源和人有机结合在一起，推动制造业向基于大数据分析与应用基础上的智能化转型。智能制造时代的到来，也意味着工业大数据时代的到来。工业大数据的应用，将成为未来提升制造业生产力、竞争力、创新能力的关键要素，也是目前全球工业转型必须面对的重要课题。

然而，移动互联网、大数据和云计算等技术的到来，快速地推动了实体经济和虚拟世界的结合，使得中国的制造业无法再置身事外。这些技术日新月异，为产品销售方式的改变、增值服务的提升，以及商业模式的创新提供了空前的可能。今天，传感器价格和互联网连接成本已大幅下降，而带宽的飞速发展基本实现了网络全覆盖。随着技术的进步，各种商业标准软件的实施费用更是得到了大幅下降，新的工业大数据技术给工业智能化带来了无尽的想象空间。

几十年来，随着各种产品的丰富，制造业生产结构也变得更复杂、更精细。生产线和生产设备内部的信息流量，以及管理工作的信息量与日俱增，自动化系统在信息处理能力、效率和规模上都已经难以满足制造业的需求。信息技术的应用在一定程度上解决了这一难题。

当今，信息技术支撑了绝大部分的生产制造过程。全球正在出现以信息网络、智能制造为代表的新一轮技术创新浪潮。而变革的核心也是信息技术的应用。当新的形态开始进入制造业领域时，一个全新的挑战也随之开始，那就是让制造业由机械化、电气化、数字化，转向网络化和智能制造的挑战。

开启工业4.0的新商业模式

德国的"工业4.0"战略中的智能制造处处与信息技术相关联。"工业4.0"本质是基于"信息物理系统"实现"智能工厂"。在生产设备层面,通过嵌入不同的传感器进行实时感知;通过宽带网络,对整个过程进行精确控制。在生产管理层面,通过互联网技术、云计算、大数据、宽带网络、工业软件、管理软件等一系列技术构成服务互联网,实现物理设备的信息感知、网络通信、精确控制和远程协作。

"工业4.0"时代,每一个产品将承载其整个供应链和生命周期中所需的各种信息,实现追踪溯源。每一个生产设备将由整个生产价值链所继承,实现自律组织生产。智能工厂灵活决定生产过程,不同的生产设备既能够协作生产,又可以各自快速地对外部变化做出反应……归根到底,这些都是信息技术应用的结果。

所以说,"工业4.0"的关键技术是信息技术。信息技术在装备、管理、交易等环节的应用不断深化,推动柔性生产、智能制造和服务型制造日益成为生产方式变革的重要方向。信息技术的广泛应用,使得集成了生产经验、成熟工艺、科学方法的自动生产线加快普及,一方面大幅提高了生产效率,另一方面极大地促进了生产过程的无缝衔接和企业间的协同制造。

具体而言,包括生产设备联网实现自律协调作业的M2M(Machine-To-Machine,机器对机器),通过网络获取大数据的应用、开发、销售、ERP、PLM、SCM等业务管理系统与实际生产过程之间的协同。在全面协同的过程中,可以说,工业软件在"工业4.0"中被提到一个前所未有的高度。

"工业3.0"的自动化,仅是将生产工程作为对象,对其进行信息

第四章
工业4.0的产业化新模式

技术的应用。"工业4.0"将信息技术的应用对象大幅扩大。由此，工厂将不断进化升级，"工业4.0"工作组的最终报告中称之为由物联网与服务互联网构成的"智能工厂"。其核心是智能生产模式，旨在通过物联网和服务互联网，将产品、生产设备、生产资源有机联系在一起，推动各个生产环节的数据共享，实现产品全生命周期的追踪溯源和全制造工艺流程的数字化。

以往，通过信息技术实现的"智能化"可在智慧城市、智能电网、智能家居、智能穿戴等服务和物品中见到。"工业.0"则是要实现工厂本身的智能化。除了"工业4.0"之外，美国通用电气公司（GE）也提出过类似的概念——"工业互联网"。其主要含义是，在现实世界中，机器、设备和网络能在更深层次与信息世界的大数据和数据分析连接在一起，带动工业和网络两大革命性转变。

过去20年，互联网是改变社会、改变商业最重要的技术；如今，物联网的出现，让许多物理实体具备感知能力和数据传输的表达能力；未来，随着移动互联网、物联网以及云计算和大数据技术的成熟，生产制造领域将具备收集、传输及处理大数据的高级能力，使制造业形成工业互联网，带动传统制造业的颠覆与重构。

在"工业4.0"中，信息技术特别是互联网技术的发展正在对传统制造业造成颠覆性、革命性的冲击。信息技术的广泛应用，可以实时感知、监控生产过程中产生的海量数据，实现生产系统的智能分析和决策，使智能生产、网络协同制造、大规模个性化制造成为生产方式变革的方向。

"工业4.0"所描绘的未来的制造业将建立在以互联网和信息技术为基础的互动平台之上，将更多的生产要素更为科学地整合，变得更

开启工业4.0的新商业模式

加自动化、网络化、智能化,而生产制造个性化、定制化将成为新常态。

云计算是工业4.0的驱动力

大数据离不开云计算;云计算脱离不了互联网。互联网、云计算、物联网、大数据的融合是信息通信技术和网络空间虚拟系统的结合。这一信息物理系统植入制造业便是工业4.0。

云计算是一种按使用量付费的模式,这种模式提供可用的、便捷的、按需的网络访问,进入可配置的计算资源共享池,这些资源能够被快速提供,只需投入很少的管理工作,或与服务供应商进行很少的交互。

云计算是基于互联网的相关服务的增加、使用和交付模式,通常涉及通过互联网来提供动态易扩展且经常是虚拟化的资源。云是网络、互联网的一种比喻说法。过去在图中往往用云来表示电信网,后来也用来表示互联网和底层基础设施的抽象。因此,云计算甚至可以让你体验每秒10万亿次的运算能力,拥有这么强大的计算能力,可以模拟核爆炸、预测气候变化和市场发展趋势。用户通过计算机、笔记本、手机等方式接入数据中心,按自己的需求进行运算。

云计算、工业大数据等新兴互联网技术的出现,使得制造业可以

第四章
工业4.0的产业化新模式

构建一个开放性更强的智能服务平台。这种智能服务平台（物联网）具有很强的互动性，可以帮助制造业整合更多的生产要素与资源。而设计研发、生产制造、物流配送等环节也会被接入智能联网当中。制造业将因此克服柔性制造与规模制造之间的矛盾，获得大规模生产多种类、个性化定制产品的能力。

总体来看，发达国家的物联网建设有以下几个特点。

第一，把信息通信技术与工业制造技术进行战略性融合，制订各种技术设备解决方案。

第二，在制造业铺设物联网框架，以此实现挖掘市场潜力。

第三，调整商业模式，用物联网来连通产业价值链上的所有利益相关方。

第四，加强信息物理融合系统的营销，将中小企业同步纳入物联网体系中。

第五，政府投资升级高速宽带等基础设施，同时培养维护物联网的技术工人。

第六，制定多方面的安全防范措施，以确保物联网的系统安全与信息安全。

毫不夸张地说，在制造业中部署物联网是工业4.0的必由之路。但物联网的发展对全世界而言，是一把双刃剑。大数据的集中与系统的连通，也让系统与信息的安全性面临着严峻的挑战。以欧盟为代表的发达经济体，纷纷思考怎样加强物联网管理的课题。在席卷全球的第四次工业革命浪潮中，没有谁能独立于世界之外。各国正在寻求积极合作，以开放、透明的协商方式来制定物联网标准，以清除物联网发展的绊脚石与潜在漏洞。

开启工业4.0的新商业模式

云计算是通过使计算分布在大量的分布式计算机上,而非本地计算机或远程服务器中,企业数据中心的运行将与互联网更相似。这使得企业能够将资源切换到需要的应用上,根据需求访问计算机和存储系统,好比是从古老的单台发电机模式转向了电厂集中供电的模式。它意味着计算能力也可以作为一种商品进行流通,就像煤气、水电一样,取用方便、费用低廉。最大的不同在于云计算是通过互联网进行传输。

1.云计算规模大可扩展

"云"具有相当的规模,Google云计算已经拥有100多万台服务器,Amazon、IBM、微软、Yahoo等的"云"均拥有几十万台服务器。企业私有云一般拥有数百上千台服务器。"云"能赋予用户前所未有的计算能力。

"云"的规模可以动态伸缩,满足应用和用户规模增长的需要。

2.云计算虚拟廉价

云计算支持用户在任意位置、使用各种终端获取应用服务。所请求的资源来自"云",而不是固定的有形的实体。应用在"云"中某处运行,但实际上用户无需了解、也不用担心应用运行的具体位置。只需要一台笔记本或者一部智能手机,就可以通过网络服务来实现我们需要的一切,甚至包括超级计算这样的任务。

"云"是一个庞大的资源池,你按需购买;云可以像自来水、电、煤气那样计费。由于"云"的特殊容错措施可以采用极其廉价的节点来构成云,"云"的自动化集中式管理使大量企业无需负担日益高昂的数据中心管理成本,"云"的通用性使资源的利用率较之传统系统大幅提升,因此用户可以充分享受"云"的低成本优势,经常只要花费几百美元、几天时间就能完成以前需要数万美元、数月时间才能完成的任务。

3.云计算可靠通用

"云"使用了数据多副本容错、计算节点同构可互换等措施来保障服务的高可靠性,使用云计算比使用本地计算机更可靠。

云计算不针对特定的应用,在"云"的支撑下可以构造出千变万化的应用,同一个"云"可以同时支撑不同的应用运行。

4.云计算存在潜在危险性

对于政府机构、商业机构选择云计算服务应保持足够的警惕。一旦商业用户大规模使用私人机构提供的云计算服务,无论其技术优势有多强,都不可避免地让这些私人机构以"数据(信息)"的重要性挟制整个社会。对于信息社会而言,"信息"是至关重要的。另外,云计算中的数据对于数据所有者以外的其他用户是保密的,但是对于提供云计算的商业机构而言确实毫无秘密可言。所有这些潜在的危险,是商业机构和政府机构选择云计算服务,特别是国外机构提供的云计算服务时,不得不考虑的一个重要的前提。

按照德国人的解释,移动互联网、社会化媒体、物联网、云计算等新一代信息通信技术是工业4.0的主要驱动力。工业4.0体系将在CPS的基础上,对机械制造、自动化、电子设备、软件等技术进行深度融合,同时彻底改变传统的企业生产模式、商业模式及运营管理模式。这个过程也被称为制造业的智能化演进。

工业4.0时代的制造业不仅能大幅度地提高生产效率与产品质量,还能有效地降低资源消耗,并满足消费者对产品的个性化需求。个性化生产将成为工业4.0的主流生产模式。

开启工业4.0的新商业模式

工业4.0的工厂标准化

在制造业领域,标准决定产品、市场已成为不争的事实。随着经济全球化趋势的加快,国际贸易的迅速发展,标准的作用更加突出,尤其是国际标准已成为进军全球市场的不可或缺的准入证。在这一背景之下,制造业的技术标准一定程度上是技术潮流和市场未来的代言人,世界各国之间的制造业技术的标准化竞争不断加剧。显然,谁先在标准上占据优势,谁就能在国际市场上占有一席之地。

所谓标准化,是指为了实现整个工作过程的协调运行,提高工作效率等目标,而对作业的质量、数量、时间、程序、方法等制定统一规定,做出统一标准。在工业4.0时代,标准化的作用变得尤为关键,似乎成了看不见硝烟的第四次工业革命成败的关键。

其实,标准的起源和发展很大程度上与制造业发展历程紧密相关。在传统工业化的大规模生产制造时代,技术成熟、产品定型之后,开始制定标准,标准成为了技术水平和产品的记录,这种形式保证了制造业的巩固发展。

以工业标准化为代表的近代标准化就是伴随着蒸汽机的发明和18世纪中期的产业革命而产生和发展的。标准作为一种特定的技术规范

第四章
工业4.0的产业化新模式

或技术准则，对于一种产品或一项服务，在产品种类、生产批量、产品功能、产品特性、产品使用寿命、产品使用可靠性、制造方式、成本价格、质量水平、检测方法与手段、评定与认证方式等方面均起着限定与制约的作用。可以说，在传统的工业时代，标准作为组织现代化生产的重要技术基础和互换性保证，在制造业的发展中起着重要基础的作用。

信息技术的发展使得全世界的制造业向着全球化发展，制造业的资源配置由本国范围扩大到世界范围，生产全球化、融资全球化、服务全球化和研发全球化，也导致制造业在全球范围重新分布和组合。制造业的全球化发展，要求标准的统一与协调。只有标准化才能够将人力资源、物料资源、信息资源融合成一个协同制造的整体，实现制造业企业整个生产过程的有序化，从而获得更多的经济效益。

市场的多样化和个性化，使用户对制造业产品需求从单纯的满足基本应用功能的要求向重视个性化需求方向发展，并且要求制造业不仅提供适应定制目标和短时间交货的产品，而且还要能够提供产品全生命周期的延续和服务保证，产品的内涵从单一的实物延伸到为用户提供全面解决方案。在瞬息万变、消费者需求个性化、多样化的市场环境中，只有通过标准，进行简化、优化和统一化，才能形成各种标准化模块，为产品的大规模定制奠定基础。

标准化是智能工厂有序运作的必要条件，试想如果某个零件的公差过大，是很难用自动化设备进行装配的。因此在实现智能工厂的全自动生产及物流之前，标准必须先行。然而在德国工业4.0战略中，光建立产品的标准化还远远不够，德国的"野心"在于向全世界推广"工厂的标准化"，即借助智能工厂的标准化将制造业生产模式推广

开启工业4.0的新商业模式

到国际市场,以标准化提高技术创新和模式创新的市场化效率,从而继续保持德国工业的世界领先地位。因此,工业4.0将围绕智能工厂生态链上各个环节制定合作机制,确定哪些信息可被用来交换,并通过一系列标准(如成本、可用性和资源消耗)对生产流程进行优化。

据德国机械设备与制造商协会(Verhand Deutschen Marchinen and Anlagenban,VDMA)和德国电气与电子工业协会(ZVEI)等共同开展的一项调查显示,被调查的近300家德国企业中,有半数以上认为数据的标准化是工业4.0对人类提出的最大挑战,其难度甚至超过了流程和工作组织。试想,在未来,产品可以告知设备该如何对自己进行加工,而实现这一愿景的先决条件是,不同制造商的生产设备能使用同一种语言进行通信,也就是说,相关软件必须能够兼容所有联网的元器件、机器、设备和工厂,等等——这就是数据标准化对生产制造提出的要求。之所以称其为最大挑战,是因为目前每家企业的IT系统都使用独立的设置,要实现集成化发展,就需要所有企业都采用业内认可的国际化标准的生产体系。

要实现数据标准化,第一步是要在共同基本术语上达成一致。目前,尽管一些既定的标准已经在各种技术学科、专业协会和工作组中使用,但是缺乏对于这些标准的协调。因此,有必要将现有标准纳入一个新的全球参考体系,如在自动化领域建立一个参考体系,将工业通信、工程、建模、IT安全、设备集成、数字化工厂等标准纳入其中。

伴随着互联网的飞速发展,实现标准化的方法主要是基于目前机械和设备制造业常态下所采取的不同方式。例如:

·开放的作业系统:典型代表是Linux操作系统,它由来自100多个国家的超过2000家企业、研究机构以及个人共同发展和维护，是世界上最成功的操作系统之一。

·开放式开发工具：例如一个包括1500多名开发人员和以百万计的用户参与软件开发的行业，为要求苛刻的应用程序建模。

·开放式通信基础设施：成立于1969年7月4日的互联网协会所出版的技术和组织文件"征求意见稿"，被广泛接受和使用，并被转化为事实上的标准，如因特网协议（transmission control protocol/Internet protocol，TCP/IP）和电子邮件协议（simple Mail transfer protocol，SMTP）。

上述范例不仅为实现标准化提供了开阔的思路，也进一步加速了标准化工作的进展。

未来，伴随产品功能的增加、产品用户特定需求的增长、交付要求的频繁变化、不同技术学科和组织的日益融合，以及不同企业之间合作形式的迅速变化，产品及其相关的制造系统将变得越来越复杂，标准化正是对日益复杂的系统进行高效管理的有效手段。而这一切都以标准化模型的建立为前提和基础条件。

标准化模型通常包含形式化描述，这意味着它们可以让电脑接管日常工程任务，如执行计算或其他重复性工作。因此，通过模型实现标准化的好处之一是它们将体力工作转化为自动化，并在数字世界状态下加以执行，而此前这些工作是在现实世界中由人工操作的。

例如，通过标准化模型可以在某个项目中进行早期错误检测或早期验证解决方案的有效性，从而降低项目风险。又例如，模型可以提供一个透明的信息流，通过增强跨学科合作，快速形成一致的工程数据，从而提升工程的高效性。在未来，标准化模型将主要部署在生产阶段，以检查生产运行是否平稳，检测设备有无磨损，判断是否需要停止生产，预测组件故障以及排查其他干扰。

目前，在德国许多企业特别是在中小型企业中，仍然无法基于模型模拟使用标准化的方式来配置和优化制造工艺。这就使工业4.0的一项主要挑战集中于如何在更广泛的工程领域提高对模型潜力的认识，提供工程师以方法和工具，使他们能够在数字世界使用适当的模型来描述现实世界的系统。

可以说，自工业革命以来，标准一直发挥着重要的作用。标准化让代表规模经济的大批量生产得以实现，标准化让市场公平有效地进行交易。标准已经成为制造业中普遍的基础设施，广泛而深刻地影响着以技术为基础的工业经济。

在传统制造业中，标准作为技术规范的参考体系，或者作为不同技术间相互比较的工具，相互兼容的接口，其功能主要体现在信息提供上，减少复杂多样性和不匹配等传统范畴。但是在"工业4.0"时代，随着制造业互联网化，或者工业互联网化，多数产品具有显著的网络效应和锁定效应，所以，标准也已经不再局限于那些传统的功能，标准中的兼容性和互用性功能开始显得至关重要。

◆ 网络效应分为直接网络效应和间接网络效应。资料显示，直接网络效应是指同一市场内用户之间的相互依赖性，即使用同一产品的用户可以直接增加对方的效用。间接网络效应主要产生于基础产品与辅助产品之间技术上的互补性，这种互补性又导致了两种产品之间的相互需求。在存在网络效应的市场里，标准扮演着一个重要的角色。一方面，标准能够增强用户的信心；另一方面，标准可以减少未来市场的不确定性。因此能够使新产品快速推广，从而实现规模效益递增。

◆ 锁定效应是指用户一旦选择某种厂商的产品，即发生各种效用的沉淀并形成专用性资产，以致于将来更换厂商时将会产生较大的成本损失。据有关专家研究，在网络产品的使用过程中，用户形成的专用性资产除了购买网络产品所形成的沉淀支出外，还有使用网络产品所形成的个人效用和社会效用等。考虑到转换厂商将导致较大风险，所以用户一般不会轻易改变其所属厂商。锁定效应限制了用户的流动，这些被锁定的用户都会支持掌握着既定标准的主流厂商。这样，在条件不变的情况下，其他厂商的最优选择只能是追随主流厂商的标准。锁定效应的存在使掌握标准的企业一定程度地强化了自身的垄断力量。

正是由于标准化经济效应的存在，产业领先企业之间的技术标准之争往往十分激烈，因为如果能在标准竞争中脱颖而出，就会极大地改善和增强企业的市场地位和竞争优势。

开启工业4.0的新商业模式

信息物理系统——连接虚拟空间与物理现实

信息物理系统是一个综合计算、网络和物理环境的多维复杂系统，通过3C技术，即计算（Computation）、通信（Communication）和控制（Control）的有机融合与深度协作，实现大型工程系统的实时感知、动态控制和信息服务。具体而言，信息物理系统是在环境感知的基础上，通过计算、通信与物理系统的一体化设计，形成可控、可信、可扩展的网络化物理设备系统，通过计算进程和物理进程相互影响的反馈循环来实现深度融合与实时交互，以安全、可靠、高效和实时的方式检测或者控制一个物理实体。

信息物理系统的本质是以人、机、物的融合为目标的计算技术，从而实现人的控制在时间、空间等方面的延伸，因此人们又将信息物理系统称为"人-机-物"融合系统。

与物联网相比，信息物理系统在物与物互联的基础上，强调对物的实时、动态的信息控制与信息服务。中国科学院院士何积丰教授认为，信息物理系统的意义在于将物理设备联网，特别是连接到互联网上，使得物理设备具有计算、通信、精确控制、远程协调和自治等五

第四章
工业4.0的产业化新模式

大功能。

信息物理系统又不同于软件系统。软件系统是一组状态转换的序列，其目标是实现变换数据。而信息物理系统则更加注重功能性需求，最终目标是协调物理进程，即实现信息处理和物理控制，强调实时性、可靠性、安全性、私密性，以及可适应性。

信息物理系统也不同于嵌入式系统。嵌入式系统侧重在处理器上运行，是一种在有限资源环境下的优化技术。信息物理系统是计算与物理成分的集成，相当于嵌入式系统＋网络＋控制，是嵌入式系统的发展方向和研究热点。信息物理系统将计算和通信能力嵌入到传统的物理系统中，导致计算对象的变化。它将计算对象从数字的变为模拟的，从离散的变为连续的，从静态的变为动态的。它作为计算进程和物理进程的统一体，是集计算、通信与控制于一体的下一代智能系统。

德国工业4.0正是以信息物理系统为基础，通过把计算与通信嵌入实物过程，实现与实物过程的密切互动，从而给实物系统添加新的能力。基于这项技术，生产和服务方式将得到进一步进化，通过传感网，虚拟空间的高级计算能力将与现实世界紧密相连，能够在生产制造过程中采集并分析与设计、开发、生产有关的所有数据，进而形成可自律操作的智能生产系统。

通俗点说，信息物理系统就是通过网络、实体物件之间的相互连接，使用相同的语言进行沟通并相互理解。运用到工业生产中，最重要的是产品与机器之间的信息互联和沟通，由产品上的信息"告诉"机器设备应该进行什么样的操作。这意味着网络进入工厂大生产，塑造了一个崭新的工业制造逻辑和方式——过去是由中心控制指挥系统

开启工业4.0的新商业模式

以分钟的频次对机器发出指令;而现在有了完全不同的生产结构,由产品所附带的信息告诉机器需要什么样的生产过程,从而制造出符合客户需求的产品。从这个角度来看,工业4.0就是第四次工业革命,因为它促使生产向符合个体需求的大生产方式转变。

从技术进化的角度来看,信息物理系统正是嵌入式系统进一步进化的结果,而通过通信网络,将所有设备互联的智能工厂就是其中最好的体现。可见,嵌入式系统是构成信息物理系统的要素之一。目前,德国制造业中的所有行业都正在实施与此相关的研究项目,并计划为此投入2亿欧元。信息物理系统连接了虚拟空间与物理现实世界,通过智能物体间的相互通信以及相互作用,创造一个真正的网络世界,并将为人类与物理现实世界之间的关系带来根本性变化。

总而言之,作为未来第四次工业革命的代表,工业4.0将不断向物体、数据以及服务等无缝连接的互联网(物联网、数据网和服务互联网)的方向发展。

让地球互联 信息物理系统的意义在于将物理设备联网,特别是连接到互联网上,使得物理设备具有计算、通信、精确控制、远程协调和自治等五大功能。

本质上说,信息物理系统是一个具有控制属性的网络,但它又有别于现有的控制系统。我们对于控制并不陌生,20世纪40年代美国麻省理工学院发明了数控技术,如今基于嵌入式计算系统的工业控制系统遍地开花,工业自动化早已成熟,人们日常生活中所使用的各种家电都具有控制功能。但是,这些控制系统基本上属于封闭系统,即便其中一些工控应用网络具有联网和通信的功能,所使用的也都是工业控制总线,网络内部各个独立的子系统或者说设备难以通过开放总线或者互联网进行互联，而且，它们的通信功能普遍比较弱。而信息物理系统则把通信放在与计算、控制同等的地位上，这是因为信息物理系统所强调的分布式应用系统中物理设备之间的协调是离不开通信的。信息物理系统在对网络内部设备的远程协调能力、自治能力、控制对象的种类和数量，特别是网络规模上都远远超过现有的工控网络。

没错，信息物理系统使整个世界互联了起来，就如同互联网帮助人们在人与人之间建立互动一样，信息物理系统也将深化我们与物理世界的互动。

"通吃"物联网　当人们还陶醉在能够把物与物连在一起的物联网技术上时，信息物理系统冷不丁地冒了出来，并且物联网所使用的基于无线电射频技术实现的连接，对于信息物理系统来说太过简单——在很多应用中，信息物理系统对接入网络的设备计算能力的要求远非无线电射频技术能比。以基于信息物理系统的智能交通系统为例，满足信息物理系统要求的汽车电子系统的计算通常都是海量运算，目前人们认为已经十分复杂的汽车电子系统根本无法胜任这一海量运算的能力要求。海量运算往往是很多信息物理系统接入设备的主要特征。如果从计算性能的角度出发，我们可以把一些高端的信息物理系统应用比作"身材健硕"的客户机/服务器，而物联网则可视为"瘦小羸弱"的客户机/服务器，因为物联网中通信大都发生在物品与服务器之间，物品本身不具备控制和自治能力，也无法进行彼此之间的协同。

实际上，信息物理系统的出现并不以排斥物联网为目的，相反，它使得物联网的定义和概念明晰起来——物联网就是主要应用在物流

开启工业4.0的新商业模式

领域的技术，物与物之间的互联无非就是"各报家门"，知道对方"何许人也"这么简单。而信息物理系统中的互联则更为复杂。在信息物理系统中，物理设备指的是自然界的一切客体，既包括冷冰冰的设备，也有活生生的生物。

现有互联网的边界是各种终端设备，人们与互联网通过这些终端来进行信息交换。而在信息物理系统中，人成为了信息物理系统网络的"接入设备"，这种信息的交互可能是通过芯片与人的神经系统直接互联实现的。以上文提到的智能交通系统为例，我们甚至可以做出这样的假设：当智能交通系统感知到高速行驶的汽车与你将穿越马路的行人之间存在发生碰撞的可能时，系统或许会以更直接的方法——通过"脑机接口"（brain-machine interface，BCI）让人不经大脑思考地来个"立定"，从而避开事故的发生；而非通常的做法——由系统发出指令让汽车急刹车，或者告诉行人"止步"。

尽管在物联网技术中也有把无线电射频芯片嵌入人体的情况，但其本质上还是通过无线电射频芯片与读写器进行通信，人并没有真正参与其中。然而在信息物理系统中，人的感知就变得十分重要。众所周知，自然界中各种物理量的变化绝大多数是连续的，或者说是模拟的，而信息空间则是数字的，充斥着大量离散量。从物理空间到信息空间的信息流动，首先必须通过各种类型的传感器将各种物理量转变成模拟量，再通过模拟/数字转换器变成数字量，从而为信息空间所接受。因此，从这个意义上说，传感器网络也可视为信息物理系统中一个重要的组成部分。

机遇与挑战 如果物联网市场真如人们预测的有上万亿元规模，那么，信息物理系统的市场规模则难以计数，因为其涵盖了小到智能

第四章
工业4.0的产业化新模式

家庭网络，大到工业控制系统乃至智能交通系统等国家级、世界级的应用。更为重要的是，对信息物理系统的广泛应用并不仅仅是简单地将诸如家电等产品连在一起，而是要催生出众多具有计算、通信、控制、协同和自治性能的设备。

毫无疑问，下一代工业将建立在信息物理系统之上。随着信息物理系统技术的发展和普及，使用计算机和网络实现功能扩展的物理设备将无处不在，并将推动工业产品和技术的升级换代，极大地提高汽车、航空航天、国防、工业自动化、健康医疗设备、重大基础设施等主要工业领域的竞争力。信息物理系统不仅会催生出新的工业，甚至会重新排列、调整现有产业布局。

尽管信息物理系统的前景看似无限美好，其对人类带来的挑战也是物联网无法比拟的。这些挑战很大程度上来自控制与计算之间的差异。通常，控制领域是通过微分方程和连续的边界条件来处理问题，而计算则建立在离散数学的基础上；控制对时间和空间都十分敏感，而计算则只关心功能的实现。通俗地说，搞控制的人和搞计算机的人没有"共同语言"，这种差异将给计算机科学和应用带来基础性的变革。

数据与安全 在工业4.0时代，将出现许多共享的信息物理系统平台，以适应对具有协作性特点的商业化进程的推进，以及连接智能工厂和智能产品的全生命周期的整个商业网络。这些平台将提供服务和实际应用，并且能联系到所有参与其中的人员、物体和系统，同时还将具有以下特征：

· 灵活性，可以提供迅速和简单流程的服务和应用，包括基于信息物理系统的软件；

- 在App Store模式链下实现商业进程中的调配和部署;
- 提供综合性强、安全可信的全商业进程支持;
- 保障从传感器到客户交流所有环节的安全与可靠性;
- 支持移动端设备;
- 支持商业网络中互相协助的生产、服务、分析和预测。

对于工业4.0来说,在整个服务网络中,最重要的是要更加广泛地解释流程条款。很明显,在互相协作的公司间或商业网络中,需要建立起共享的服务和应用,因此在信息物理系统平台上,诸如安全和保障、可信任、可靠性、使用、操作模式的融合、实时分析和预测等特性便显得尤为重要——在互相协作的生产和服务过程中,确立流程标准以及安全、可靠、高效的操作都离不开这些特性;同时,它们对于执行活跃的商业活动也至关重要。

以上这些需求在当前初级云端基础设施状态下只能得到极少量的满足。信息物理系统平台被公司间的IT人员、软件和服务提供商以及公司本身所使用,这中间需要有一个工业4.0的参考框架,该框架应该考虑到信息通信技术类公司和制造企业的不同特征。模式化的操作流程要求信息物理系统平台开发出全新的应用和服务,以满足那些瞬息万变的复杂变化,而这些变化正是由不同领域和组织之间的功能增长、差异化、活跃性和协作性所带来的。

第五章
工业4.0颠覆全球制造业

> 信息通信技术与制造业融合发展带来的一个重要变革就是智能制造时代的来临,云计算、大数据、人工智能、机器学习等驱动人类智能迈向更高境界,推动着人类各种生产工具的智能化和现代化,在廉价体力劳动不断被机器替代的同时,越来越多的脑力劳动者正在被智能工具所替代,人类正在迈向第二次机器时代,其带来的产业变革和就业结构影响将超越过去300年工业化历史。

开启工业4.0的新商业模式

第五章
工业4.0颠覆全球制造业

颠覆全球制造业的新思维

为了在第四次工业革命中赢得先机，发达国家纷纷提出了自己的工业4.0战略规划。虽然每个国家的发展路线图大相径庭，但在抢占高科技制高点这个问题上又殊途同归。

发端于制造业的工业4.0思维，是对传统工业思维的颠覆。从根本上说，第四次工业革命是通过升级工业制造技术，来推动人类在生产方式、商业模式、生活方式等领域彻底变革的。

在这场以智能化为主要标志的时代洪流中，虚拟世界与现实世界的分野将变得越来越模糊，最终走向"大一统"。智能工厂可以通过数据交互、虚拟可视化等技术，实现设备与设备、设备与工厂、工厂与工厂之间的无缝对接，并实时监测分散在各地的生产基地。在智能生产线的帮助下，未来制造业将实现兼具效率与灵活性的大规模个性化生产，从而降低个性化定制产品的成本，并缩短产品的上市时间。消费者不但能充分享受个性化消费，还能与机器、信息相互连接，体验整个生产流程与产品生命周期。

当前蓬勃发展的互联网经济存在重营销轻制造的缺陷。假如不能把握住工业4.0的脉搏，中国的互联网企业可能会在产业链分工重组的大势中变得落后。

2009至2012年欧洲深陷债务危机，德国经济却一枝独秀，依然坚挺。德国经济增长的动力来自其基础产业——制造业所维持的国际竞争力。对于德国而言，制造业是传统的经济增长动力，制造业的发展是德国工业增长的不可或缺的因素，基于这一共识，德国政府倾力推动进一步的技术创新，其关键词是"工业4.0"。

毫无疑问，德国是全球制造业中最具竞争力的国家之一。在制造业技术方面的创新、研发和生产，以及在日益复杂的生产制造业务管理方面的流程化，使得德国制造业遥遥领先。德国在拥有强大的机械和装备制造业的基础上，凭借在嵌入式系统和自动化领域所累积的极高技术水平，为其工业奠定了全球领军地位。也正因为如此，作为全球工业实力最为强劲的国家之一，德国在新时代的技术发展趋势下，为进一步增强国际竞争力而提出了"工业4.0"战略，旨在支持工业领域新一代革命性技术的研发与创新，保持德国的国际竞争力。

"工业4.0"还有一大特点，就是德国总理默克尔亲自不遗余力地推动。2014年7月6日至8日，德国总理默克尔在其任期内第七次访问中国，并且带来了"工业4.0"工作组的众多成员到工业和信息化部座谈，使得"工业4.0"受到我国产业界的空前重视。

近年来，从中国机械产业的高速增长中，德国看到更多的是"德国制造"自身的危机。除了抗衡美国之外，德国"工业4.0"还意在对中国的压制。

数据显示，德国以16%的份额占据2013年在全球机械出口首位，中国以11%份额，略低于美国，位于全球第三。同时，在全球设备制造业的32个子行业中，中国已经在7个子行业中取得了领先地位。更有甚者，美国波士顿咨询公司的一篇相关分析报告曾提出警告："欧洲机械制造商必须意识到，竞争环境已经改变，必须对越发明显的威胁做出反应，否则他们将被来自中国咄咄逼人的挑战者打倒。"由此，德国《世界报》网站在2014年3月27日报道称："中国机械制造业严重威胁德国！"

2014年6月24日，德国机械设备制造业联合会（VDMA）在日本东京举行发布会，介绍了德国机械制造行业的情况。德国机械设备制造业联合会拥有120多年的历史，涵盖机床工业联合会、机器人工业联合会等38个工业联合会，是德国横跨各个机械产业的庞大社团组织。德国机械设备制造业联合会也是搭建"工业4.0"平台参与者，而且是实施德国"工业4.0"战略的重要牵头组织之一。

据日本媒体报道，当天，德国机械设备制造业联合会主席莱因霍尔德·菲斯特格（Reinhold Festge）旗帜鲜明地指出："日本和德国的机械制造企业应该为确保长期发展和经济上的成功进行深入合作。尤其在有交叉的一些产品领域，两国应该携手面对中国的挑战。"从中，德国对中国制造业的防备之心已显而易见。

或许有专家认为，"工业4.0"不过是德国的一项高科技领域的国家战略，主要是在高端制造技术上对抗美国，跟主要以低端制造为主的我国没有多大关系。因此，我国也没有必要对"工业4.0"采取应对策略。但是，从德国对中国制造业未来发展的防备心态来看，对于"工业4.0"，我们一定要借鉴，也要采取应对策略。

一方面，对于德国"工业4.0"，我们应该深入研究，参考借鉴。"工业4.0"是德国举国实施的全球市场运动，我们应该搭乘这辆便车。借势借力，在德国推广"信息物理系统"过程中，通过学会生产制造过程与业务管理系统的深度集成，实现对生产要素的高度灵活配置，实现大规模生产高度定制化产品。从而让制造业紧跟时代趋势，提前迈向智能化，以适应未来的国际竞争。

另一方面，在《中国制造2025》中应涵盖应对策略。工业和信息化部联合发改委、科技部和国资委等多个部门，并与中国工程院一起研究起草的制造业中长期规划——《中国制造2025》，阐述了未来十年中国工业发展的整体理念。我国一直是制造大国，却不是制造强国。在《中国制造2025》中，充分考虑到了德国"工业4.0"带来的冲击和潜在竞争因素。"工业4.0"来了，物联网、服务互联网将取代传统封闭性的生产制造系统，成为未来工业的根基。而在物联网、服务互联网等信息产业领域相对落后的我们，未来还有没有成为制造强国的机会？

中国作为一个世界大国，无论从国民生活水平提高、经济发展，还是国家安全的角度，都需要强大、独立、自主的制造业。

但是，谈及国内制造业发展状况，各产业普遍面临市场庞大、缺少核心技术、产品低端、利润少、人才缺乏等问题。在世界产业的分工链条中，属于中国的环节是制造业，这本身就是一个对自然资源需求量极大的产业，再加上利用效率低，导致在经济发展过程中自然资源的消耗过快。国际初级产品市场价格的不断上涨给我国以低成本取胜的制造业市场带来了越来越大的压力。

我国沿海地区大中城市建设的一批劳动密集型的轻加工企业和高能耗企业，由于改革开放以来劳动力成本的上升和能源、原材料价格的上涨，产品成本升高，国际竞争力下降，已无法与一些发展中国家的低成本产品在国际市场上竞争。

第五章
工业4.0颠覆全球制造业

随着国内市场化进程的加快，生产要素相对价格的改变更快，转换出口商品结构的要求也愈发迫切。同时，资源、劳动密集型产品的收入弹性低，而随着中国外贸规模的迅速扩大，外部市场需求的约束力显著上升，低档产品、初级产品的贸易条件从长期来看呈不断恶化的趋势，以劳动密集型产品为主的出口格局在今后不会有很大的增长空间。

前瞻产业研究院在《工业4.0时代中国制造业商业模式创新与投资战略规划专项分析报告》指出："工业4.0"将在第三次工业革命的基础上，从自动化向智能化、网络化和集成化方向发展。"工业4.0"在一定程度上将促进发达国家的制造业技术升级，也将导致部分制造企业的回流，从而对我国制造业产生间接影响。

可以说，"中国制造"正在面临空前的机遇，同时也面临着前所未有的挑战。

数据显示，2016年2月份，中国制造业采购经理指数(PMI)为49.0%，低于上月0.4个百分点，创下自2011年11月以来的新低，更连续7个月处于临界点以下水平。很显然，这是制造业不振、制造业仍处于下行状态的重要标志。

令人担心的是，PMI分项指标看起来比综合指标形势更为严峻，下行的压力也更大，蕴含的矛盾更突出。

首先从供给侧来看，无论是生产指数还是原材料库存指数以及供应商配送时间指数，都不太令人放心。就生产指数而言，在整个指数都处于临界点以下，多数分项指标也在临界点以下的情况下，生产指数却一直保持在临界点以上。特别是2月份，在回落了1.2个百分点以后，结果仍达到50.2%，处于临界点上方，可见，产能过剩带来的生产压力和动力有多强。其直接后果就是,即便市场需求不足,生产也停不下来。这也从一个方面说明,供给侧结构性改革的任务是相当艰巨的,提高供给的质量和效率是相当紧迫的。

从原材料库存指数和供应商配送时间指数来看,两者分别为48.0%和49.8%,都在临界点以下。也就是说,供给侧对原材料的需求以及对供应商配送时间的要求,都处于严重不足和松弛状态,没有形成与市场的有效衔接,市场供需矛盾依然突出,需求没有能够对供应形成支撑,供给也没有能够对需求产生推动。越来越多的矛盾,都指向了供给侧。如何通过加快供给侧结构性改革,增加有效供给,必须成为当前和今后一段时间经济工作的重中之重。

再从需求端来看,作为衡量市场需求状况、企业经营状况以及供需矛盾协调的主要指标之一的新订单指数,2月份为48.6%,比上月又下降了0.9个百分点,这也已经连续两个月低于临界点水平。这就意味着,市场需求仍处于低迷状态,生产资料和生活资料都没有能够对新订单指数形成有效提振。

而衡量需求端,也衡量供给侧能力和水平的重要指标——从业人员指数,2月份继续处于收缩区间,为47.6%,比上月下降了0.2个百分点。进一步说明,由于需求端的状况没有明显改变,且呈继续恶化迹象,最终导致供给侧无法对就业形成吸收能力。这也意味着,一系列稳增长、促发展的措施,仍处于发力的前夕,没有形成有效作用与效率。

2016年2月29日,央行再次启动了降低存款准备金率的政策,从另一个角度对稳增长实施了政策刺激,是否能够产生有效的刺激和提振作用,也是一个值得关注的问题。而此次降准更有可能产生效果的,可能是房地产市场和股市。特别是房地产市场，会因为货币政策的进一步放宽，而对房价产生很大的提振作用，并有可能引发新的房价泡沫。相反，实体经济能否也像房地产市场一样受到刺激，制造业会不会因为降准政策的出台而形成互动效应，值得关注。降准对股市的影响，可能也主要依赖于房地产、钢铁、水泥等前段时间一直处于低迷的行业。

目前的制造业仍躺在地板上，何时能够从地板上站起来，将直接影响到经济企稳、经济复苏的进程。而供给侧结构性改革，则是制造业能否从地板上迅速站起来最为重要的手段。

要想使供给侧结构性改革能够在较短的时间内取得突破，显然过度依赖货币政策是不行的，还应当辅之以更多的财政政策、社会保障政策等，从各个角度、各个领域、各个环节对供给侧结构性改革提供支撑，形成改革合力。特别是财政政策，必须全力以赴，如财政转移支付、税收分成、财政补贴等，都必须发力，必须给供给侧结构性改革以最大力度的支持。不然，会很难取得突破。

一旦供给侧结构性改革到位了，制造业自然而然就会从地板上站起来。待制造业从地板上站起来了，再充分利用政策，让制造业在结构调整与转型、品质提升、技术创新、品牌培育、核心竞争力增强等方面继续提升，中国的经济基础就越来越扎实、越来越坚固了。

开启工业4.0的新商业模式

构建产品的生命周期管理系统

全生命周期管理,是一种先进的企业信息化思想,它让企业运营者意识到,在全球化竞争日益加剧的情况下,该用怎样的方式为企业降低各方面的成本。PLM就是一款针对产品全生命周期管理的软件,它可以帮助人们有效增加企业收入和降低企业生产成本。在工业4.0时代,这种软件所带来的帮助不言而喻。

在德国工业4.0工作组发表的《德国工业4.0战略计划实施建议》中,有一段关于工业4.0的描述:在智能、网络化的世界里,物联网和服务网(internet of things and services)将渗透到所有的关键领域。智能电网将能源供应领域、可持续移动通信战略领域(智能移动、智能物流),以及医疗智能健康领域融合。在整个制造领域,信息化、自动化、数字化将贯穿整个产品生命周期、端到端工程、横向集成(协调各部门间的关系)将成为工业化第四阶段的引领者,即工业4.0。

人类进入21世纪,制造业在全球的竞争日益激烈,因此我们必须实现更灵活的制造和生产。这不仅需要更详细的生产数据,还要把虚拟世界与现实世界融合在一起。所以,要想实现对整个生产过程、配送过程、顾客的使用过程等方面的全面掌控，就必须通过相应管理软件来实现，而产品生命周期软件恰恰就可以帮助我们实现这一点，从产品设计、产品生产，一直到物流配送和服务于最终用户。

在生产规划时，必须做到高度仿真。西门子的PLM软件可以帮助你监控整个生产过程，甚至还能对具体的生产设备进行仿真处理，这将为你提供一种全新视角，帮助你监测产品的整个生产过程。不管是哪种设备，只要不符合你的心意，你就可以对它进行优化。这样一来，就不会在制造过程中浪费不必要的生产时间，完全可以在旧的基础上进行改进。

上海柯马机械制造有限公司专门从事汽车的焊接工作，它通过西门子PLM软件对整个焊接过程进行有效监控。借此，柯马可以让整个生产线变得透明化，同时节省工程时间。另外，柯马还能通过虚拟世界，实时了解生产线各个环节中的情况。

德国的Index公司也通过PLM软件进行生产。现实世界中，一般要耗费很长时间才能检查出机床是否可以正常使用，但通过PLM软件，可以将机床的调试时间节省下来，也可以通过虚拟机床，进行人员培训，还可以将机床运转和操作的生产率提升10%。

如果你喜欢玩计算机游戏，这个软件可为你带来极大的帮助。因为PLM软件可以帮助游戏玩家对整个游戏的操作流程实现三维可视化，使得游戏玩家在做任务副本时更加轻松。将这个软件运用在工作中也是一样，它可以将整个工厂以三维方式呈现出来，使人通过这种立体视图对整个工厂进行有效控制。

沈阳铁西工厂的宝马汽车生产线，可以说是全球最先进的汽车生产线之一，整个生产过程都是机器自动完成的。这种生产方式使得宝马的多款产品集中在一条生产线上进行制造。比如,可以在一条生产线上生产出一种车的不同车型。

有了西门子智能化生产系统的辅助,该厂取消了更多涉及生产加工的工位。通过这种系统,可以根据车型、车辆识别码等,检测到该车需要进行哪一步工序,需要装配哪种零件,等等。所有操作都会形成图像化指示显示在终端操作窗口,并可以指导工人完成所有生产环节,而不再是过去那样工人拿着纸质手册一页页地去查询。这样,设备操作的精准度达到了99%以上。

在中国,西门子作为本土工业企业的合作伙伴已有140多年历史,见证并参与了中国制造业的发展,对中国制造业有着深刻而准确的理解。现在,西门子将现实和虚拟的生产世界相结合,着力推动制造业在未来的发展,其具有前瞻性的远景规划、丰富的行业知识,为工业4.0及数字化企业平台的未来发展奠定了坚实的基础。

西门子工业软件平台是实现工业4.0的载体。它可以实现包括产品设计、生产规划、生产工程,直到生产执行和服务的全生命周期的高效运行,以最小的资源消耗获取最高的生产效率。该平台的实现需要企业以数字化技术为基础,在物联网、云计算、大数据、工业以太网等技术的强力支持下,集成目前最先进的生产管理系统及生产过程软件、硬件,如产品生命周期管理软件、制造执行系统软件和全集成自动化技术。西门子的整体解决方案可以帮助中国工业企业实现升级转型,以更高生产力、更高效能、更短产品上市时间、更强灵活性在国际竞争中占据先机。

总之,作为工业技术和工业软件的全球领导者,西门子将积极在中国的"工业4.0"变革(也就是"两化深度融合"的高级阶段)中扮演世界级的实践者和战略供应商两个关键角色。

为什么工业4.0变革中制造技术进行了大幅转型,并得到了众多国家的重视呢?答案很简单,智能制造技术的推广已经迫在眉睫,制造技术的智能化、信息化和数字化,都将在这次变革中起到关键性作用。

对于很多专家来说,工业4.0代表的就是第四次工业革命,很多新技术、新变革都会在第四次工业革命中发挥重要作用。但是,第四次工业革命所涉及的范畴要远超这些新技术、新变革自身所涉及的范畴。不过,产品的数字化进程不容忽视。

产品数字化的呈现,并不是局限于商品本身,在产品的使用过程中也能实现数字化呈现。PLM系统可以帮助制造企业计算出产品从设计到交付客户手中所消耗的所有成本,根据现有机器运转情况来制定最合理的制造数量,或者制定最合适的价格。这所有的一切都不需要任何人参与。此时,PLM系统可以帮助你做出正确决策,让你与供应商之间的交流变得更高效。将来,我们对机器的依赖程度必然会越来越大,因为机器上面都植入了具备超高运算能力的芯片,通过超级运算完全可以帮助它做出更正确的决定。其实,这是实现工业4.0规划要迈出的第一步。

第二步是虚拟与现实生产的结合,这是对数字化企业平台上的产品设计、产品加工、生产流程等方面的集成,包括起初的产品规划等内容。

第三步则是信息物理融合系统,必须有效缩短产品的上市时间。比如,你买了台新打印机,直接将它安装好,连接到计算机便可以使用了。它采取的完全是即插即用的方式。现在,我们对工业4.0制造业生产过程的设想也是这样的,当智能机器人进入生产网络和系统之后,整个生产流程也就具备了这种能力。

虚拟全球将与现实全球相融合

伴随着互联网媒体的社会化进程,现实社会的信息几乎被完整复制到了虚拟世界。曾经泾渭分明的虚拟世界与现实世界,已经被各种各样的互联网平台打通。人们的社会生态圈与社交模式不仅发生了巨大变化,就连工业生产方式与商业模式也试图在实现线上与线下的无缝对接。由此可见,无论是互联网企业还是传统制造业,都已无法逆转虚拟世界与现实世界相互融合的必然趋势。

人们在游览植物园时,往往是通过简介牌与工作人员的解说来认识各种植物。这种传统的咨询方式已经变得落伍。在工业4.0时代的植物园中,每个植物上都会悬挂"植物二维码"。游客只需用移动智能终端扫描一下"植物二维码",不必再亲自搜索网页,全球图书馆里的相关信息就会被自动传输到其智能手机中。这种高度信息化的知识传播方式,便是虚拟世界与现实世界的一种简单的无缝对接形式。

"连接"是工业4.0永恒不变的主题词,而连接的范围之广,几乎涵盖了所有的设备、生产线、工厂、供应商、产品和客户——要将他们紧密地连接在一起。工业4.0顺应万物互联的发展趋势,将无处不在的传感器、嵌入式终端系统、智能控制系统、通信设施,通过信息物理系统"编织"成一个智能网络,使得产品与生产设备之间、不同的生产设备之间、数字世界和物理世界之间能够相互联通,使得机器、工作部件、系统以及人类社会能够通过网络,持续不断地保持数字信息的交流。

生产设备之间的互联互通。不同类型和功能的智能设备之间的互联互通,可以组成智能生产线。通过不同的智能生产线,又能够形成智能车间。智能车间之间的互联互通又可以组成智能工厂。通过不同地域、领域的智能工厂之间的互联互通,又最终形成了庞大的智能制造体系。然而这些不同的智能设备、智能生产线、智能车间、智能工厂之间又存在着动态组合,最终满足动态变化的制造需求。

产品与设备之间的互联互通。产品和设备之间能够实现互联互通,这样就可以根据产品的制造细节协助设备将生产过程不断推进。需要生产什么样的产品,如何生产这样的产品,这些问题都将由设备来解决。这就意味着,工业4.0时代,是完全智能化的时代,一切生产运行都是依托智能化来完成,零部件与机器设备之间已经实现了智能化沟通。

虚拟网络与物理设备之间的互联互通。工业4.0时代的核心其实就是信息物理系统,并且工业4.0时代将物理设备通过互联网相连接。在该连接下,使物理设备具备了计算、通信、操控、远程协调以及自治的五个强大的功能,最终将虚拟网络与物理设备之间的互联互通变成可能。工业4.0时代实际上是将原来毫无生机的机器设备、生产线组成的毫无生机的工厂,变为一个由具有"社交"能力的物理设备与生产线组成的一个"活"的智能环境，最终实现智能机器人与智能人类之间的相互协同，促进生产全过程的自动化，包括自我检查、自我诊断、自我决策、自我修复。

在2014年上海举行的中国第十六届中国国际工业博览会上，上海一家智能系统公司通过实物展示了工业4.0的真正内涵。参展的观众可以当场选择"我要一只红色圆珠笔"，接下来，"工业4.0"流水线上的一台机器人就会从一堆各种类型、各种颜色的笔中准确无误地拿出一只红色圆珠笔，并且放进银色托盘里。然后，一辆黄色小车在接到网络指令的自动导航之后，从机器人那里接过托盘，并准确无误地将其送到目的地。

人与物之间的互联互通。万事万物就是意味着从人到物的所有存在体，通过互联网连接在一起，从而实现人人、人物、物物之间的相互连接，最终构建全新的生产、生活场景。在整个环节中，人作为主导体，互联网作为媒介体，将机器设备、数据等通过感知、传输、处理的方式形成各种人类需求的设备终端，最终满足生产、生活需求。

对于制造业来说，虚拟世界与现实世界的融合意味着生产的"一体化"。

工业界专家描绘的景象十分动人。大数据等互联网技术将不同的生产设备交互连接为一个整体。在此基础上，工厂内部的所有生产线及其他设备也能连接为一个整体。甚至不同的工厂也都被这个智能网络整合为一个整体。这种工业设备生产数据高度交互的"一体化"生产模式，已经在德国变为活生生的现实。

世界老牌制造业名企卡尔·蔡司集团就曾经在欧洲机床展上推出了一套工业产生数据交互系统——PiWeb。

PiWeb系统能有效地实现工业大数据的交互与共享。跨国公司可以借助这套系统随时共享分布在不同地区的工厂的监测数据。生产经理不必等待各个分厂提交报告，坐在办公室里就能同步监测全世界每一个分厂的情况。据悉，奔驰公司与大众汽车这两家德国知名汽车制造商，已经开始用PiWeb系统来进行生产管理。

前文说过，人们只能从虚拟世界中观察到现实世界的一部分。在交互数据系统不完善的年代，跨国公司根本无法实现同步监测全球的每一个子公司或分厂。因为各个分厂的数据不能及时上传到云平台中，生产经理看到的数据只能反映分厂的部分情况，而不足以还原现实世界的全貌。也就是说，虚拟世界里的跨国公司形象与现实世界中的不尽相同。如此一来，人们就无法通过控制虚拟世界来掌控整个现实世界。

随着第四次工业革命的到来，企业可以轻松地借助智能化工具来掌控复杂多变的现实世界，虚拟世界就是联通全球各国、各地区、各企业、各生产车间，以及各消费者的高速通道。

融合两个世界的宏伟目标，离不开工业4.0的关键技术——信息通信技术（ICT）。

ICT不仅仅是电话与互联网，还包括了多种工业技术。例如，负责自动协调各个联网设备的M2M系统（机器到机器）、拥有智能分析功能的大数据技术、ERP系统（企业资源计划）、PLM系统（产品生命周期管理）、SCM系统（供应链管理）等领域，都是ICT系统的重要组成部分。工业3.0时代的自动化，仅仅是在生产工艺中使用到ICT。而在工业4.0时代，ICT将被运用到所有的领域。

ICT把智能软件、传感器与通信系统整合成物理网络系统。正是凭

开启工业4.0的新商业模式

借这个无所不通的"神经网络",虚拟世界与现实世界的界限才变得越来越模糊。

无论是互联网企业对传统行业的大规模兼并,还是制造业的数字化与虚拟化潮流,都在向人们宣告未来的世界将是虚拟与现实一体化的世界。任何不能正视这个发展趋势的国家,都有可能在第四次工业革命中被竞争对手远远甩在身后。为此,西方发达国家纷纷铆足了劲儿推动虚拟世界与现实世界的融合。

例如,美国的通用电气公司在2012年就提出了发展"工业互联网"(Industrial Internet)的计划。工业互联网把工业设备与IT技术融合在一起,完全符合两个世界一体化的内在要求。日本不少高科技公司也在开发M2M系统与大数据应用,试图赶上工业革命的浪潮。

总之,工业4.0是一次由信息技术与工业制造技术相互促进的科技革命。数字化技术将始终贯穿于整个产品生命周期。从研发设计到调整生产线再到物流服务,虚拟生产与现实生产被工业4.0连成一体。

可以预见,戴上智能3D眼镜就能直接参观的虚拟智能工厂,并用眼镜控制智能生产线的神奇景象,在不久的将来会变得越来越屡见不鲜。到那时虚拟世界与现实世界就真正地进入"大一统"时代。

第五章 工业4.0颠覆全球制造业

个性化生产与消费时代

从本质上说,科学技术的发展是一个不断解放人的过程。在前三次工业革命中,机器已经将不少人从繁重的体力劳动与简单脑力劳动中解放出来。而第四次工业革命的到来,将进一步解放人们的创造力,提升人们的幸福感。前一目标靠的是以智能制造技术为后盾的个性化生产,后一目标则是通过个性化消费来实现的。在工业4.0时代,随心所欲的个性化定制将成为消费市场的主流,用户的消费满足感与生活舒适感将变得超乎想像。

在工业4.0时代,人们购买家电产品的方式可能会发生翻天覆地的变化。

在没有互联网的时代,消费者要跑到百货商场逛完整个楼层,或许才能买到满意的物品。而在工业3.0时代,大家可以坐在家里轻松地完成"货比三家"的任务,人们只要动一动鼠标就能从网上商城搜索出自己感兴趣的信息。移动互联网的普及,使得消费者可以在智能手机上轻松完成在线下单与在线支付流程,只需等着快递小哥上门交货。

但是，这离真正的个性化消费还差得很远，因为消费者只能在各个品牌厂家推出的成品中进行对比取舍。尽管交易方式十分便利，可供选择的产品种类也十分丰富，但并没有从根本上改变传统的产品研发模式。

无论哪个品牌，产品都是按照某一类消费群体的整体偏好来设计的，而不是完全围绕消费者的个性化需求"量身定做"的。而真正意义上的个性化消费，应该是产品完全围绕消费者个人的喜好来设计制造的。

在过去，消费者只能通过"DIY"（Do It Yourself，自己动手）来随心所欲地打造深爱入骨的个性化产品。工业4.0将用智能工厂来代替每个消费者的双手来"DIY"。

未来智能工厂生产的家电产品，一切由消费者来决定。无论是家电的尺寸、颜色，还是性能参数与零件类型，都可以按照消费者的选择进行配伍。工业4.0将虚拟世界与现实世界融为一体，消费者将与智能工厂实现全程无障碍沟通。虚拟可视化技术，让消费者可以通过智能工厂的网络目睹整个设计、生产、安装、运输流程。你可以像看科幻片一样，见证智能机器人怎样快速灵巧地将你选好的一个个零部件安装在个性化定制的家电上。

随着互联网经济的日益繁荣，消费者对个性化消费的期盼也越发强烈。尽管家电企业纷纷触"网"，与互联网企业进行跨界整合，但家电产品的"私人定制"还只是业界的美好愿望。

互联网经济的发展催生了"以用户为中心"的互联网思维。但就目前而言，互联网行业的用户思维更多还是强调精准营销。虽然这里面包含了个性化消费的因子，但没有大规模个性化生产的技术支持，真正的个性化消费时代也没法真正降临。

工业4.0的问世,将为个性化定制模式带来脱胎换骨的变化。"企业决定产品"的传统生产方式,将逐渐被"消费者决定产品"的智能生产模式给取代。这对企业与消费者而言,都是一个革命性的变化。

从企业的角度说,工业4.0将消除它们与消费者之间的各种无形障碍。

在互联网技术普及之前,企业最头痛的是无法准确地把握市场动态。广大消费者的需求,难以被便捷高效地转化为准确的用户数据。企业只能采用问卷调查等低效率的方式,来预测市场需求的变化:一方面,消费者总是抱怨产品的功能与品种不能满足需求;另一方面,企业对消费者的偏好了解有限,难以及时跟进需求变化。

更多时候,企业是用类似赌博的方式来向市场推出新产品的。如果新产品恰好符合企业"预测"的消费者需求,就可能大获成功。反之,则会昙花一现,白白浪费资金与人力。不少曾经红极一时的企业,就是因为错估市场而淡出人们的视野。

大数据等互联网技术突破了这个瓶颈。企业可以通过大数据实时跟踪采集消费者的消费记录,并借助智能软件分析出每个消费者的需求曲线与消费偏好。掌握准确的情报后,企业就可以执行个性化定制模式了。这些高科技成果为企业向个性化生产与个性化营销转型,打下了良好的基础。

个性化生产的最大阻碍是,无法利用流水生产线实现规模效益。因为在传统工业生产模式中,"柔性"(多样性生产)和生产效率是相互矛盾的。

传统工业生产线主要用于标准化的单一型号产品。通过专用设

开启工业4.0的新商业模式

备与工艺程序化实现高效率的大批量生产，从而形成规模经济效益。由于这种生产方式对设备专用性要求高，难以生产多品种的小批量产品。在工业3.0时代，人们是通过自动化的柔性生产线来解决这个矛盾的。柔性生产线运用计算机来调控多种专业机床，按照事先设定好的程序自动调整生产方式，从而使得多品种的中小批量生产能与大批量标准化生产抗衡。

随着智能制造技术的成熟，工业生产的"柔性"将进一步提高。多品种个性化定制产品，也能在智能生产线上实现大批量生产，彻底解决柔性与生产效率的矛盾。个性化生产模式的出现，打破了束缚个性化消费的最后一个技术瓶颈。

从消费者的角度说，只有到了工业4.0时代，才能实现彻底的个性化消费。

在企业决定产品的时代，产品附加价值的高低往往比消费者的需求更能影响生产者的决策。虽然个性化定制能最大限度地契合消费者的真实需求，但居高不下的生产成本与较弱的大众普遍消费能力，使得企业不敢轻易将个性化定制当成主要生产方式。

所以说，当大众普遍消费能力不够强的时候，大批量生产个性化定制产品只是消费者的梦想。唯有大幅度提升个性化产品的生产效率，有效降低其成本，才能让更多消费者满足这种更高级的消费欲望。

工业4.0时代的个性化消费，可能出现以下三种变化。

第一，多样性的个性化需求成为主流。尽管共同消费依然存在，但消费者的个性化需求将日益细化，并逐渐占据主导地位。这就要求企业把发展个性化生产提升到日程上去。例如，德国的汽车制造业正在研究智能汽车生产线，以便在同一条流水线上同时制造不同类型的汽车。

第二，个性化产品的功能走向集成化。消费者越来越喜欢"一揽子解决"方案，巴不得一次性解决所有问题。个性化定制产品不再局限于单一产品，而是一连串相关产品集合而成的个性化套装。例如，工业4.0时代的房地产商不仅出售房子，还提供全套的个性化装修服务。

第三，交易方式的便利化。互联网经济改变了传统的交易方式，让消费者能随时随地进行在线下单及支付，有了更多的选择空间。而在工业4.0时代，个性化消费的交易方式将变得更加方便。消费者不仅可以直接参与到最初的定制中，还能随时关注产品生产的进展。

以家电业为例。消费者可以让企业把电视logo改成自己设计的标志，并选择自己喜欢的开机画面、系统配置、软硬件维护、售后服务等定制内容。

由于虚拟世界与现实世界被CPS融为一体，工业4.0时代的智能工厂成了一个消费者可以参与深度定制的"透明工厂"。在虚拟可视化技术与智能网络的帮助下，企业的数据中心会把整个定制化生产流程呈现在消费者眼前。例如，家电的原材料是否采购到位，颜色涂装是否完成，零部件组装进展如何，什么时候能发货上门，系统都会及时反馈给参与定制的消费者。

总之，消费者可以借助产业物联网与企业直接沟通，跟踪个性化生产的全过程。这也是个性化消费的应有之义。

工业4.0的个性化消费模式，对企业的个性化生产提出了极高的要求。从消费者提交订单开始，企业内部的智能化生产体系就要随着消费者订单贯穿始终。在用智能生产线提升制造效率的同时,企业对上游供应商的管控能力,与消费者的全程互动沟通能力,都需要全面升级。此外,智能工厂的决策方式也不同于网上零售业。企业的组织管理方式也必须围绕着个性化生产与个性化消费做出大幅度的变革。

重营销轻制造的互联网经济即将落后

美国麦肯锡全球研究院曾经于2014年7月25日发布了一篇名为《中国的数字化转型》的报告。报告指出:中国的智能设备总量、网上商城交易额、百度引擎搜索量、社交应用软件"微信"的应用率,都达到了很高的水平。截至2016年9月底,中国已经有7亿多网民,这个数字仍在不断增长中。毫不夸张地说,互联网从根本上改变了中国人的生活方式,互联网经济为中国发展做出了巨大贡献。

根据该报告的预测:到2025年时,互联网经济对中国GDP增长总量的贡献率可能会达到7%~22%。这意味着中国的GDP总量将因此每年增加4万亿~14万亿元人民币。

麦肯锡全球研究院用iGDP指标来衡量互联网经济在各国的分量。其中,中国的iGDP指数于2013年年底达到4.4%。这个数字意味着中国互联网经济在GDP中的比重,已超过了美、法、德等发达国家。

第五章
工业4.0颠覆全球制造业

由此可见，互联网经济可能成为未来中国经济发展的新引擎之一。在这股浪潮的带动下，中国的许多产业将被互联网重新整合，经济结构也会随之改变。

就在中国凭借互联网经济洪流大踏步追赶发达国家的时候，第四次工业革命的号角又在德国率先吹响。面对接踵而至的工业4.0革命，中国的互联网经济可能遭遇有史以来最严峻的挑战。假如不能及早正视这个隐患，中国可能在互联网经济泡沫中糊里糊涂地从领先者变成落后者。

小米与阿里巴巴就是中国互联网经济的两个富有代表性的企业。小米创始人雷军将自己的成功归结为"互联网思维"。这个概念很快被互联网行业争相热炒，甚至连涉足电子商务的传统行业，都在追捧神乎其神的"互联网思维"。

毫无疑问，互联网思维的传播让许多新兴企业找到了迅速发展的方向。例如，贩卖坚果的"三只松鼠"与干果电商品牌"呆完呆了"，都采用了以用户为中心的互联网思维。但这也折射出中国互联网经济的不足之处——重营销推广而轻技术研发。

对虚拟经济的投入远高于实体经济，曾经是欧美发达国家走过的弯路。互联网技术的发展为金融业与零售业插上了翅膀。这些科技含量不高但利于迅速聚集财富的行业，很快将经济效益相对较弱的传统制造业甩在了身后。

长期畸形发展，让虚拟经济与实体经济越来越脱节。制造业的萎缩与"去工业化"潮流，让发达国家的经济发展充满了隐患。2008年的全球金融海啸，雄辩地证明了虚拟经济的脆弱性。这也是德美等国相继倡导第四次工业革命的重要原因。

开启工业4.0的新商业模式

就在德美等国试图将制造业升级到工业4.0阶段,大多数中国企业还盯着火爆的互联网思维。

中国的"互联网思维"无疑对互联网经济有着重要的指导意义。特别是其中的用户思维与跨界思维,深刻反映了互联网的开放精神。用户思维促使着广大企业设法满足日益多样化、个性化的消费者需求。跨界思维则驱使着互联网公司将触角延伸到原本不相干的产业领域,传统行业也根据这种理念积极拥抱互联网与电子商务。

无论哪种模式,都体现了虚拟经济与实体经济相融合的发展趋势。

第四次工业革命追求个性化生产与个性化消费,并将虚拟世界与现实世界融为一体。从这个角度说,中国的互联网思维也包含着某些工业4.0的萌芽。但对于工业4.0最核心的智能制造等内容,互联网思维的倡导者们却罕有涉及。

中国的"互联网思维"立足于用互联网平台与大数据技术来扩大营销推广能力,而国际上的"工业4.0"则立足于用智能制造体系来升级自主创新能力。这显然是两种截然不同的发展思路。

机器人与智能化设备并不是现在才发明的。但有限的普及率与智能化程度,让广泛运用互联网技术的工业3.0依然以人工控制生产为主。如今,发达国家的工业科技已经积累到了质变阶段,完全由机器人自动运作的智能生产线已经在少数工厂投入使用,这标志着第四次工业革命的浪潮即将到来。

互联网经济还在飞速席卷全球。包括制造业在内的传统行业,都将被接入互联网体系当中。但这并不意味着以在线交易与物流配送为核心竞争力的网上商城,能在第四次工业革命开展之后继续维持着领先优势。

诚然,大数据等互联网技术让互联网企业掌握了海量的用户信息。它们可以根据这些数据为广大消费者提供"一对一"的精准营销。尽管传统制造业可以生产出科技含金量更高的产品,但缺乏比互联网企业更为便利的营销渠道与交易方式。实体经济对虚拟经济的先天劣势依然存在。然而,这个看似不可颠覆的法则将被工业4.0彻底粉碎。

工业3.0时代的用户参与设计,是指消费者先把要求告知企业的产品设计师,设计师再把图纸交付工厂车间。而工业4.0时代的消费者,可以直接把要求传输给智能工厂的机器人,从设计阶段就能完全按照自己的个性化需求来定制产品,并且通过智能网络目睹整个设计、生产、安装、运输流程。他们直接与智能工厂全程无障碍沟通,跳过了电子商城这个中介平台。如此一来,互联网企业引以为傲的在线交易平台,就不再具备渠道优势。

随着物联网、服务网、大数据的发展,封闭性较强的传统制造业,将变得像互联网企业一样开放。换言之,工业3.0时代发展起来的互联网技术,既冲击了传统制造业,又为传统制造业升级到工业4.0基础带来了机遇。正因为如此,以制造业为龙头的实体经济,才能在第四次工业革命中焕发青春,冲破虚拟经济带来的乌云。

早在21世纪初,工业体系完善的发达国家就尝试着把信息化与工业化结合起来。这里面就包含了互联网经济的跨界思维与工业4.0的萌芽。但互联网技术与智能制造技术尚未积累到足以发生质变的程度,所以第四次工业革命直到最近几年才被发达国家正式提上日程。

相对于侧重营销的"互联网思维",工业4.0更多是围绕着工业生

开启工业4.0的新商业模式

产方式的升级而展开的。尽管侧重点不同,但两者有着共同的发展目标。

其一,打破传统行业与互联网行业之间的界限,实现多行业、多领域的跨界整合。

互联网思维体系中包括了跨界思维。简单来说,跨界思维就是互联网公司向其他行业扩张,不只是做网站、软件、智能终端,还直接经营农业、牧业、物流业、制造业等传统行业。而这些传统行业中的企业反过来学习互联网公司的电子商务模式,也属于跨界思维的一种形式。无论是哪种形式,跨界思维追求的都是打通整个产业链,让上下游行业与相关周边产业被纳入一个整体布局中,以便减少流通环节、优化资源配置,实现社会化协同生产。

而工业4.0战略的主题之一,就是把传统的集中式控制的生产模式转变为分散式增强型控制的生产模式,从而让企业的生产服务方式变得更加个性化与数字化。在这种具有高度灵活性的模式中,前三次工业革命形成的行业界限会逐渐消失。各种新的研究领域和协作方式将层出不穷,技术与创意的开发流程也会发生颠覆性的改变,所有的产业链分工都会重组。

其二,将虚拟世界与现实世界连接在一个智能网络中,为人类社会打造全套的智能化生活。

美国互联网巨头已经开始建设"智能家居"生态链。这个生态链跨越了存储、通信、智能灯、家电等众多领域,通过异业联合组建"智能家居"生态链。这个跨越全球的多行业联合研发行动,充分体现了互联网思维的开放性与共享性。在这个几乎没有秘密的时代,封闭不如开放,垄断不如共享。通过异业合作共同打造让用户尖叫的智能家居生活，才体现出互联网思维的精髓。

在工业4.0时代中，人们不但能享受到移动智能终端，还可以通过可穿戴智能设备完成许多科幻片里上演的动作。以大数据云服务与智能制造工艺为基础的智慧城市，衣食住行都将变得智能化。消费者还能享受到工业3.0时代没有的智能生产流程可视化体验，过足个性化消费的瘾。人们可以用智能化设备随心所欲地发挥自己的创意。

由此可见，互联网经济的下一个发展趋势是进行工业4.0升级，彻底融入智能化的科技洪流。尽管当前重营销轻制造的互联网思维让人们取得了很多耀眼的成就，可是如果不能认清即将降临的第四次工业革命，不能抓住智能生产这一核心领域，蓬蓬勃勃的互联网经济可能会再次沦为脆弱的虚拟经济泡沫。

开启工业4.0的新商业模式

第六章
工业4.0时代的人才机制

> "人"的角色在工业4.0革命中如何随之演进和改变,是一个被反复讨论的话题。人口红利消失,是中国正在面对以及未来无可回避的现实。强调个性的新一代年轻人成为了劳动力大军的主力,而企业雇用他们所需付出的成本节节攀升。这些因素加在一起,有可能促使企业更快地追求生产的自动化与智能化,利用机器把人从重复单一的劳动中完全解放出来。这并不简单等于"人"失业下岗,而是需要重新调整人在生产中的作用。

开启工业4.0的新商业模式

第六章
工业4.0时代的人才机制

工业4.0时代人的培养

随着人在生产制造中的角色和作用发生改变,工业4.0时代对优秀员工的评判标准也发生了变化:由于对产品和生产方式的要求越来越高,智能制造对员工专业水平的要求也越来越高;未来的工作岗位将更加注重技术专业性,熟练工种逐渐减少,能动性岗位越来越多。为了更好地拥抱工业4.0时代,企业需要储备和培养更多数据科学、软件开发、硬件工程、测试、运营及营销等方面的高端人才。

工业4.0时代,虽然人依然是企业的核心,但人的作用将发生极大的转变——员工从服务者、操作者转变为规划者、协调者、评估者、决策者。这对人的素质提出了更高的要求:拥有一项或多项专业技能,对日益增长的复杂性有一定的掌控能力。

然而,当德国企业界谈到迎接工业4.0时代所面临的挑战时,无论是传统制造型企业,还是信息、通信和技术企业,都把人才问题看作它们必须跨越的巨大鸿沟。这主要是因为,目前传统的大学教育体系中的学科设置和教学理念是基于20世纪70年代的工业需求制定的,过去40年所形成的学科专业不断细分的教育模式,在今天已经很难培养出能够驾驭复杂多变的综合性制造业体系的人才。工业4.0不仅对企业提出了挑战,而且对传统的教育体制亮出了变革警示灯。

开启工业4.0的新商业模式

就如同人类无法阻挡智能制造滚滚向前的脚步一样,教育体制的变革同样成了未来发展的必然趋势。但是,变革的方向在哪里?哪些手段才是最行之有效的?让我们先从"工业4.0需要培养新的人才库"这个问题谈起。

工业4.0需要什么样的人才 如前所述,未来在智能生产中,人的重要性将越来越凸显,即使是最先进的工业软件和最好的信息系统,如果没有人对其进行规划和控制,就无法发挥出应有的功效;企业只有凭借新型人才,才能研发出最好的产品,创造出最合适的生产机制;并且只有合格人才才能时刻以清醒的头脑和全局眼光,独立、迅速、正确地做出决定。以下是我们列举的在工业4.0时代,企业所需要的合格人才:

·交叉人才。这类人才对机械工程等传统工程学科以及信息、计算学科的知识融会贯通,从而成为"数字-机械"工程师,未来,企业对各种交叉人才的需求将大幅增加。

·数据科学家。他们是分析平台与算法、软件和网络安全的工程师,主要从事的工作包括统计、数据工程、模式识别与学习、先进计算、不确定性建模、数据管理以及可视化,等等。

·用户界面专家。在人机互动的工业设计领域,用户界面专家能够根据所需获得的产出目标,高效地整合最低投入所需的硬件和软件资源,或者最小化机器设备的不必要产出,从而达成目标的实现。

怎样培养工业4.0人才 工业4.0对人才培养所带来的挑战不仅仅停留在传统的教育体系层面,社会技术工厂、职业及学术培训乃至持续职业发展(continuing professional development,CPD)等都面临着新的挑战。这是因为,在工业4.0时代,工作和技术很有可能会向两个趋势

第六章
工业4.0时代的人才机制

转变：第一，以明确分工为特征的传统制造工艺将被嵌入到新的组织和运营结构中，配之以决策、协调、控制和支持等方面的服务功能；第二，组织、协调虚拟世界与真实世界的机器进行交互，或者设备控制系统与生产管理系统之间进行交互的工作将变得非常必要和重要。这也就意味着，如今只是在较小范围内执行的很多工作任务，未来将会作为构成范围更广的技术、组织和社会背景的一部分来加以执行，而这些都将得益于信息通信技术、制造业和自动化技术，以及软件的融合。

由此可见，工业4.0将极大地改变工人的工作和技能，因此，有必要通过促进学习、终身学习和以工作场所为基础的持续职业发展等计划，培养工业4.0时代的人才。当前，德国的联邦政府和州政府设立的研究所、大学都已经参与到工业4.0的技术开发、标准制订，以及人才培养体系等工作中，成为工业4.0战略实施过程中的一支重要力量。德国人工智能研究中心、国家科学与工程院（Acatech）等顶级研究机构已经展开了涉及工业4.0的一系列项目研究；弗劳恩霍夫应用研究促进协会在其所属的7个研究所内均引入了工业4.0的研发项目；凯泽斯劳滕大学、慕尼黑大学、达姆施塔德大学、美茵茨大学等学府也围绕信息物理系统、智能工厂、智能服务、系统生命周期管理（system life-cycle management，SysLM）等开展了一系列前瞻性的研发工作，另外也有部分大学参与到工业4.0平台（Platform-i4.0）工作体系中。与此同时，对于工业4.0人才的培养工作也正在如火如荼地开展，主要是从以下两方面着手实施的：

·实现跨学科交流与合作。随着软件和无线网络领域的飞速发展，人们发现在这些领域明显缺乏优秀的机械、电子和计算机工程师。工业4.0时代，对人才处理多学科合作的能力提出了越来越高的要求，因为智能制造中的各个环节必须进行跨学科合作，这需要不同学科之间相互理解对方的立场和方法，在战略、业务流程和系统上采用综合眼光分析问题，并提出解决方案。目前，有一些企业正通过交替性工作的方式来培养人才的跨学科技能。

·建立企业与高校之间的培训伙伴关系。未来，对应用程序需求的识别能力以及从世界各地招募开发伙伴的能力将会比纯粹的技术专长更为重要，并且，通过标准化的培训方案所培养的人才，将无法满足极其广泛的潜在应用程序的巨大需求。唯一有效的解决方案，就是在企业与高校之间建立起培训伙伴关系，开展诸如由工作实习和进修课程组成的短期基础培训项目，强调可转化技能的理工科学习，等等。校企间培训伙伴关系的建立，需要首先确定与工业4.0相关的学习内容，开发适当的教学和方法论。尤其是在一些极富创造性的商业领域，比如跨学科产品和过程的开发。通过促进学习和实施适当培训的方式组织工作，可以在制造业实现以人为本的理念，促使企业认真思考员工在教育、经验和技能集合上的差异，从而增强个人和企业双方的创新能力。此外，以促进学习的方式组织工作也是达成终身学习目标的关键。

毫无疑问，在迎接工业4.0时代到来的过程中，内部学习与外部学习、一般教育与职业教育的相对效力将会是人类进一步深入研究的重要课题。

工业4.0对人的改变

或许很多人认为,参与工业4.0的企业都是大企业,但德国人认为让中小企业参与到4.0战略中更为重要,在新一轮的技术革命和产业变革中一个都不能少,工业4.0要提供一个在技术和组织上适应中小企业需要的解决方案。为此,德国多个州政府不断完善创新集群政策和中小企业创新政策,围绕帮助中小企业全方位参与工业4.0,整合政府、协会、院所以及大企业资源,组织开展专题咨询、技术支持、平台建设、创业辅导、融资扶持、人才培训等全方位服务。

德国企业是工业4.0战略的真正主体,他们的积极性、主动性和创造性是工业4.0成败的关键。ABB、巴斯夫、宝马、博世、戴姆勒、英飞凌、SAP、西门子、蒂森克虏伯、通快、蔡司是德国工业4.0坚定的支持者、引领者和实践者。戴姆勒开始研究工业4.0语境下的智能汽车端到端系统架构,SAP根据工业4.0概念提出装备制造业整体解决方案"IdeatoPerformance",西门子提出智能工厂整体解决方案。工业4.0在很短的时间内引起很多企业的积极响应。前一阶段时间,德国三大协会做了个调查,结果表明,47%的公司已参加到工业4.0战略中,18%的公司正参与4.0战略的研究工作,12%的公司已把工业4.0战略付诸实践,工业4.0作为一种国家战略正嵌入到企业发展战略中。

开启工业4.0的新商业模式

让我们回顾一下工业4.0时代智能工厂的生产情形：自接到客户订单的那一刻起，工厂会立即根据订单自动向原材料供应商采购原材料；原材料被送到工厂后，会被标记上身份信息，并被送到相应的车间的某条生产线上。在生产过程中，原材料、生产设备、生产线以及各种相关管理系统还能进行"对话"与"交涉"……

位于巴伐利亚州东北小镇上的西门子安贝格电子设备制造厂（EWA）其貌不扬，只有三座外观简朴的厂房，却拥有欧洲最先进的数字化生产平台。为实现IT控制，使得产品与机器之间能够互通信息，EWA将整个生产过程进行了优化，生产效率因此大大提高：只有不到1/4的工作量（主要是数据检测和记录）需要人工处理；工厂每年能生产电子元件30亿个，平均每秒钟可生产出近100个产品，产能较数字化改造前提高了8倍；由于实现了对所有元件及工序进行实时监测和处理，EWA可做到24小时内为客户供货。

EWA蕴含了工业4.0可能带来的种种革命性变革，其中一点便是，智能生产是否会取代人工？要知道，除了一些产量特别小、单独配置自动化生产设备成本太高的情况外，EWA的整个生产线已经不需要人工的参与了。

在欧洲，已有不少预言家悲观地描绘了未来工业生产"灾难性"的场景：工厂空无一人、与世隔绝，人的工作被机器取代，失业率高涨；甚至有人宣称，"中产阶级"或将因此逐渐消失。但德国人工智能研究中心首席执行官沃尔夫冈·瓦尔斯特尔教授否认了这一观点："即使是在工业4.0时代，工厂里也不会空无一人。"他指出，新的工业系统虽然取消了很多需要"人"参与的生产环节，但是也会由此带来新的问题与创造空间——人在未来生产中所从事的工作内容将不同

第六章
工业4.0时代的人才机制

于现在，他们的体力劳动将减少，工作内容将集中于创新与决策的领域。

相比自动化生产，工业4.0对人类最大的贡献在于，运用于智能生产中的智能辅助系统可以把工人从单调、程序化的工作中解放出来，从而使人们能够将精力集中在创新和增值业务上。从长远来看，灵活的工作组织形式使工人们能够更好地整合自己的工作、生活和职业生涯发展，为工作和生活找到最佳平衡点。在未来，机器和人类会有新的分工，那时人们将行使创新与决策的权力，牢牢把握对机器的指挥。

当工人的工作逐渐被机器取代，未来智能工厂还需要训练有素的一线工人和工程师吗？对此，跨国人力资源咨询公司万宝盛华（Manpower Group）提出了自己的观点：越来越多的生产岗位正在要求工人对联网的机器进行编程和维护，并且在机器发生故障时，能够马上维修使之恢复正常。除了编程，新型灰领工人（gray collar worker）还要能解读复杂数据，与管理人员组成团队，协同工作。

事实上，智能工厂里受到影响的还不仅仅是生产线上的操作工人，在弗劳恩霍夫应用研究促进协会编写的《未来生产——工业4.0》研究论文中得出了以下结论："不管是生产线上的工人，还是以知识为主的员工，其工作内容都将发生变化。"这也就意味着，未来的劳动者必须具备不同于现在的工作技能。

德勤咨询公司（Deloitte）在一份名为《未来的制造业》的研究报告中称："雇佣高素质员工将成为未来公司实现成功和盈利的单一决定因素。"这并非夸大其词，在未来的智能工厂，传统蓝领（blue collar）的工作不再重要，员工的职责将从简单的执行层面转为更加复杂而重要的控制、操作和规划等多个层面。

此外，员工还将使用和处理许多全新的用户界面。现在，人们通常使用红、绿、黄三色指示灯来显示机器的工作状态；而未来，无处不在的传感器将在智能手机、平板电脑，甚至是智能眼镜上即时而详尽地展示与生产制造相关的各种画面和信息。因此，员工必须具备相应的技能以便能够理解、评估和使用这些信息。

随着工业机器人的普及，在越来越多的企业中，劳动者与管理者的界线将越来越模糊——如果仅仅是站在一旁观看他们的工作，很难分清谁是管理者，谁是生产线工人；谁负责生产，谁负责整座工厂的运营。因为德国金属行业工会管理委员会负责新技术发展趋势的康斯坦策·库尔茨也得出了类似的结论："今天，我们看到高层管理人员与生产线工人并肩工作，平等交谈。仅从服装来看，你根本无法分清谁是管理人员，谁是工人。这是社会和文化的全面变革，而不仅仅是技术方面的改变。"

工业4.0时代人的作用

众所周知，造船业是劳动力密集的行业。在这样的行业如何解放劳动力，具有重要的启示意义。有着80年历史积淀的沪东中华造船（集团）有限公司，不断地推进智能化生产。比如，造船所需的钢板大部分实现了自动化切割，90%的船身自动焊接完成，成品采用三维数字化精度检测。为了进一步进行智能化柔性生产，沪东造船厂还在上海长兴岛建立了智能化车间。在这里，船身被放到流水线上进行分段加工、切割，由机器人进行焊接工作，部分实现智能化制造。同时，车间还设置了数字化看板对机器人的生产过程进行远程监测。

然而，造船过程中工序繁多，无法全部用机器人代替。最终的船身合成、总装、调试、试航等工序都需要人以及过去多年积累的经验。比如液化天然气船的建造，对于安全性的要求极高，在不同部件的组装过程中难免出现焊接漏点。目前只能采取人工排查的方式，每找出一个漏点需花费1000个小时的工时。此外，建造液化天然气船最大的技术挑战之一，即是建设全封闭的货仓，须用到厚度仅有0.7毫米的殷瓦钢。长达30公里的殷瓦钢焊接已由自动焊接机器人完成，但是在仓顶或者转角等机器不能完成的位置，必须要持有全球最高焊工资格G证的顶级焊工才能完成。

而这样一位焊工的培训成本高达10万人民币。这些精密的劳动，还是需要人、尤其是经验丰富、技术熟练的人来完成。

对于船厂这样需要复杂人工智慧的劳动密集型行业，工业4.0带给他们的意义是最大限度地使用机器完成重复性劳动并进行监控，最大限度地减低人的风险性，降低人工成本，提高生产效率。工业4.0并非完全适用于所有的行业，而是要根据现有条件组合使用。中国和国际船舶领先企业的差距在于提升管理效率和生产效率，工业4.0也许只是出路之一。

德国联邦政府以最快的速度把一个来自民间的概念转化为国家产业战略，在工业4.0概念提出不久就将其纳入国家《高技术战略2020》，作为德国未来十大高技术项目之一。德国总理默克尔是工业

4.0战略的超级推销员,把工业4.0作为大国外交合作的重要议题。2013年德国政府将交通部改为交通和数字基础设施部,强化网络基础设施建设。同时,安排经济和能源部、德国教育和研究部全面负责工业4.0战略的实施,把工业4.0作为研发和产业化项目支持的优先领域。

德国和欧洲工业4.0制造装备业的一个重要基石是它们的隐形冠军企业。HAVE液压、maxon motor都是隐形冠军的代表,它们共同的特点是家族经营决策简单,百年老店,专注于一两个产品,成长为细分市场的全球冠军,比如maxon motor为美国宇航局火星探测仪制作的驱动电机,使用环境AT是-140~470摄氏度。

这些企业的负责人都以培养出优秀的技术工人为傲。例如,年满16岁的德国年轻人,可以选择两条路,一条是上大学,另一条是成为学徒。学徒一边读书,一边在企业实习,毕业以后就可以成为技术工人。他们不一定理论能力很强,但是实际操作水平很高,能满足德国的生产需求。欧洲的技术工人收入高,社会地位也高,通过学徒制成为技术工人是很多年轻人的梦想,也保证了欧洲的制造业能获得源源不断的技术人才,为欧洲的工业4.0奠定了坚实的人才基础。

同汽车其他关键零部件相比,汽车座椅是低附加值零部件,大多数企业都会把座椅生产的环节外包,但由于座椅和用户直接交互频度高,座椅好坏直接影响用户体验,稍有不好就会引起抱怨,所以BMW收回座椅外包,改为自制,便于掌握第一手的用户体验数据。

面对扑面而来的工业4.0和智能制造,整个制造业,尤其是中小民营企业在积极拥抱之后,普遍表现出一定程度的焦虑。蜂拥而至的热词:大数据、云、3D打印、VR、AI、工业物联网、仿真、智能工厂、机器人、自动化、信息-物理融合系统等。

第六章
工业4.0时代的人才机制

我们知道,在工业4.0时代,商业模式引领未来,而不是技术引领。什么样的商业模式决定如何使用技术,新技术只是用来创新的一种工具,不要惧怕。面对不确定的未来,不是适者生存,而是快行动和冒险,"天下武功,唯快不破"。

企业存在的价值就是为用户创造价值和提供解决方案,对于用户来说,螺钉是用人工装配,还是机器人装配的,就价值而言没有区别(前提是这个螺钉不是特种螺钉、必须使用机器人)。作为企业来说,不忘初心,不偏离自己的商业价值,主动拥抱工业4.0,设计好适合自己的智能化制造应用场景,熟练使用工业4.0的技术手段,持续为用户创造价值和提供最佳解决方案!

智能制造对人才提出了与过去截然不同的要求。这种要求,既有虚拟世界中的产品设计、规划,又包含了现实世界中的生产、物流。这种新型的生产模式不仅要求员工对日益增长的复杂性有一定的掌控能力,还要求员工具备认真负责的工作态度、灵活多变的领导能力以及协作精神。

可见,工业4.0时代并不是危言耸听的软件取代人的时代。以打造具有全球影响力的要素配置中心和科技创新中心为基本途径,不断提升上海产业的竞争力和领导力。在当今社会,生产要素不仅包括资本、劳动力和土地,信息、技术、人才也成为了不可或缺的资源要素。目前上海城市与产业发展的方向是打造四个中心,产业发展目标在于提升上海在货币资本和商品贸易中的影响力和竞争力。然而,随着新一轮工业革命和"工业4.0"的进一步发展,资本和贸易在产业发展中的地位和作用逐渐下降,信息、技术作为未来产业发展不可或缺的生产要素,越来越发挥着基础性和引领性作用。未来上海产业发展重点应从资本、商品的中心逐渐向信息、技术、人才中心过渡，掌控未来经济和产业发展的基础性要素，从而提升上海产业在全球产业体系的影响力和领导力。同时，科技创新能力是长期保持要素配置能力的决定性因素。打造科技创新中心，与要素配置中心协同发展，以信息、人才配置支持科技创新，以科技创新带动技术要素进一步集聚，共同形成上海未来产业体系的核心竞争力。

相反，人的主观能动性将在工业4.0的发展进程中起到不可取代的作用。例如，无论是硬件的提升还是软件的改进，其中起决定作用的始终是人；智能制造的关键——信息物理系统无法独立完成产品的设计、制造和生产，必须由人事先设定好优化准则，信息物理系统才能按照相应的准则在生产框架内确定生产内容并完成制造、检测和评估。

2008年6月，当印度塔塔汽车公司以23亿美元从福特汽车收购捷豹路虎时，很多人担心英国辉煌工业历史上另一标志会转移到亚洲，并且伴随转移的还有数千份高薪的工作。但随后捷豹路虎在英国的三个生产基地的情况快速好转。现在，捷豹路虎大力投资扩大生产，它在英国伍尔弗汉普顿（Wolerhampton）在建一家最先进的、投资8.4亿美元的新工厂。该工厂将用于生产高技术、低排放的新型发动机。捷豹路虎称已在2015年在英国索利哈尔（Solihull）的工厂新增1700个职位，该工厂生产采用新型先进铝结构的捷豹XE高级轿车。

其他全球汽车制造企业也利用英国作为西欧制造业成本最低的经济体的优势。据《金融时报》称，自2010年来多家汽车公司宣布在英国的投资达到100亿英镑（约合168亿美元），其中包括日产汽车、本田汽车和宝马集团的MINI系列汽车的扩产。英国汽车产量自2009年以

第六章
工业4.0时代的人才机制

来增长了大约50%。《金融时报》预测到2017年英国的汽车产量将再增长三分之一，达到200万辆。在英国制造的汽车超过80%出口，其中大部分出口到欧洲其他经济体。

由于英国过去10年工资的适度上涨基本上被生产率的提高抵消，根据波士顿咨询公司全球制造业成本竞争力指数，英国的直接生产成本结构相对其他领先西欧制造业出口国10%的提升。英国相比波兰和捷克共和国等东欧经济体以及中国等亚洲经济体的竞争优势也有所提升。

因此，从玩具火车到时装的各类制造企业都重新把生产工厂迁回英国。英国制造业咨询服务公司最近一项调查显示，英国中小制造企业有11%称过去12个月已经把国外的生产工厂迁回英国，有22%称将把工作转移到国外。

英国的优势不仅在于劳动力成本。英国的企业税率是欧洲最低的，并且从现在的28%降低到2015年前的20%，接近美国一半的水平。英国米德兰兹郡和牛津郡的汽车产业、英国布里斯托尔的航空产业、英国东伦敦和沃里克郡的高科技制造业形成了包括工程和零件供应商在内的英国强大的先进制造业生态系统。

但英国真正具有显著优势的方面是劳动力的灵活性。加拿大政策研究机构菲莎研究所给英国劳动力市场整体监管的评分是西欧和东欧所有经济体中最高的。灵活的劳动力市场使在英国的制造企业比其他欧洲经济体能够更快速地调整结构。当投资周期恢复增长时，灵活的劳动力市场还更能够吸引企业到英国建立工厂和创造就业。

开启工业4.0的新商业模式

工业4.0的人才保障

可以预见,在推进工业4.0的进程中,无数传统行业界线将被打破,产业链将被重新分工构建,由此迸发的生产力将是颠覆性的。而这种颠覆性背后的潜台词正是工业4.0时代对"人"的作用和影响——传统的生产工人是否会被机器人抢走"饭碗"?专业领域的技能专家是否会被信息化、综合化的智能工厂所取代?渐趋完善的企业人才培养模式是否将失去效用?这些都是我们拥抱工业4.0时代过程中不容回避的问题。

随着智能工厂的概念日益深入人心,面对日益严峻的市场压力,越来越多的中国企业已经开始实施"机器换人"项目。未来5~10年,"机器换人"的情况将有增无减,这是中国制造企业推进工业4.0的必然。机器能够换人,但不能完全代替人,即使是在无人工厂里,也离不开人对机器的操作。

随着工业机器人等智能化自动设备的增加,一些原本由人从事的重复性工作将转由智能机器完成,企业需要的是更多高端人才,比如数据科学、软件开发、硬件工程、测试、运营及营销等方面的专业人才。其中,数据科学家从事数据解读和分析,产品经理和软件开发人员负责设计和测试新的信息服务,硬件工程师负责开发产品,专业的

第六章
工业4.0时代的人才机制

营销人才则通过销售渠道将最新的产品及解决方案推向市场。同时，企业还要思考如何让员工与智能机器协作并发挥出最大效用。比如，让数据专业人才和非专业人才能轻松地理解和使用在企业中流动的数据；应用数字化技术来激励员工，提高员工的工作效率。

但目前，我国制造业从业人员的受教育程度和技能水平远不能满足向"数字化、网络化、智能化"升级转型的需要。"在机器人本体研发和集成领域，国内人才严重不足，本地培训也跟不上，企业只能依靠互相挖人。德国库卡公司的一位负责人说，他们在本地卖的机器人基本没人会用，公司要专门对企业进行培训，拿到库卡机器人培训合格证的技术工人，往往会被其他公司加薪两三千元挖走。"类似这样的报道，时常见诸媒体，充分暴露了中国制造业"设备易得、技工难求"以及高端技术人才缺失的尴尬局面。

我国制造业劳动技能指数仅居世界第59位，在我国7000多万技能劳动者中，高级技师和技师仅占1.5%，远低于发达国家（高级技师）35%的水平。据《高技能人才队伍建设中长期规划（2010~2020）》预测，2016年和2020年技能劳动者需求将分别比2009年增加近1900万人和3290万人（不含存量缺口930万人）；其中，高技能人才需求将分别增加约540万人和990万人（不含存量缺口440万人）。同时，我国制造业的一线产业工人大部分是没有受过技能教育和培训的外来务工人员，这对制造业转型升级的负面影响更为直接。因为一线产业工人最了解自己操作的机器，最有可能知道生产设备的不足并加以完善，也最有可能成为改善产品、机器和工艺的高技能型人才，然而受制于没有受过专业和技能训练，这无疑影响了他们潜力的挖掘和发挥。目前，我国制造业劳动生产率只有美国的4.38%、德国的5.56%——这些都与一线产业工人的素质大有关系。机器人上岗,最先被替代的将是这些一线工人。

对高端专业技术人才的迫切需要、高技能人才的缺失以及未经专业和技能训练的一线产业工人的大量存在,要求中国制造企业必须大力推进人才队伍转型。这种转型,需要国家、企业、社会及个人共同持续推动。

据教育部统计数据,2015年大学生毕业大军已达749万人,比"史上最难就业季"的2014年增加了22万人。毕业人数再创历史新高,就业形势更加严峻。大学生"就业难"及制造业企业"技能人才短缺"形成鲜明对比,凸显了大学教育症结所在:国内高校普遍强调"通才"教育,重理论,轻技能。如何尽快补齐技能人才缺乏短板,促进"中国制造"走向"中国智造"?对此,德国的经验值得我们虚心借鉴。

"德国制造"的秘密武器,依赖的是受过良好教育的技术力量,而正是其独特的双轨制职业教育体系,为德国制造业输送了源源不断的高素质工人,并且德国成功的企业家大多有工程技术背景。在德国,约70%的青少年在中学毕业后会接受双轨制职业教育,每周有三至四天在企业中接受实践教育,一到两天在职业学校进行专业理论学习,培训时间一般为两年到三年半。德国大学毕业生仅占同龄人的20%,将近80%的年轻人接受的是职业教育,并由此走上工作岗位。

事实上,认识到职业教育重要性的,不仅仅是德国。在美国的"再工业化"战略中,大力发展职业教育是其中重要的环节,因为美国意识到,"美国制造"之所以短期内未能卷土重来,根本原因就在于缺乏训练有素的产业工人。

第六章
工业4.0时代的人才机制

无论是拥有双轨制职业教育体系的"德国制造",还是正在复建职业教育的"美国制造",都告诉我们同一个道理:职业教育对一个国家的制造业非常重要。我国未来的职业教育改革与发展,应着力于以下两个方面:

·增强人才培养的产业适应性。以培养技能型人才为主要功能的高职教育和中职教育,由于专业设置、课程体系、培养模式与我国的产业发展脱轨,培养出的大多属于"半成品",与制造企业的岗位技能需求极不匹配。国家教育督导团发布的一份调查报告显示:五成企业认为中职与高职院校培养的学生专业技能与实际脱节;超过六成的企业认为学校实践教学与学生实用技能培养亟待改进。因此,如何使人才培养适应产业发展的需求将成为中国未来职教改革的主要方向。在这方面,依据工业4.0时代的工作流程及工作方式重构职业课程体系,是提升职教院校学员产业适应性的关键。

·实行校企合作。所谓校企合作,是一种以市场和社会需求为导向的学校运行机,是指职业学校主动与企业接轨,学校和企业双方共同参与人才的培养过程,利用学校和企业两种不同的教育环境和教育资源,将课堂教学与学生参加实际工作有机结合,以培养适合企业所需的应用型人才的办学模式。在德国的双轨制职业教育体系中,校企合作发挥了重要的作用,只是企合作过程中,要注意避免合作不深入、订单式培养目标分散等问题。

职业教育是提升制造业从业人员基本素质与技能水平,解决的是岗前教育问题;企业岗位培训则是让员工能够更好地成长与胜任岗位需求的关键。

归根究底,企业才是技能人才培训的第一主体,也是技能人才成长的基地。一些先知先觉的企业已经意识到,工人不能只靠招,人才更不能只靠抢和挖,只有构建自己的员工培训体系,规划员工的成长路线,才能在转型升级中赢得先机。因此,企业的岗位培训,既要重视技能培训,也要重视员工的心理需求,要让他们看到自己的成长空间和机会。真正想要有所作为的企业,会善待员工、呵护人才,靠培训使他们获得提升,给平台让他们成长。

在中国,工业4.0实训道场应该是最符合中国制造企业岗位培训需求的培训形式。道场源自日本丰田,是其人才育成的重要载体,也被波音(Boeing)、三星(Samsung)等世界500强企业广泛应用,被誉为企业人才育成的"摇篮"。道场训练是世界上最先进的人才技能培训模式之一,是训练和培养管理与技术人才的园地,也是高中基层管理者与操作者提升岗位技能的重要且有效的途径。

早在2005年,华制国际就开始接触并研究日本丰田道场这一人才培养方式,并在日本注册修建了"日本丰田道场研修学院"。跟随华制国际前往日本对标学习丰田的客户,都在丰田道场研修学院进行过培训及实操,实践表明,这一培训模式受到了中国企业的高度欢迎和认可。2012年,在经过深入研究后,华制国际决定将日本丰田道场的培训模式正式引进中国,并在上海宝山区修建了华制国际在中国的第一座道场。

经过几年的实践,华制对"道场"及"道场培训"有了更深刻的理解,构建了符合中国企业人才育成现实需求的道场培训模式,并形成了一个中心、四类道场、五种主要培训方式的华制道场特色。一个中心是指以实战人才培养为中心;四类道场包括概念道场(理论学习的场所,以课堂培训的方式开展)、实操道场(通过加工装配、布局调整、物流计划体验等实操体验，使学员轻松领悟工作流程的精髓与奥妙）、模拟道场（通过模拟演练，总结企业管理运营的标准）、文化道场（传播企业文化，塑造企业精神）；五种培训方式包括理论培训、道场实战演练、道场模拟演练、工厂参观交流、企业案例深度解析、学员自主发表。

2014年10月，华制国际的深圳道场盛大开业；同年11月，华制的中南道场落地长沙。与此同时，华制国际又正式推出了"工业4.0实训道场"。

工业4.0实训道场是华制原有道场的升级版，面向中国350万制造业企业与5600万制造业工人及高级管理者，针对中国制造企业实施工业4.0的现实，提供"线上教育+线下道场训练"相结合的O2O培训产品及服务。在线下，华制国际将在全国建立1个总部级工业4.0实训道场，36个全国连锁工业4.0实训道场，3~5年内为国内大中型企业筹建5000个企业工业4.0实训道场；在线上，以云模式提供在线学习系统，支持多屏幕学习，做到知识内容标准化、学员考核标准化、道场运营标准化，并构建人才能力数据库，帮助企业选人用人。

在迈向工业4.0的道路上，人才软实力和智能设备硬实力同样重要，但实现起来更加困难。无论多难，国家、社会与企业都必须重视起来、行动起来，这是中国企业转型升级的需要，也是中国制造转型升级的需要。

开启工业4.0的新商业模式

人、机器和信息能够互相连接，融为一体

美国资深媒体人凯文·凯利在《失控：机器、社会与经济的新生物学》（2010年11月出版）一书中，对几年后的世界做出了大胆的预言。云计算、物联网、敏捷开发等与第四次工业革命相关的内容，也在该书中不断"涌现"。

他有一个有趣的观点——大量遵循简单规则行动的个体之间的交互，会使得整体演变出极为复杂的状态。而这种整体上的复杂程度，是任何个体都不具备的。举个例子，大量简单的神经元可以构成功能复杂的大脑，但大脑的复杂程度是任何一个神经元都无法比拟的。

工业4.0中"智能工厂"与凯文·凯利的论断不谋而合。分散的各个智能化生产设备，被数据交互系统连接起来后，就构成了高度智能化的有机体——智能工厂。而在不久的将来，人、机器、信息不再是相互孤立的，而是被连接成一个功能复杂的智能化整体。智能工厂就是连接三者的最主要平台。

西门子公司认为，智能化工厂是以机器人自动化为基础的。若要实现这点，数控系统必须操作简便、功能全面，把生产设备与工厂融合起来，并且能高效地完成各种数据的收集及分析工作。只有这

样，才能实现机器人与生产线之间的无缝集成，让生产线变得更加智能化。而智能工厂通过数据交换来实现信息、机器、人之间的沟通。例如上海工博会展出的智能流水生产线，用户只需要根据功能键输入"需要一支红色圆珠笔"的信息，之后的生产与物流便根据这一要求，由不同的智能机器人自动完成了。

在过去，机器人大多是按照人的操纵指令来行动，只能自动化处理简单任务。机器人与机器人之间也只能按照预先设置好的程序进行配合，而无法自主判断消费者的要求。换言之，机器与机器之间无法有效交流。而在工业4.0阶段，智能机器人不但可以识别人们给出的需求信息，还可以与流水生产线上的其他机器人进行数据交换，迅速改变整条生产线的设置。因此，可以说，把人、机器、信息融合为一体，才是真正意义上的智能化生产。

从这个意义上说，工业4.0是一个人性化科技大行其道的时代。

随着大数据技术的广泛运用，企业可以准确地从海量数据分析出每个消费者的需求与偏好，并在此基础上制造出个性化产品。最符合消费者需求的个性化定制模式，将成为企业的主要发展方向。为了适应个性化生产的要求，互联网企业把"去中心化"视为"Web2.0"时代的核心。而制造业也将颠覆传统的"集中式控制"的组织形式，推广更加灵活的"分散式增强型控制"的组织形式。简言之，就是"分散化"。

生产"分散化"与人、机器、信息的"一体化"，堪称智能化生产的一体两面。

"一体化"是为了让企业贯通整个产业链。特别是让消费者（人）与机器设备能通过信息交互实现全程无缝对接，彻底打破企业与消费者之间的沟通障碍。假如不能做到无缝对接，企业就无法有效管理"分散化"的生产组织。正如前面提到的跨国公司生产经理，必须依托连接人、机器、信息的智能网络来实现同步监测分散在全球各地的工厂。

传统的集中式组织便于应对大规模标准化生产任务。但未来的市场将以个性化消费为主，这就要求智能工厂能够大批量、多种类地生产个性化产品。与此同时，工业4.0时代的市场变化将更加难以预料。企业的各个生产单位必须提高反应速度。

"分散化"的生产组织，可以让各种各样的智能生产设备快速应对自己的目标市场变化，还能在必要的时候化零为整、协作生产。这是未来市场的大规模个性化消费需求反映到生产端的产物。

这种分散式生产组织会比集中式生产组织产生更庞大的数据流。假如工厂的生产设备不能实现全面智能化，人、机器、信息三要素依然处于割裂状态，那么企业就无法实现智能生产与智能管理。

智能技术与生产组织形式的变革，必然会引发制造业企业商业模式的革命性创新。

制造业企业的传统商业模式，可以称之为"一生一次"模式。长期以来，大部分制造业企业都没能与最终用户直接联系，而是通过其他企业下的订单来生产。假如接不到同样的企业订单，制造业企业与最终用户之间的联系就断了。所以，传统的商业模式并不立足于长期维系同一群用户，而是只盯着订单上的名字做"一生一次"的研发和生产。

制造业虽处于整条产业链的上游，但大部分利润被做营销的渠道商赚得。渠道商的优势就在于直接对接最终用户，掌握了最终用户的需求与各种消费数据。

凭借对信息的垄断，渠道商成为连通制造业与最终用户的桥梁。这使得制造业企业对市场动态的了解始终比渠道商慢一步，处于受制于人的被动局面。故而，掌握渠道的虚拟经济比以制造业为主体的实体经济更容易快速积累财富。发达国家过去的"去工业化"浪潮也是在这个背景下产生的。

历史反复证明，实体经济的不景气最终会导致虚拟经济的泡沫化。但互联网经济的迅猛扩张，并没有为实体经济带来真正的转机，反而进一步拉大了虚拟经济与实体经济之间的差距。互联网公司频频跨界整合产业链上下游，但主要是围绕流通领域而展开的升级，并没有给制造业带来太多实质性变化。直到工业4.0概念的问世，制造业企业才开始迎来了自己的春天。

工业4.0最直接的意义在于，制造业不仅通过智能制造完成了技术领域的自我升级，还能通过智能化的物联网直接与最终用户进行无缝对接。人、机器、信息都被纳入制造业企业的"工业互联网"当中。

未来的制造业企业将获得更多的市场主导权，不再受制于渠道商。它们完全可以通过与智能工厂联网的客户关系管理系统与智能数据分析系统，建立最终用户的大数据库，实现设计、制造、服务的一体化。这样一来，制造业企业就能与无数最终用户建立终身联系，从传统的"一生一次"模式转变为"一生一世"的新型商业模式。大家都成为"工业互联网"中紧密相连且不可分割的重要组成部分。

全球最大的技术服务与管理咨询公司埃森哲，为人们勾勒了一个通过数字扫描和数据分析技术连通人、机器、信息的未来商业模式。

一位消费者在等待地铁时偶然看到了墙上的海报，海报上画有

开启工业4.0的新商业模式

某生产商推出的多种个性化定制的生活用品。那位消费者拿出智能手机，扫描了其中五款产品，并要求当晚送货上门。这家生产商立即从目标客户综合数据库中分析出该消费者的详细情况和消费习惯，马上开动智能生产线进行加工，并自动配送上门。

这种将虚拟世界与现实世界完全融为一体的商业模式，无疑能给消费者带来极致的用户体验。而让用户体验更上一层楼，恰恰是互联网经济的内在要求。假如不能做到这点，企业将会被不断产生颠覆性创新的市场所淘汰。

但是，当前的互联网经济尚不能达到这种水准：一方面，智能制造技术方兴未艾，还没成为企业普遍运用的生产工具；另一方面，若想看到上述场景，需要满足以下几个条件。

首先，生产商能迅速辨识下单消费者的身份，从大数据中心调出相关信息。

其次，生产商了解消费者所在的地理位置或环境，否则就无法进行自动化配送。

最后，生产商理解消费者的个性化需求，必要时还得了解其身边相关人士的观点。

如果生产商无法做到以上三点，就谈不上与最终用户构建无缝对接关系，智能工厂的技术创新优势也就无从发挥。说到底，这还是要求制造业企业能通过工业4.0将人、机器、信息连接为一个整体。只有这样，消费者才能享受到用智能手机扫描一下就能坐等个性化定制产品上门的智能化生活。

第七章
工业4.0时代的经济产业机制

> 任何事物的发展都需要一个过程，也就是从认识到实践，然后总结经验和教训，从而做出突破的过程，而且这个过程具备一定的规律性。所以针对工业4.0我们必须保持良好的心态，不急不躁，遵循新常态的规律。在这种规律的引导下，我们要按照规律进行各方面的生产和制造，做到稳中求进。这并不是不求进，让自己处于平庸状态。稳中求进的"稳"就是站稳脚跟，打下坚实基础，力求实现既定目标，促进制造业的快速发展。

开启工业4.0的新商业模式

第七章
工业4.0时代的经济产业机制

布局工业4.0的产业机制

2008年国际金融危机后,新一代信息技术的突破、扩散与工业融合发展,引发了国际社会对第三次工业革命、能源互联网、工业互联网、数字化制造等一系列发展理念和发展模式的广泛讨论与思考。美国、欧盟、日本、韩国等纷纷制定了一系列规划和行动计划,实施制造业回归战略。这既体现了发达国家对制造业传统发展理念的深刻反思,也反映了其抢占新一轮国际制高点的意图和决心。德国作为全球制造业强国,在新一轮技术变革中能不能找到工业发展方向并引领全球工业发展,是德国各界广泛关注的问题。

德国各界对有些产业发展的不尽如人意表现出了忧虑,但对德国传统优势产业的竞争力还是表现出强烈的自信,认为德国工业经济发展面临许多机遇。

1.市场机遇

基于新一代智能装备的生产组织方式将广泛普及,从普及单机智能化到普及智能生产线、智能车间、智能工厂,其背后是庞大的、快速成长的智能装备市场。德国各界一直在探讨以什么样的方式抓住快速成长的市场。

2.技术机遇

智能制造不仅需要单项技术突破,也需要各种技术综合集成,而

开启工业4.0的新商业模式

这正是德国的优势所在。面对全球新一代信息技术与制造技术融合的趋势,德国迎来了巩固和强化技术优势的机遇。具体来说有以下几个优势。一是工业软件优势。工业软件是智能装备的核心和基础,德国企业资源管理、制造执行系统、产品生命周期管理、可编程控制器等核心工业软件在全球都处于领导地位。二是工业电子优势。集成了传感、计算、通信的工业电子技术是智能装备的核心,这也是德国工业的优势领域所在,一批德国企业在汽车电子技术、机械电子技术、医疗电子技术等领域引领全球发展。三是制造技术优势。在基础材料、基础工艺、基础装备、基础元器件核心技术领域德国工业在全球一直处于领先地位,机械出口占全球16%,居全球首位,其在创新性制造技术领域的研究、开发和生产,以及复杂工业过程管理领先性无人能比。传统制造技术与工业软件、工业电子技术的结合,为德国抢占智能装备竞争制高点带来了难得的机遇。

3.产业机遇

装备制造业是德国最具优势的产业,面对全球智能制造带来的机遇,德国各界的共识是要把握信息通信技术与装备制造业融合的趋势,瞄准全球快速成长的智能工厂装备市场,确保德国企业成为全球智能制造产业"领先的供应商"。对于德国而言,这个市场是潜在的,也是现实的,没有哪个国家比德国更有条件和优势发展智能制造。德国相关协会的调查表明,60%的德国机械设备制造商确信他们的技术和产品竞争优势在未来五年会得到提高。正如德国总理默克尔所说,欧洲、德国失去了互联网的机遇,但不能失去物联网的机遇,物联网应用的主战场是工业领域,德国不仅可以,而且能够在物联网的技术变革中抓住机遇引领潮流。

第七章
工业4.0时代的经济产业机制

与德国的工业4.0相比,虽然其他国家没有采用这一用语,但它们已经将降低生产成本、提高生产效率和加快创新周期当作终极目标。

美国:由GE公司牵头的"工业互联网"变革如火如荼,为美国在"制造业回流"方面做出了重要贡献。

与工业4.0的概念和目标相似,它也是想实现人、数据和机器之间的相互连接,形成超级开放的工业网络。但相比于德国的工业4.0,美国的"工业互联网"更加注重信息技术、网络、大数据等方面所进行的服务创新与变革。

日本致力于生产线方面的变革,大多数企业纷纷采用"小生产线"——它们通过采取新技术减少生产流程中冗杂的工序,将生产线缩短将近一半。还通过改变车身结构将焊接生产线变得更为便捷。本田公司就是通过这种方法,建成了世界生产流程最短的高端生产线。佳能公司也是通过这种方式,实现了无人工厂的预期目标,从而将企业在成本竞争力方面提升到国际领先水平。

反观我国,随着工业4.0的深入发展,人口红利方面的优势逐渐减少直至消失,劳动力供给减少使人工成本大大提升,这就为我国制造业的发展带来了巨大制约。据相关数据显示,中国沿海地区的人工成本已经与美国本土持平。

客观上说,任何国家都应积极备战工业4.0,而我国想要保持制造大国的地位,甚至向制造强国转变,就必须在工业4.0时代做出正确的选择和布局。

工业4.0时代,各国知名企业纷纷在全球范围内展开布局,而西门子公司却赢在了起跑线上。

德国安贝格市的西门子电子工厂就是一个很好的例子。它负责生产西门子工控机。该工厂的生产流程基本上已经实现了智能化，其通过采用西门子IT平台来提高生产效率及操作灵活性。在该平台中，生产管理者可以在极短的时间内修改生产工序。依托强大的IT平台操作系统，通过数据传输设备和射频识别芯片，每天可以进行大量的产品测算。通过将产品数据加载到IT平台操作系统，可以保证传输数据与设备得出的数据是一致的。智能工厂的控制系统便可以通过这种方式全面掌握所有产品。比如，某件产品在生产过程中的所有状态、最终检验通过与否等详细信息。如果某件产品没有通过最终检验，控制系统就会自动连接相关部门，将详细的数据分析呈现给技术人员。所以，该工厂在西门子集团的全部工厂中，出现的误差最小。其误差之低达到了令人匪夷所思的程度——目前的合格率是99.9985%。

针对于工业4.0，西门子还赢在了理解程度上。它们认为，工业4.0存在三个要素：第一是企业与企业之间在生产网络的融合方面，制造执行系统必然可以起到十分重要的作用，自动化与制造执行系统之间的对接必然变得紧密无缝，还可以实现企业与企业之间的柔性生产；第二是虚拟与现实生产相互结合，就是生产流程中的虚拟化世界与现实世界有效融合在一起，以提高生产效率、缩短产品上市时间、满足客户个性化需求等；第三是CPS（信息物理融合系统）。而在西门子的"智能工厂"中，产品零部件自身就拥有产品信息，此时产品就可以通过自身信息中的要求，自行与生产设备进行交流，并下达生产指令，让生产设备将自己生产出来，以满足客户的个性化需求。2013年9月，西门子在我国成都市建立了自动化生产和研发基地，并开始投入运营。这家工厂在生产数字化、自动化方面具有很大的优势，然后确立绿色化、虚拟化的生产原则，使工厂的生产流程与现代化生产模式

第七章
工业4.0时代的经济产业机制

相适应,并采用了数字化制造解决方案。

如今,全球工业都需要进行转型,以适应工业4.0提出的各种要求,并满足数字化制造的要求。

西门子公司很早之前就在为工业4.0的到来积极准备,其为中国客户提供的解决方案就是它们研究出的成果。而西门子研发出的数字化企业平台,可以在制造业的智能化、自动化、信息化过程中发挥重要作用。西门子公司已经研制出最先进的生产控制系统,还研发出监测生产过程的软件及配套的硬件,在工业4.0变革中快步前进。

而作为工业化强国的日本,在工业4.0时代也做出了自己的积极部署。众所周知,日本老龄化问题越来越严重,该国政府在制定相关政策时充分考虑到了这一点。日本将人工智能技术放在发展制造技术的重要位置,并对发展人工智能技术的企业给予很多优惠政策,让日本的人工智能技术取得了很大进步。

在亚洲,日本政府也十分重视高端制造业的发展,大规模编制技术战略图。

首先,加大企业开发3D打印机等尖端技术的财政投入。2014年,经济产业省继续把3D打印机列为优先政策扶持对象,当年投资了45亿日元,实施名为"以3D造型技术为核心的产品制造革命"的大规模研究开发项目,以开发世界最高水平的金属粉末造型用3D打印机。

其次,快速更新制造技术,提高产品制造竞争力。近年来,日本制造业出现了三个新现象:一是采用"小生产线"的企业增多。本田公司(Honda)采取新技术减少了喷漆次数及热处理工序等,从而把生产线缩短了40%,并通过改变车身结构设计把焊接生产线工序由18道减少为9道,建成了世界最短的高端车型生产线。二是采用小型设备的企业增多。日本电装公司（Denso）通过改革铝压铸件的生产设备和工艺，使得铸造线生产成本降低30%，设备面积减少80%，能源消费量降低50%。三是扩大了机器人、无人搬运机、无人工厂等的适用范围，从而突破成本瓶颈。佳能公司（Canon）由细胞式生产方式（Cell Production，即自律分散型生产方式）发展到机械细胞方式（基于细胞式生产方式思想的机械化），进而建起了世界首个数码照相机无人工厂，大幅度地提高了成本竞争力。

此外，作为全球最早进入老龄化的国家，日本潜心研究人工智能产业，并将其首先应用于工业化生产线。早在20世纪90年代，日本就已经普及了第一类和第二类工业机器人，如今在发展第三、第四类工业机器人的道路上也取得了举世瞩目的成就。日本希望借助在人工智能产业的高投入，解决劳动力断层问题，降低高昂的劳动成本并支持未来的工业智能化。

日式工业4.0有着自己的特色，它将主要精力放在了人工智能产业方面，企图通过这种方式解决劳动力断层问题，并在智能化发展中做出一些成绩。它首先将人工智能化运用在制造业生产线上。

由于政策优惠条件，日本采用人工智能技术进行生产的企业逐渐增多。相关专家指出，日本早在20世纪90年代就已经运用工业机器人，而今已在工业机器人领域取得了众多领先世界的成果。日本希望可以通过人工智能机器人解决劳动力断层问题，降低劳动成本。

另外，日本大多数企业都开始使用小型智能设备。日本著名汽车零部件生产企业日本电装公司已经在这方面进行改革，他们通过对生产设备、生产工艺进行彻底改革，使生产时间缩短30%，设备成本降低80%，能源消耗降低50%。由于成本降低，同时汽车销量上升，因此

第七章
工业4.0时代的经济产业机制

在全球汽车零部件制造商排名中,日本电装公司一直居于前列。

不同于西方发达国家对信息产业的重视,日本始终紧抓本国制造产业的发展。日本在起初振兴机械工业时,就制定了《机械工业振兴法》,后来还根据本国实际情况对此项法规屡做改动。20世纪七八十年代,欧美等国都将制造业当作"夕阳产业"来对待,纷纷将精力投入高技术领域和军工领域,而日本却把主要精力放在制造业,投入大量经费研发先进制造技术,从而实现了后来居上,赶上并超越了美国在制造业中的地位。

进入21世纪,日本依然将制造业放在国家战略的首要位置,并清醒地认识到,要想在互联网领域有一番作为,就必须先发展制造业,大力发展信息技术的同时保证制造技术的同步发展。日本的科研机构就做出过相关报告,指出制造业是日本工业的重中之重,关乎日本经济的成败,没有制造业其他产业也将不复存在。日本政府认为,即使不经历工业4.0时代,制造业也必须进行加强,并促进它积极发展。

近年来,无论是日本政府还是企业都加强了对高端科技的投入,企图与欧美角逐高端科技的制高点。从日本政府对行业整体的布局来看,日本企图通过布局在工业4.0变革中占据更多先机。

而中国也在积极布局工业4.0,但有些急功近利,这样迟早会出问题,因此必须保证在工业4.0的布局中做到稳中求进。只有打好基础,才能站得稳,我们要想在工业4.0变革中获得更多利益,就必须脚踏实地地真抓实干。

近来,工业4.0概念引起了各国政府和众多企业的关注。随着这一概念的热传,好像我们也必须立刻找到进入工业4.0时代的入口。其实,这是制造业发展的一个阶段,不是轻而易举、一蹴而就的。因

开启工业4.0的新商业模式

此,我们必须多观察,认清工业4.0的本质,做到稳中求进,真抓实干,否则,只能是竹篮打水。

我国纺织工业已经率先做出突破,进入智能化时代。这是既看得见也摸得着的重大变革,并且可以直接实现经济效益。

就国内制造业的情况来看,很久以前,制造业就已经在先进制造技术的研究和使用上做出变革。很多企业虽然已选择使用先进制造技术优化生产流程,但从智能化的广度和深度来说,大多数企业依然处于半机械半手工状态。很多企业往往因市场压力,为了智能化而智能化,并不是将智能化转变成管理理念,从根本上解决问题。因此,经常会出现"治病治一半"、"病情"反复发作的情况,最后往往是"病"越"治"越严重。因此,中国制造业必须从本质上做出改变,切忌盲目跟风,必须实事求是,一切从实际出发,稳扎稳打,做出些成绩来。

这里还有一点是必须强调的,在将目标变为现实的过程中,必须将"人"与"物"的价值体现出来。任何生产工序包括信息的采集与合成,再到下达操作指令,都必须通过"人"来实现,而对机器下达指令的设备和仪器也都依靠"人"来完成制造设计过程。说到底,占据第一位的还是"人"。而"物"也一样重要。此"物"指的是实践对象,只有通过"物"才能完成实践,得到结果。这也是"有的放矢"的"的",只有这样才能逐步提升制造业的技术水平。

制造业的前景十分广阔,除了稳扎稳打,还必须做到循序渐进地进行工业4.0变革,只有保持"稳中求进"的发展态度,我们才能在工业4.0的变革中取得重大突破和飞跃发展。

工业4.0时代,中国制造业开始向高端技术领域转型升级。2015年

第七章
工业4.0时代的经济产业机制

制造业整个产业链上的任何环节都有发展机遇，而重点就在于企业自身掌握的智能化制造技术。

改革开放以来，中国之所以可以一直保持较高GDP，是因为制造业方面的带动，而制造业的快速发展在于我国的人口红利，而目前这方面的优势已经消耗殆尽——劳动成本逐渐升高，沿海发达城市逐渐出现"用工荒"现象，中国制造业向高端制造技术转型升级已经迫在眉睫。

在制造业生产流程中，智能机器人可以代替工人完成诸多危险工作。虽然中国也可以研发机器人，但是高端的机器人制造技术依然掌握在外国人手中。如今全球基本已经实现了互联互通，所以我们也能轻而易举地从国外收购先进的制造技术。国外的制造技术收购价格要远远低于国内，因为国内拥有机器人概念的公司大部分市值都非常高。

在向高端制造业升级中，中国制造业最大的优势就是拥有全球规模最大、最完整的工业产业链，并且具备十分完整的生产链，从产品设计、生产加工到销售等环节都具备成熟的供应能力。同时，制造业升级的过程中，还需要大量高水平的工程师来操作智能机器人，而只有中国可以提供如此多的高端人才。这使得中国在制造业转型升级的过程中占尽优势。因此，我国制造业布局工业4.0一定要稳中求进，扎扎实实，只有这样才能做出一番成绩。

开启工业4.0的新商业模式

发达经济体的产业革命

德国与欧盟提出了"工业4.0",美国提出了"工业互联网",日本提出了"工业智能化"。第四次工业革命的风暴由几大工业强国共同发起,正在以惊人的速度席卷全球。许多传统行业和低端产业,将因缺乏科技含量而被工业4.0淘汰出局。假如发展中国家不能迎头赶上这股浪潮,将会进一步拉大与发达国家之间的差距。而发达经济体如果不能抓住第四次工业革命的机遇,可能会被竞争对手远远甩在身后。

为了在竞争中赢得先机,德国提出了以工业4.0为重头戏的《高技术战略2020》。互联网经济相对薄弱的欧洲,也积极部署工业复兴战略,促使整个欧盟重新崛起。美国试图以发展先进制造业与技术创新体系建设来摆脱传统制造业的衰弱,以求扩大自己在互联网经济与工业领域的领先优势。日本也立足国情,发展出一条具有本土特色的工业智能化道路。

欧、美、日等发达国家在努力抢占高科技制高点的过程中,将率先遭遇第四次工业革命带来的冲击。优胜劣汰也是发达国家组建"产业物联网"或"工业互联网"的必由之路。但是作为先行者,他们将比其他国家更早地把握住这次工业革命带来的发展良机。

第七章
工业4.0时代的经济产业机制

1. 从德国开始，新革命将席卷全世界

自从2008年全球金融海啸爆发以来，欧盟各国都陷入经济不景气的窘境，唯有德国一枝独秀。就在发达国家纷纷转移制造业大力投资虚拟经济时，德国依然坚持抵制"去工业化"的潮流，巩固本国的实体经济。发达的制造业与科研能力是支持德国走向辉煌的根本。

然而，席卷全球的互联网经济，让忧患意识强烈的德国意识到了危机。美国的互联网巨头们已经不满足于在虚拟经济领域称王，而将触角延伸到其他产业，不断收购具有技术创新能力的高科技公司与制造业企业。这种跨界整合战略，将使美国的虚拟经济与实体经济融为一体，释放更强大的发展后劲。

德国政府与企业家协会认为，假如德国制造业不能及时发起新工业革命，谷歌、微软、苹果等美国互联网巨头迟早会进化为工业制造领域的新巨头。德国不仅在互联网经济上滞后于世界强国，还将失去引以为傲的工业科技优势。

为了迎接新形势的挑战，德国政府与学术界、产业界共同制定了工业4.0战略，试图立足于传统的制造业优势，发动一次全新的科技革命。德国人想通过工业3.0体系升级为工业4.0体系，把虚拟世界与现实世界融合成一个崭新的智能化世界。可以说，第四次工业革命的星星之火最先被德国点燃，并且正在以极快的速度席卷包括中国在内的整个世界。

根据"工业4.0小组"的提议，德国政府把工业4.0列入《高技术战略2020》大纲的十大未来发展项目之一，并已经投入多达2亿欧元的经费。德国工程院、弗劳恩霍夫协会及众多学术界与产业界单位，都纷纷响应第四次工业革命的潮流。德国工业界领袖西门子公司也在研发

智能生产控制系统及软件时,贯彻工业4.0的指导思想。

西门子的专家认为,工业4.0是一种将虚拟生产与现实生产结合到一起的新型生产方式。在大数据计算、智能控制与物联网的基础上,人、机器、信息被整合为一体。工业4.0将为制造业带来更高的生产效率与更灵活性的生产形式。

按照现有工业能力,推出一款新型汽车至少要花费8年。上千名设计师和工程师用3年设计出图纸,车间用1年制造生产模具,企业花费4年时间建设新的生产工厂。由此可见,传统生产制造模式不仅研发制造周期漫长,而且消耗的人力、物力、资金非常多。

那工业4.0时代的工厂呢?根据西门子的展望:工业4.0时代的智能工厂可以通过大数据分析与智能生产线进行柔性制造,完成大批量多种类的个性化生产任务。消费者当月定制的个性化产品,下个月就能研制并生产出来。生产效率提高了好几倍,而且个性化定制产品那原本居高不下的成本也因此大幅度下降。

之所以出现如此大的差距,是因为工业4.0时代的生产制造流程不同于之前任何时代。

传统的生产制造流程是这样的:研发部门设计出产品图纸后,生产部门根据图纸做出样品;然后研发部门根据样品的情况修改设计,再交给生产部门进行生产……当图纸修改完毕、产品通过测试后,才能投产上市。

而在工业4.0时代,产品的设计研发与制造不再是两个部门协作,而是被同一个大数据平台控制。这使得产品的设计研发与制造几乎能同步进行,省略了纸质的图纸与订单。生产流程的革命性变化,彻底改变了工业生产的节奏,同时优化了企业的运营管理。

第七章
工业4.0时代的经济产业机制

目前的许多传统B2B电子商务平台,虽然也采用个性化定制模式,但仍然是以营销传播为主,而不是深入开发新技术。这在第四次工业革命到来时,将会逐渐丧失竞争力。

为此,不少制造业企业凭借自己在工业领域的技术优势,将互联网技术与正在崛起的智能制造技术相结合,深度挖掘整个产品生命周期的相关数据,从而为消费者与业务伙伴提供更专业的个性化服务。

西门子对未来工厂的畅想是德国工业4.0战略的一个缩影。按照德国人的构想,未来的人们将生活在一个"智能、网络化的世界"中。物联网和服务互联网会全面渗透到世界每一个角落,传统的行业差异将变得越来越模糊,产业价值链分工将会重新洗牌,而人们的创新能力也将得到空前舒展,各种各样的新兴领域和合作形式亦会应运而生。

按照德国人的预言,工业4.0不仅仅是科学技术的革命,也是商业模式的革命。工业4.0时代的企业,将演化出全新的生产组织形态与商业模式,并用不同以往的合作模式与合作伙伴、用户进行全程无缝协同。

新型商业模式将具备三个特征:虚拟生产与现实生产一体化的"网络化制造";与智能工厂接轨的"自我组织适应性强的物流";用户可以全程参与生产的"集成客户的制造工程"。

新型商业模式的诞生不仅会影响单个公司的发展,还会推动整个商业网络与产业价值链的重新组合。这就意味着每一个企业,特别是努力打造工业4.0制造业企业,必须认真研究新商业模式带来的融资、安全性、风险、知识产权等一系列问题。其中组织形态的改革已经成为工业4.0企业迫在眉睫的任务。

开启工业4.0的新商业模式

例如,西门子的新任全球CEO凯飒先生就从2014年10月1日起,在公司掀起了一场组织变革风暴。西门子取消了"业务领域"层级,把目前的16个业务集团精简为9个,让公司体制重归扁平化组织形态。而人力资源与企业传播等职能部门,也将在日后被精简。此举不仅加快了西门子的决策速度,还能为公司每年省出大约10亿欧元的开支。

凯飒认为,未来的产业价值链已经有了进一步变化,为了更好地满足客户需求,公司必须改变过去的做法。这次组织结构改革,就是为了适应未来商业模式而进行的。

在这场席卷全球的新工业革命中,德国人不只是将目光集中在智能工厂与智能制造环节,还提出了"智慧数据"行动。

"智慧数据"就是前面提到的工业大数据。德国《高技术战略2020》大纲的十大未来发展项目中,就包含了大数据这个领域。以大数据促进工业4.0发展,也是德国业界的重点研究项目。在德国人看来,"智慧数据"行动依然面临着不小的挑战。

首先,中小企业很难负担起工业大数据的技术与成本,这将影响它们向工业4.0转变。

全球互联网巨头与大型制造业企业,已经开始广泛挖掘大数据的经济潜力。德国虽然有不少世界500强的工业领军企业,但其经济结构以中小企业为主体。在德国政府的工业4.0战略中,中小企业及初创企业都应该充分运用大数据技术来推动工业智能化转型。但中小企业的技术能力与经济实力有限,很难负担得起昂贵的云计算系统。这就需要业界尽快开发出实操性强且成本低廉的大数据工具。

其次,新型商业模式的可操作性还有待提高。

尽管以个性化生产为核心的新型商业模式振奋人心,但就目前

第七章
工业4.0时代的经济产业机制

而言，世界上还没有能以低成本提供规模化工业大数据服务的成功案例。例如，云计算平台的硬件基础设施需要投入大量资金与研究，而平台、软件服务的价格也较为昂贵。这对技术供应商与用户的吸引力都会有待提高。不过，已经构建好大数据应用系统的企业，既能选择优化传统的商业模式，又可以考虑创造出新商业模式。

最后，如何确保数据的安全性也是发展"智慧数据"的关键问题。

工业大数据在催生新兴商业模式的同时，也带来了安全性问题。云计算平台可以将企业各个部门、流程、设备、产品、用户与合作伙伴的相关数据一网打尽，实现各个子系统的信息共享。但这也使得大数据中心变得更加脆弱，其一旦遭到攻击或者接收了虚假的数据信息，整个产业价值链都可能瘫痪，智能工厂也会自动停摆，继而产生严重的经济后果与社会危害。

因此，数据的加密、查询、认证等安全技术成为工业大数据项目中的重中之重。除了安全技术的升级之外，政府还应当制定符合工业4.0要求的各种法律法规。例如，用《数据保护法》来保护特定的敏感数据。此外，当工业数据作为交易商品时，可能会涉及知识版权问题。这需要合同法、担保法、知识产权法等法律的配套保护。

自从正式提出"工业4.0"概念后，德国一直走在第四次工业革命的前沿。为了充分发挥制造业的传统优势，德国将发展重心放在智能工厂与"智慧数据"等领域。通过CPS实现生产要素分配方式的网络化和智能化，产品研发制造模式的个性化与智能化，并据此创造出新的生产组织形态与商业模式。

"工业4.0"从一个侧面体现出德国对美国的危机感和极高的竞

开启工业4.0的新商业模式

争意识。CPU、操作系统、软件以及云计算等网络平台几乎都由美国掌控。近两年来，Google开始进军机器人领域、研发自动驾驶汽车；Amazon进入手机终端业务，开始实施无人驾驶飞机配送商品……美国互联网巨头正在从"信息"领域加速进入"物理"业务领域。显而易见，这一趋势对制造业的破坏性影响只是时间问题，因此，德国产生了前所未有的危机感。

西门子工业业务领域首席执行官鲁思沃指出，网络化生产和数字化制造已经成为第四次工业革命中决定成败的关键因素。任何一个企业或国家，都不能单凭一己之力完成全球制造业的智能化转型。他认为，德国必须放弃孤岛式的想法，政府、企业、学校、研究机构要进行广泛协作，并与世界主要国家展开合作，积极为新工业革命做好准备。

所以说，德国总理默克尔亲自不予余力地推动"工业4.0"，其实还有其背后的用意——德国政府在未来的科技战略中之所以最重视"工业4.0"是因为与美国的竞争。

新一代信息通信技术的发展，催生了移动互联网、大数据、云计算、工业可编程控制器等的创新和应用，推动了制造业生产方式和发展模式的深刻变革。在这一过程中，尽管德国拥有世界一流的机器设备和装备制造业，尤其在嵌入式系统和自动化工程领域德国更是处于领军地位，但德国工业面临的挑战及其相对弱项也显而易见。一方面，机械设备领域的全球竞争日趋激烈，不仅美国积极重振制造业，亚洲的机械设备制造商也正在奋起直追，威胁德国制造商在全球市场的地位。另一方面，互联网技术是德国工业的相对弱项。为了保持作为全球领先的装备制造供应商以及在嵌入式系统领域的优势，面对新

第七章
工业4.0时代的经济产业机制

一轮技术革命的挑战,德国推出"工业4.0"战略,其目的就是充分发挥德国的制造业基础及传统优势,大力推动物联网和服务互联网技术在制造业领域的应用,形成信息物理网络(CPS),以便在向未来制造业迈进的过程中先发制人,与美国争夺新一轮工业革命的话语权。

美国是利用互联网优势,向未来制造业进化。德国是基于制造业基础,向未来互联网融合。

随着发展中国家劳动力成本和管理成本不断上升,美国、德国的一些知名跨国公司相继加入回流大潮,纷纷把生产线转移回国内。对于美国、德国来说,通过制造业回归,能够完善国内生产经营环境,降低生产成本,充分利用国内外资金,强化创新能力,改造传统制造业和发展新兴产业,重振制造业体系,增加出口和就业。"再工业化"将通过不断吸收、运用高新技术成果,发展先进制造业,来重构实体经济。回归实体经济是对去工业化下社会资本过度脱离实体产业的反思,重新审视制造业的价值,但并非传统制造业的简单回归。"再工业化"目标的实现,更需要有突破性的科技成果的支撑,也就是有着新兴技术与产业引领的新一轮科技与产业革命的出现背景。此外,通过"再工业化"向实体经济回归,并不意味着降低服务业的经济地位。恰恰相反,随着先进制造业的发展,服务业亦将在制造业带动下得到升级转型,特别是现代生产性服务业更有赖于制造业向高端化转型,最终实现制造业与服务业的融合。

自2008年金融危机爆发以后,美国经济遭受重创,奥巴马政府于2009年年底启动"再工业化"发展战略,同年12月公布《重振美国制造业框架》;2011年6月和2012年2月相继启动《先进制造业伙伴计划》和《先进制造业国家战略计划》,并通过积极的工业政策,鼓励

开启工业4.0的新商业模式

制造企业重返美国,意在通过大力发展国内制造业和促进出口,达到振兴美国国内工业,进而保证经济平稳、可持续运行的目的。可以说,美国在国际金融危机后提出"再工业化",意在夺回美国制造业在世界的优势。"再工业化"不是原有工业化的重复,而是把高新技术注入制造业,形成美国制造业的优势。美国"再工业化"是要全面振兴国家制造业体系,大幅增加制造业产出和出口,以求扩大就业、优化产业结构,提升硬实力,实现"经济中心"的回归,并进一步巩固其全球领导地位。

2012年3月,奥巴马提出投资10亿美元,创建15个"美国国家制造业创新中心网络计划"(NNMI),以重振美国制造业竞争力。2013年1月,美国总统办公室、国家科学技术委员会、国家先进制造业项目办公室联合发布《制造业创新中心网络发展规划》。在2012年8月以来,美国已经成立了4家制造业创新中心,这些中心涉及的相关技术和产业有望成为未来制造业的发展方向。

德国作为制造业大国,于2013年4月开始实施"工业4.0"的国家战略,希望在未来制造业中的各个环节应用互联网技术,将数字信息与现实社会之间的联系可视化,将生产工艺与管理流程全面融合。由此实现智能工厂,并生产出智能产品。"工业4.0"在德国被认为是第四次工业革命,旨在支持工业领域新一代革命性技术的研发与创新,保持德国的国际竞争力。制造业在德国的国民经济占26%,作为提升传统制造业的战略发展方向,实施"工业4.0"是德国政府顺应全球制造业发展新趋势,推进智能制造新模式的客观要求。

B2B是Business-to-Business的缩写,在电子商务领域是指企业对企业之间的营销关系。企业通过B2B网站平台与企业客户紧密结合起

第七章
工业4.0时代的经济产业机制

来,通过网络的信息展现与快速反应,实现商务交易。

实施"工业4.0"战略是积极应对新一轮工业革命,争夺国际竞争力和话语权的重要举措。为此,德国的"工业4.0"战略详尽描绘了信息物理系统(CPS)概念。希望利用CPS系统,开创新的制造方式,通过传感器物联网紧密连接物理现实世界,将网络空间的高级计算能力有效运用于现实世界中,从而实现"智能工厂",使得在生产制造过程中,设计、开发、生产有关的所有数据将通过传感器采集并进行分析,形成可自律操作的智能生产系统。

山雨欲来风满楼。新时代的变局虽然才拉开序幕,但意义重大。放眼全球,发达国家利用技术优势,已然开始行动。在欧洲,拥有雄厚工业基础的德国提出了"工业4.0"战略,试图摸索未来工业生产的新途径;在美洲,美国政府喊出了"再工业化""能源互联网"等口号,发动了以"工业互联网"为代表的一系列"先进制造业"计划;而在亚洲,日本、韩国迎头赶上,工业机器人不仅得以普及,而且智能化程度正在不断提高。

"再工业化"是相对于"去工业化"而言的。对于去工业化,存在两条思路来理解,一条是基于国际分工,一条是基于制造业服务化。从国际分工角度来看,去工业化是指由于某一发达国家或地区生产成本的上升,导致其传统制造业和相应的工作机会纷纷转移到其他生产成本更低的国家或地区;从制造业服务化角度来看,去工业化意味着发达的工业化国家或地区的传统制造业逐渐走向衰落,而通过服务化获取更大效益,带来巨大增长。

"再工业化",不是传统意义上的制造业回归,它将催生一种新的生产方式,而带有定制特征的智能设备被普遍应用将成为一大趋势。美国新形势下"再工业化"战略的提出就是一种基于国家战略层面上的制度创新,也是一个制度创新与技术创新的持续互动过程。通过"再工业化",一方面,积极深化计算机、汽车、航空,以及为大企业配套的机械、电子零部件等现有高端制造业发展;另一方面,大力发展清洁能源、医疗信息、航天航空、电动汽车、新材料、节能环保等新兴产业,并试图带动传统制造业的发展,引领世界新一轮产业革命,以确保在21世纪里持续保持全球竞争优势。

从某种意义上说,"工业4.0"是德国希望阻止信息技术不断融入制造业之后带来的支配地位。一旦制造业各个环节都被云计算接管,那么制造业还是制造业吗?所以,"工业4.0"希望用"信息物理系统"升级"智能工厂"中的"生产设备",使生产设备因信息物理系统而获得智能,使工厂成为一个实现自律分散型系统的"智能工厂"。那时,云计算不过是制造业中的一个使用对象,不会成为掌控生产制造的中枢所在。

发达国家通过第四次工业革命抢占高科技制高点

每一次工业革命都会改变世界格局。例如,英国借助第一次工业革命的力量,在全球各地建立殖民地。美国则在第二次工业革命中脱颖而出,并将领先优势保持到了第三次工业革命。从某种程度上说,这场发端于德国的第四次工业革命,让所有的发达国家与中国等正在

第七章
工业4.0时代的经济产业机制

崛起的发展中国家,站在了同一起跑线上。如果能抓住这次划时代的良机,发展中国家也许能实现跨越式发展,而发达国家也能将竞争对手远远甩到身后。

因此,抢占工业4.0的制高点已成为众多发达国家的主导战略。例如,科技工业最完善的美国与德国,在这次工业革命中扮演着先行者的角色。

阳光明媚的早晨,拖拉机制造商李先生一觉睡醒,还没翻身下床,卧室墙面挂壁的智能交互系统便向李先生道了声早安,每台拖拉机实时运行的状态一目了然,李先生担心即将到来的播种季情况,他说了句"播种季",智能交互系统主动进入农业生态大系统,实时播放近期气象状况、种子公司的播种培育和灌溉情况。他和他的朋友们——种子公司老板、气象站站长、农场主、养猪场场长、猪饲料厂长,在一场工业互联网的洗礼下,发现自己经营多年的公司全部变成了软件公司。这不是科幻电影,而是通用电气技术总监康鹏举相信的未来工业互联网时代的常态。

人类的故事是一个控制的故事。蒸汽时代发明了蒸汽机,人们学会了如何控制能量。电气化时代计算机的出现使人可以精准地控制能量,先后出现了模拟控制、数字控制、分布控制等方式。如今,人类的发展进阶到了信息化时代,实现对信息的驾驭和控制。在信息时代,GE提出了工业互联网(industrial internet),一个让所有机器都联网的生态系统。

工业互联网的实现分为四个层次。这个系统的最底端是具备能够进行智能控制的机器设备,再由工业控制网把这些智能机器连起来,最终来自不同系统的信息将连接到云端分享,不同的系统互相连接,

开启工业4.0的新商业模式

成为"系统中的系统"。

首先,构成工业互联网的基础是拥有智慧机器。在工业互联网时代,每个机器都带有软件支持,同一个机器可以具备不同的功能,并且能够实时更新。这是一种高效的生产方式,全面实现了软件自动化实时更新,机器和云端时刻不停地在交流,当云端判断软件需要更新时,系统就会自动推送。

其次,工业控制网的构架是开放式的。开放式意味着兼容,机器间用的是相同的软件架构和通讯协议接口。目前各种机器之间接口各不相同,彼此交流时说着不同语言,彼此难以理解。彼此兼容是构成工业互联生态系统的第二步。

再次,工业互联网需要建立云计算服务器对工业大数据进行处理。到2025年大约有500亿个机器和人要联网,要有大数据平台才能管理这些数据。

最后,工业互联网时代,智慧机器能够自动对工业大数据进行分析。智慧机器将像人一样能够思考并及时行动。例如,火车飞驰的实时信息可以通过智慧机器实时清晰地远程传送给运维人员;智慧机器还可以实时监测空中的国际航班的发动机,一旦出现意外立即能够处理,系统如果检测到某部件寿命将尽,机器会在飞机降落前就通知目的地飞机场把备件准备好待命,飞机一降落立刻能够迅速更换。

《美国先进制造业国家战略计划》让美国重新定义了生产价值链。不同于德国的是,美国人将第四次工业革命的核心,定位为融合制造与服务为一体的"工业互联网"。

工业互联网强调"互联",将人、数据和机器,甚至能将系统与系统连接起来,形成开放而全球化的生态系统。

第七章
工业4.0时代的经济产业机制

工业互联网着眼的是整个产业链和工业系统的生态系统，除了应用在制造业，更跨越了航空、能源、交通、医疗等多个工业领域。

智能互联的系统是工业互联网为工业生产带来的最大变化。以风场发电机组为例，每台风机之间都是联网的，如果一台风机失去风速，或是风速产生变化，这台风机就可以发送信号请附近的机器协助作业。除了风机互联，风场之间也可以彼此互联，通过协调优化来维持发电量的稳定。此外，风场和电力系统也是联网的，电网之间也有网络沟通，这就构成了系统中的系统，将风场的小系统连接到了风场和电力系统等更大的系统。在此过程中，每个风机都通过远程终端的云端24小时监控，有问题可以实时诊断。

工业互联网会给工业界带来生产效率的巨大提升。智能化控制能够大大降低运行成本。以飞机降落为例，飞机按云端给定的绿色轨迹降落能最大限度节省油耗。数据表明，单是飞行轨迹的这项优化就在五年里为一家航空公司节省了9000万美元。再以火车为例，工业互联网可以对铁路的监控中心优化，帮助调度有效减少铁路堵塞。经测算，火车时速每提高1英里每小时，每年整个北美铁路系统就能节省约14亿美元。

康鹏举对于工业互联网的推进有两点战略建议。第一，工业互联网时代企业在战略布局时更应细化。GE为工业互联的生态圈规划了远景，但更重要的是细化落实到核心的关键技术，细化到整个战略框架下的技术布局、产品布局、商业模式布局等。

第二，与其他行业的通力合作也是搭建工业互联网的不可或缺的一环。GE在美国成立了工业互联网联盟，目前约有200家公司参与。一个伟大远景的实现需要很多公司一起努力解决工业互联网具体实施

开启工业4.0的新商业模式

过程中的技术难题，比如智慧机器的定义、机器互联标准统一、开放的实时工控网、工业大数据平台的搭建，以及网络安全问题等。

"工业互联网"革命的倡导者是世界上最大的技术与服务供应商——通用电气。通用电气一直采取多元化经营战略，在多个领域都具有世界领先水平。它既有雄厚的技术基础，又掌握了多行业的营销渠道。这使得通用电气具备构建"工业互联网"的强大实力。

工业互联网绝非GE一时的异想天开。过去一个多世纪，GE的大多数收入都来自出售工业硬件配件和维修服务。如今，这一模式受到了竞争对手的颠覆性的挑战。IBM和SAP等非传统工业出身的对手为客户提供更有价值的服务：利用设备产生数据进行计算分析，帮助客户改良设备性能，从而获取利润。GE率先做出应对，为自己的设备装上数字传感器，建设软件开发能力、数据分析能力等，斥资数十亿美元打造"工业互联网"。

在康鹏举看来，一切变革的背后，是商业模式的变化驱动工业互联网的发展。20世纪80年代GE直接把产品卖给客户，只是简单的钱货交易。到了20世纪90年代，GE开始向客户租赁飞机，为客户提供一揽子清单，由飞机制造商保证终身维修。2004年开始，买卖双方的合作方式又出现了新趋势：航空公司从制造商手中租用发动机，直到发动机的寿命结束。租赁期内制造商保证每台发动机在运行中的性能稳定。制造商为产品提供终身维护，不再单纯出售产品，而是通过服务获取利润。

这种商业模式的前提是对所有的机器联网，进行实时的监控和维护以及24小时的实时优化。唯有这样，才能确保机器全天候正常运转。这种全新的商业模式给客户创造的价值越来越大，相应地给整个

第七章
工业4.0时代的经济产业机制

社会带来的价值也越来越大。所以，商业模式的变化推动了技术的变化和工业互联网的发展。

通用电气提倡的"工业互联网"与德国人的"工业4.0"大同小异。通过人、数据与机器设备之间的无缝连接，组成一张具有高度开放性的全球工业互联网。这个网络与德国人提出的"产业物联网"的内涵，都超越了工厂生产流程甚至制造行业本身。工业互联网不仅囊括了航空、能源、交通、医疗等工业体系，还覆盖了整个"产品生命周期"的价值链。

在通用电气看来，"工业互联网"的价值主要有三点。

首先，有效提高资源的利用率，降低生产成本。

工业互联网借助大数据技术来获取用户信息，再用智能软件分析其消费偏好，从而精准地掌握其个性化需求。精准生产与精准营销避免了资源与能源的浪费，降低了生产成本。

其次，在一体化的工业互联网中，工业设备的维护效率将大大提高。

美国人也把发展智能工厂作为工业互联网的一项重要内容。工厂的设备与产品可以自动进行沟通，然后将相关数据上传到企业的云平台上，以便更快、更准确地发现问题所在，并提出经过优化的维修方案。

最后，优化生产管理流程，提高企业运营效率。

工业互联网通过PLM（产品生命周期管理）系统，控制产品的设计、组装、营销、回收等全部过程；通过CPS（信息物理融合系统）将数字世界与现实世界连为一体，打破企业与客户之间的壁垒。这将使得企业的生产、管理、运营效率获得空前的提升。

开启工业4.0的新商业模式

相对于德国人的工业4.0战略,通用电气的"工业互联网"更具美国特色。德国素来以精良、完善的"硬"制造能力享誉全球,而互联网经济发达的美国更注重发展软件、互联网、大数据等"软"服务能力。德国人的着眼点主要是智能制造等工业科技领域,而美国人的"工业互联网"更多是利用互联网技术来颠覆工业领域的传统模式。两国的发展侧重点不同。

作为工业4.0的首倡者,德国对第四次工业革命的研究水平与投入力度丝毫不输于综合国力最强的美国。

德国弗劳恩霍夫劳工经济学和组织研究所认为,工业4.0的重心在于工业领域的智能制造。其技术难点在于互联网设备的智能化水平足以进行实时数字化沟通。不仅是设备与设备,设备与人(客户)也能进行实时的数字化交流。与此同时,工厂的生产流程将通过虚拟成像技术变得可视化与可控化。否则,就不足以被称作智能工厂。

第四次工业革命对于德国乃至整个欧洲,都是一个重新崛起的机会。这也是欧洲各国纷纷响应德国工业4.0概念的主要原因。

除了德国之外,欧洲各国都在国际金融海啸中陷入萧条,产业空心化问题严重,失业率激增。尤为不利的是,工业基础优良的欧洲在互联网经济中面临着美国与中国等新兴大国的双重夹击。

欧洲缺乏美国谷歌、亚马逊与中国阿里巴巴这样的互联网巨头,也缺乏苹果、微软等软硬件领军企业。例如,曾经全球销量第一的欧洲手机名牌诺基亚,被苹果、三星等公司超过后迟迟不能振作,最终被微软以约54.4亿欧元的价格收购。这可以说是夹缝中的欧洲企业的命运缩影。但工业4.0的问世,改变了这个不利局面。

尽管在互联网技术上不占优势,但工业在欧洲国民经济中始终占

第七章
工业4.0时代的经济产业机制

据主导地位。例如，德国工业在经济结构中的比重高达24%，欧盟则为15%，而在世界最大的工业国美国，工业仅仅占国民经济的12%。这意味着欧洲在工业领域有着得天独厚的竞争力。

欧洲工业体系完善，科研能力出色。尽管中国已经成为"世界工厂"，但在高端领域的生产工艺还与欧洲有较大差距。就算是以互联网技术起家的美国高科技巨头们，也非常希望将欧洲"传统"的制造业力量纳入"工业互联网"体系当中。通过优势互补，抢先占据第四次工业革命的高科技创新制高点。

为了重新崛起，整个欧洲都试图倾尽全力把握这次良机。不仅德国把"工业4.0"列入《高技术战略2020》大纲，欧盟也适时提出了"新工业政策"。欧盟委员会表示：在欧盟各国加大对高新技术创新的投入，革新科技创新体系，并优先发展六大未来关键技术及产业。

欧盟为支持企业创新活动，出台了一系列计划与优惠政策。例如，依照欧盟凝聚政策（Cohesion Policy）的资金，将优先用于改善欧洲中小企业的竞争力。欧洲投资银行的大部分中长期额外贷款，也将服务于中小型企业的技术创新或者提高资源利用率等领域。

除此之外，欧盟还致力于升级基础设施，以迎接第四次工业革命的到来。

例如，欧洲发展互联网产业的重要阻碍之一，就是网速较慢。这是欧洲的区域性劣势。韩国的高速宽带普及率为94%，瑞士的普及率比韩国少3%。法国和意大利的高速宽带普及率分别为69%和57%。而工业科技最发达的德国，也仅仅有75%的普及率。网络基础设施不完善，不仅让欧洲在互联网经济竞争中落后于美国，也被新崛起的中国甩到了身后。

开启工业4.0的新商业模式

若想完成智能化的产业物联网,欧盟不得不下功夫重建基础设施。智能电网也恰恰是"新工业政策"六大优先发展产业之一。根据欧盟委员会的部署,到2020年时,欧盟将投入600亿欧元用于各成员国建设智能电网,这个数字到2035年时将增长至4800亿欧元。

毫无疑问,欧美发达国家在努力抢占高科技制高点的过程中,将率先遭遇第四次工业革命带来的冲击。许多行业和产业也因缺乏科技含量而被淘汰出局。优胜劣汰也是欧美组建"产业物联网"或"工业互联网"的必由之路。但是作为先行者,发达国家将比发展中国家更早把握住这次工业革命带来的发展良机,将全世界的新兴国家远远甩到身后。而已经成为世界第二大经济体的中国,对此不能不加以重视。

第七章
工业4.0时代的经济产业机制

欧盟开始部署工业复兴战略

欧洲在互联网经济领域的发展滞后于领跑全球的美国，也遭遇了中国等新兴国家的严峻挑战。除了最早提出工业4.0的德国一枝独秀外，欧洲经济普遍处于衰弱状态。但是，欧盟成员国有不少老牌工业强国，在欧洲国民经济中，工业始终占据主导地位。美国工业占国民经济的比例，连欧盟的平均水平都未达到，更别说与制造业最发达的德国相比了。

尽管走过"去制造业化"的弯路，但欧洲的工业体系完善，科研能力十分出色。如果能比其他国家先一步完成智能制造的革命，欧洲就能抢先占领第四次工业革命的高科技创新制高点。

在这个背景下，欧盟于2014年3月21日正式公布了以经济复苏与创造就业机会为目标的"欧洲工业复兴战略"。这标志着欧盟将工业复兴定为整个欧洲的共同发展战略。欧盟计划优先发展六大未来关键技术及产业，以推动各成员国革新科技创新体系。在为广大中小企业提供优惠政策的同时，升级老旧的基础设施，以迎接第四次工业革命的到来。

对于正在兴起的第四次工业革命，世界各国有不同的看法。在首倡者德国的积极引导下，欧洲多国政府及企业达成了基本共识。

工业4.0的主要特征是用互联网技术将虚拟世界与现实世界融为一

开启工业4.0的新商业模式

体,其主要内容涉及数字化生产、智能工厂、智慧城市、智能家居、智能电网、3D打印、电动汽车等领域。在欧洲"工业复兴战略"的带动下,德国、法国、西班牙立足于自身条件,开辟出各具特色的工业4.0发展路子。

其中,德国的工业4.0计划以智能工厂与智能生产为两大发展重心。德国的制造业不仅在欧盟成员国中首屈一指,也在全世界具有领先优势。雄厚的工业技术基础与超前的意识,使得德国成为欧洲工业4.0战略的先行者与领军国家。

从某种意义上说,正是德国总理默克尔与德国企业家的大力宣传,才让欧盟深刻地意识到第四次工业革命对欧洲重新崛起的长远意义。德国经济部为了鼓励广大中小企业和初创企业发展工业4.0,还特意设立专项资金,以配合国家的工业4.0战略。

德国著名的大众汽车集团试图从模块化建设与3D打印应用领域打开智能化升级的突破口。早在2012年,大众就启动了具有工业4.0特色的模块化MQB战略。相对于原有的平台化战略,模块化MQB战略有两个优势。

其一,模块化的零部件可以同时适用于多种车型。传统生产线需要组装的汽车零部件超过2万个,而新型生产线只需2000多个。自动化程度的提高,不仅节约了采购成本,也减少了工人数量。

其二,提高了大众集团的市场反应速度和个性化程度。模块化MQB战略可以做出一个通用的整体架构,而大众旗下的每个子品牌可以根据消费者的个性化需求,选择不同的组装模块。这样一来,工厂就能大规模生产在传统战略模式中难以形成规模经济效应的个性化车型。

第七章
工业4.0时代的经济产业机制

在模块化MQB战略的帮助下,大众集团的生产制造时间降低了30%,中小型汽车的成本可以降低20%。消费者可选择的车型有所增加。企业在各个生产环节中的协同能力有效提升,为实现智能制造打下了良好的基础。

所谓"3D打印",实际上是一种融合信息、机械、材料技术的高度数字化的增材制造技术。3D打印技术目前主要被大众集团应用于产品试制阶段的外形设计检验等工序。与传统技术相比,3D打印工艺可以大大缩短产品研发周期,并有效降低成本。

不难看出,握有制造业优势的德国,将继续在欧洲"工业复兴战略"中扮演领头羊与主要发动机的角色。

曾与德国联合研制"空中客车"的法国,也是欧洲制造业最发达的国家之一。尽管法国政府还没有像德国那样提出明确的工业4.0战略规划,但法国一些著名企业的高层人士已意识到新一轮工业革命对人类发展的重要性。

根据法国学术界的研究,假如将互联网技术应用于能效管理,能让一个城市节约30%~70%的能源,交通拥挤指数下降20%,建筑运行成本下降15%,水资源消耗减少20%。

汽车制造业是法国的传统优势行业之一。法国曾经是20世纪90年代的第四大汽车生产大国。但进入21世纪以后,这个排名不断下降。到2012年时,法国的汽车产量仅仅排在世界第13位。为了实现工业复兴战略,法国把新工业革命的发展重心放在了电动汽车领域。经过一系列的努力,法国的电动汽车产业已经占据了世界领先地位。巴黎在不知不觉中成为全球电动汽车之都。为了推广电动汽车,法国政府推行了不少优惠政策。例如,消费者每购买一辆电动汽车,便可以得到

开启工业4.0的新商业模式

7000欧元以内的奖励。

法国在12个大中城市及其周边地区投入大量资金建设电动汽车的配套设施,如巴黎市政府设立了电动汽车租赁等公共服务项目。如今电动汽车租赁系统在巴黎已成功普及,许多市民将电动汽车作为主要代步工具。毫不夸张地说,电动汽车已经成为巴黎最重要的新兴产业,并为经济发展提供了新增长点。

工业复兴战略对于饱受金融海啸之苦的欧洲国家来说,不啻为一根摆脱经济危机泥潭的救命稻草。

西班牙的第二大城市巴塞罗那,希望借助工业4.0的力量完成整个城市的升级。该市政府官员表示,政府正计划运用先进的信息技术来改造旧工业革命地区与传统产业。智慧城市等新兴项目将是西班牙的发展重点。西班牙政府希望通过将这些创新产业与传统产业整合为一体的举措,打造出全新的移动城市与智慧城市。

在不久的将来,巴塞罗那可能不再只是因为足球而闻名于世,它还将成为欧洲智慧城市建设的标杆,甚至是全球智慧城市的引领者。

巴塞罗那致力在城市重点领域推广智能技术。例如,在垃圾处理和路灯照明等领域中已采用智能化设备。

为了让垃圾处理智能化,巴塞罗那的每个垃圾回收箱都安装了"容量传感器"(设于顶部)与"压力传感器"(设于底部)。当回收箱的垃圾快超出容量时,两个智能传感器会用无线网络把数据传输到垃圾处理控制中心。垃圾场的工人可以根据反馈数据来调整垃圾运输车的出行次数与沿途路线,以更高的效率来处理垃圾。

智慧城市采用的是无线半导体照明(LED)路灯。这种路灯都安装有定时器与感应器。不仅节省能源,还可以把光源聚焦到下方,减

第七章
工业4.0时代的经济产业机制

少光束对夜行生物的影响。

此外,巴塞罗那还在地面铺设了停车传感器,让司机可以方便地查到哪里有空车位。草坪内设置了智能湿度传感器,传感器会根据地表湿度来控制灌溉系统在什么时候给草坪浇水。总之,巴塞罗那对智慧城市的建设可谓不遗余力。

从总体上看,欧洲的工业4.0战略有着鲜明特点。

第一,欧洲工业4.0是技术创新与应用带动综合作用的产物。经济复苏、能源安全、产业结构转型、制造业技术升级是欧洲工业复兴战略的发展目标。

第二,欧洲各国注重协作创新,试图在共同的努力下找出系统性解决方案。各国政府、企业、非营利组织围绕共同的目标,广泛采取分散合作式商业模式,从而共同推进工业4.0的进展。

第三,欧盟各国政府将推动新技术、新产业、新商业模式的发展成熟,视为经济发展的重中之重。政府下大力气建设工业4.0的配套基础设施,并出台各种激励政策,鼓励新型中小企业发展。

第四,欧洲的跨国企业主动响应"工业复兴战略",纷纷开辟各具特色的工业4.0转型道路。

在过去的工业竞争中,欧洲工业国丧失了前两次工业革命积累的科技优势,被后来崛起的美国夺走了最强工业国的宝座。而在由美国发起的第三次工业革命中,欧洲并没有重新崛起,反而出现了"去制造业"化与产业空心化问题。

欧盟委员会数字经济委员奥廷格指出,在北美与亚洲的双重夹击下,欧洲已经失去了对全球工业的领导力。放眼全球,无论是芯片生产领域,还是终端设备制造领域,没一个知名企业把总部设在欧洲。

但他同时表示，欧洲还有希望通过工业复兴战略赢得"下半场"。

尽管欧洲各国对工业4.0的反应各不相同，但欧盟已经意识到制造业的普遍智能化将为欧洲带来重新崛起的希望。

欧盟委员会副主席安东尼奥·塔贾尼向欧盟各成员国呼吁：希望到2020年的时候，欧盟各国工业占GDP的比重能上升至16%～20%，并且实现向数字经济的转型。通过数字技术、工业制造、物流网络的进一步融合，工业4.0将使得欧盟在未来与美国及亚洲的竞争中抢占先机。

美国国家先进制造战略

2008年全球金融海啸的源头——美国，沉痛地认识到了虚拟经济与实体经济脱节带来的威胁。为了改善经济结构，美国人适时推出了"再工业化"方针。一方面加快发展高新技术产业，另一方面运用先进的互联网技术推动传统制造业的升级。

早在2009年4月，新上任的美国总统奥巴马就在演说中提出了"重振制造业"的目标。同年12月，奥巴马政府推出了《重振美国制造业框架》。这个战略规划标志着美国试图努力摆脱虚拟经济增长过快给制造业带来的冲击。

就实力而论，美国依然是世界上最大的工业国，其制造业在全球依然保持着领先地位。美国制造业在2010年的产出大约为1.8万亿美

第七章
工业4.0时代的经济产业机制

元。这个数字稍稍高于"世界工厂"中国,比日本同行高2/3,德国制造业的产出仅有美国的1/3。尽管如此,制造业并没有给美国民众带来更多的就业机会。1970年,美国制造业的就业者为总就业人口的25%。到了2012年,这个比例反而下降到了9%。

一方面,许多工厂实现了自动化生产,减少了劳动力需求;另一方面,美国劳动成本过高,于是许多公司将产业转移到国外,如中国。这是导致美国制造业空心化的主要原因。为了鼓励"制造业回归",美国必须转变发展模式,推行先进制造业。

在这个背景下,美国总统奥巴马于2011年宣布了一项"先进制造业伙伴关系"计划(AMP)。这个计划旨在通过政府、高等院校、企业的合作来促进制造业升级。该计划包含了四个子计划。

第一,美国政府多个部门将投入3亿美元来发展与国家安全相关的制造业。

第二,开展"材料基因组计划",以便缩短先进材料的开发及应用周期。

第三,国家科学基金会、航天局、农业部等部门联合投资开发新一代智能机器人。

第四,能源部投资研究新型制造工艺和新型材料,以求大幅度削减制造成本与能源消耗。

这只是美国"再工业化"的第一步。美国国家科技委员会在2012年2月提交了《先进制造业国家战略计划》报告。这标志着美国已经把发展"先进制造业"上升为国家战略。不久之后,奥巴马宣布在国内建设"国家制造业创新网络(NNMI)",整合本土科研力量与制造技术的创新发展,让制造业形成新的核心竞争力。

开启工业4.0的新商业模式

"国家制造业创新网络"以发展先进制造业为根本目标。美国国防部、商务部、教育部、国家标准与技术研究所、美国航空航天局、国家科学基金会等机构都有参与。联邦政府不但与产业界、学术界、各州政府结成了合作伙伴关系，还在各地区设立了"国家制造业创新学院"。

依照2014年的国家财政预算，美国政府在15个地区成立了"国家制造业创新学院"。这些创新学院的研究方向各有不同，但都与当地制造业企业、科研单位进行广泛合作，共享基础设施资源，并集中一切力量开发具有美好前景的新兴技术。

随着先进制造业国家战略的开展，美国也成为德国之外的另一大第四次工业革命策源地。

对于迎面而来的第四次工业革命，美国人与德国人一样有着清醒的认识。虽然美国更多采用"工业互联网"的概念来描述第四次工业革命，但这与德国工业4.0的基本理念殊途同归——将虚拟的互联网经济与实体的制造业整合起来，推动制造业的智能化升级与商业模式、生产模式的革命性转变。

相比之下，德国工业4.0战略更注重"硬"制造层次。德国以智能制造与智能工厂为核心发展目标，在此基础上发展物联网、服务网络、智慧城市等项目。德国并没有如美国那样出现制造业空心化的问题，其短板是互联网技术在工业领域的运用，而非制造技术本身。所以，德国的工业4.0更多是立足于制造业对互联网技术的整合。

美国制造业在技术上并不逊色于德国，其主要问题是工厂因劳动力成本上升转移到海外，从而导致制造业难以增加就业机会，阻碍了经济发展。与此同时，美国的互联网产业不断席卷全球，并且频频跨

第七章
工业4.0时代的经济产业机制

界整合其他产业。

因此，美国的制造业升级方式更侧重于以互联网经济的"软"服务来激活传统制造业，并进一步推动"先进制造业"的发展。

打通虚拟世界与现实世界的关键在于互联网技术。美国凭借硅谷模式获得了领跑全世界的软件技术优势。这为建设工业互联网体系提供了有利条件。

我们在前文中提到，传统制造业有许多不可见的因素，企业采取的是反应型制造模式。由于不可见的因素难以控制，制造业的生产流程存在一定的故障率，产品研发生产周期也比较长，生产线难以完全实现自动化。这使得制造业企业对市场的反应速度相对滞后。

为了让生产变得"透明化"，最大限度地减少不可见因素的影响，美国很早就提出了"信息物联系统"。在大数据平台等信息技术的帮助下，信息物联系统可以让生产制造过程中的每一个因素都被数据揭示得清清楚楚。这就是透明化生产。由于生产过程的透明化，生产线的智能化水平大大提高。信息物联系统让企业实现了预测型制造。

在信息物联系统建设的初级阶段，工厂依然没完全脱离传统的生产模式，而是在原有设备的基础上建立以大数据分析与物联网为基础的新型生产信息系统。这将促使透明化生产与工业大数据充分结合，形成一个高度智能化的工业互联网。

工业大数据的数据来源是某个产品生产流程，或者某个工业体系的运行情况。大数据在工业制造领域的应用，让产品获得了更高的附加值，也让企业能够借助工业互联网控制整个产品的生命周期。

按照美国业内人士的预想，未来的企业可以为每一个产品制作类似"黑匣子"一样的数据档案。

每个产品从设计、生产、组装、配送、出售，以及最终报废回收所产生的数据，都会被记录下来。这些信息最终会回馈到企业中，企业再通过工业大数据中心从中挖掘用户的潜在需求，判断产品生命周期中出现的各种突发状况，以利于调整生产者决策或改进生产制造流程。

从某种意义上说，工业大数据就是工业互联网的"大脑"。若想充分发挥工业大数据的优势，企业必须建设性能更优越的信息系统。而这也对设备制造工艺提出了更高的要求。新一代的智能制造技术与智能工厂，将在工业大数据等互联网技术的推动下，越来越趋于成熟。

如果说德国智能生产线的亮点是智能机器人与植入产品标签的智能芯片，那么美国智能生产线的亮点就是工业大数据及配套信息系统。美国可以发挥硅谷模式在信息软件技术上的优势，打造高度智能化的信息系统，将大数据与智能生产进行无缝对接。

据悉，美国人已经研究出一套极富创新色彩的智能预测工具。这种智能预测工具是由整合平台、预测分析工具、可视化工具三个部分组成的。其主要功能有四个：信号处理与特征提取、设备健康评估、设备性能预测、设备故障预测。

智能预测工具可以把大数据中心所收集的数据"翻译"成解释不确定性的有用信息，如自动生成雷达图、故障图、风险图，以及健康退化曲线。企业管理者将根据这些情报制订出最优解决方案。如此一来，生产制造流程就已经在局部实现了透明化与智能化。

在第四次工业革命风暴中，《先进制造业国家战略计划》与"国

第七章
工业4.0时代的经济产业机制

家制造业创新网络"可能让美国继续保持全球领先优势。特别是后者,将形成一个无比强大的技术创新体系。

从2012年8月至2014年,美国政府与企业先后斥巨资建立了几个工业4.0研究中心。例如,国家3D打印机制造创新研究所、轻型和当代金属制造创新研究所、数字制造和设计创新研究所、下一代电力电子制造研究所、复合材料制造业中心。这些制造业创新中心将从不同的角度推动全美制造业的智能化升级。

根据威尔逊研究中心(美国智库)公布的《全球先进制造业趋势报告》,美国投入技术研发项目的资金规模雄踞世界首位。其中3/4的投资集中在高新技术制造业,特别是合成生物、先进材料、智能制造等"先进制造业"领域。

通用电气预测:如果所有的工业系统能提升1%的效率,将会为美国带来惊人的经济效益。以15年为期,当航空业节省1%的燃料时,能减少超过300亿美元的成本;当医疗行业提高1%的效率时,可以省下630亿美元的开支;当电力部门的效率增加1%时,可以节省出660亿美元;当石油天然气的资本支出降低1%时,可以减少900亿美元的浪费。

在可以预见的未来,美国很可能会实现无线互联网技术、大数据云计算、智能制造的普遍应用,使其在第四次工业革命中掀起最宏大的技术创新浪潮。

开启工业4.0的新商业模式

日本工业振兴战略与日本信息技术发展计划

据统计，日本工厂平均每一万名工人占有306台机器人，韩国工厂为287台，德国工厂为253台，美国工厂为130台，而中国工厂仅有21台。由此可见，在工业机器人应用领域，日本有着自己独特的优势。作为亚洲首屈一指的科技强国与工业强国，日本在第四次工业革命中也将扮演重要的角色。德国将新一轮工业革命定义为"工业4.0"，美国表述"再工业化"，而日本的叫法是"工业智能化"。尽管三者指的是同一个新生事物，但从名称差异中不难发现，日本的工业4.0规划具有不同于德美的特色。

德国"工业4.0"立足于制造业的技术升级。美国"再工业化"则力图改变过去的离岸外包模式，让制造业产业链回归美国本土。而日本的"工业智能化"，则继承了其对人工智能的痴迷，特别是普及"无人工厂"的梦想。这与日本社会老龄化的现实有着密切联系。

虽然科技一直在进步，工业制造保持着国际领先水平，但日本经济不景气的困境由来已久，特别是老龄化社会现实成为日本振兴经济的沉重负担。

2014年6月，日本政府修订了2013年6月公布的"日本振兴战略"。根据这个规划，日本对内直接投资的存量将于2020年达到35万亿日元的规模。日本政府还特意成立了"恳谈会"，邀请企业、科研

第七章
工业4.0时代的经济产业机制

单位、各地区组织、日本贸易振兴机构共同商讨经济振兴问题。以工业振兴与信息产业发展为主要突破方向的日本工业智能化道路也随之展开。

日本工业智能化最有代表性的项目,是丰田、佳能等制造业名企的"无人工厂"。

无人工厂又名全自动化工厂,即前面反复提及的智能工厂。在无人工厂中,所有的生产制造活动均由电脑自主控制。就算是生产第一线,也是用自动化设备或智能机器人来代替人工操作。因为无须配备工人,故而被称为"无人工厂"。

日本无人工厂的生产模式与西门子智能生产线大体相同。生产者把生产要求输入到电脑当中,电脑自动把所需的原材料传送至工厂。产品经过研发设计、生产加工、质量检验、包装分配等流程后,被电脑输出工厂的另一端。至此完成一个生产周期。

除了向机器设备输入生产要求外,无人工厂的一切工作都由智能机器人、数控机床、无人运输小车与自动化仓库协作完成。所有的机器设备都由电脑统一指挥。无人工厂只需少数工人检查设备状况或修改生产指令。工人不必直接参与任何生产环节,只需监测机器人自主完成生产流程即可。

高度智能化的无人工厂,是各国在工业4.0战略的重要发展方向。

但这个概念早在20世纪就已经被日本人提出。日本还在1984年4月9日建成了世界第一个无人工厂。

这个无人工厂是筑波科学城的实验品。科学家用小型齿转机与柴油机做了生产实验。按照传统生产方式,制造这两种设备需要近百名技术工人与数控机械的协作,耗时大约两个星期。而在无人工厂里,4

开启工业4.0的新商业模式

个工人在1天之内就能完成制造任务。生产效率之高由此可见。无人工厂既能大大提升生产率，又能节省所需人数。这对于劳动力不断减少的日本老龄化社会而言，无疑是一个福音。从此以后，日本一直致力研究无人工厂，推动制造业的智能化升级。

无人工厂之所以能大幅度提高生产效率，是因为每个步骤都能由工业机器人自动完成。

无论培训多么严格，工人之间的技术熟练程度依然存在差异。人与人之间的协调配合，远比机器人要复杂得多，一个工人的进度稍微延迟，整条生产线都会受到连环影响。而无人工厂不存在这个问题。工厂内的各种加工设备可以自动调换，只要事先输入生产指令与技术要求，加工零件、组装配件、成品检查都可以由工业机器人自行处理。

当然，工业3.0时代的"无人工厂"严格来说只是"无人生产车间"，整个制造过程的一个环节而已。无人工厂虽然高度自动化，基本不要在生产线上设置装配工人，但离不开庞大的科研团队与管理团队支持。

无人工厂把一线工人从简单重复的体力劳动中解放出来，让他们更多扮演监督者与维护者的角色。而在工业4.0时代的智能无人工厂，简单脑力劳动也将完全由智能机器人来完成。人们的主要工作变为调查市场需求、开发新技术、管理产品生存周期，而不是在自动化生产线旁边紧盯着生产线的运营状况。

打造工业4.0阶段的无人工厂，是一项复杂的系统工程，需要多种先进技术的集成。其中最关键的技术有四个：柔性化的生产技术（个性化生产）；智能机器人控制技术；生产安全监测技术；机器设备及

第七章
工业4.0时代的经济产业机制

各个零部件运行状况的监控技术。

在高度智能化的无人工厂中,每个工业机器人、仪器设备、待加工产品及零部件的状态,都会被无处不在的智能传感器即时监测着。一旦出现任何细微的问题,控制中心就会接收到来自智能传感器的预警。每个机器人与仪器设备都实现全自动化,并且具有相互协调所有生产作业细节的"思考"能力。

到目前为止,劳动力严重短缺的日本已经在众多领域普及了工业3.0阶段的无人工厂。无论是高科技制造业,还是劳动密集型企业,都广泛应用工业机器人来减少对劳动力的需求。这就是日本制造业的机器人普及率高居全球榜首的主要原因。

随着日本工业振兴战略的开展,无人工厂不仅将在日本获得更大的普及率,也将进一步提高智能化程度。在可以预见的将来,日本的无人工厂将不再仅仅是制造业企业的"无人生产车间",而是从接到消费者订单到回收产品都由智能机器人主导的更高层次的无人工厂。

除了制造业上的独特优势外,日本的芯片技术一直在信息产业中名列前茅。这让日本在新一轮的工业革命中,获得了欧洲所欠缺的有利条件。

在第三次工业革命中,美国起步最早,始终处于领头羊地位。日本起步稍晚,但发展极其迅速,是仅次于美国的信息技术强国。自从房地产泡沫破裂后,日本经济至今都不甚景气。但日本也因此痛定思痛,坚定地发展以信息技术为代表的高科技产业。

日本信息产业自诞生以来,就一直得到政府的大力支持。日本政府高度重视信息产业发展,出台了多种优惠政策来扶持整个产业。

想当初,日本经济资源短缺,市场机制尚未完善,不具备大规模技术创新的基础。整个经济环境较差，企业的生存能力也偏弱。为了尽快赶上第三次工业革命的浪潮，日本充分发挥了"后发优势"，跳过了烦琐的基础研究，直接从发达国家引进先进的信息技术。在消化吸收这些高科技成果的基础上，逐步建立起具有本土特色的技术创新体系。日本正是凭借这一点跻身信息产业发达国家与工业制造强国行列的。

日本此前信息产业的发展模式，具有以下几个特点。

第一，政府统筹产业规划。为了保护本土信息产业发展，日本政府从20世纪70年代以来一直不断推出各种信息技术发展计划。通过这些指导性政策，推动信息产业组织的壮大与信息产业的全方位发展。由于政府创造了良好的政策环境，使得日本的信息产业发展很迅速。

第二，跳过基础研究，以引进国家先进技术为主。在过去，日本大多数信息技术成果都是对美国信息技术的再创新。这种模式的优点是能让落后国家快速建立起产业体系，但自主研发能力会受到较大制约。日本积极推动新一轮信息技术发展计划，也是出于提高自主创新能力的目的。

第三，重视信息技术成果的商业化。虽然日本的很多信息技术并非独创，也未必比欧美国家先进，但其技术成果的商业化水平非常高。由于日本高科技企业善于把握市场需求，能有效将技术创新成果投入到市场应用，故而能迅速抢占市场并形成产业价值链。

就在欧美国家过度沉迷于虚拟经济和"去工业化"的时候，日本依然将制造业视为立国之本。在日本产业界看来，互联网技术的发展离不开先进的制造业，工业智能化革命应当将互联网技术与智能制造技术结合起来，两者不可偏废。

第七章
工业4.0时代的经济产业机制

为此,日本政府正在制定有利于工业智能化建设的优惠政策。比如,研究推广人工智能技术的高科技公司,可以获得优惠的税率与贷款政策。而发展3D打印等先进制造技术的企业,也将得到更多投资与社会各界的广泛合作。

综上所述,日本的工业4.0战略将以无人工厂等人工智能产业与互联网信息技术为突破口。在发扬传统优势的前提下,开辟一条符合老龄化社会现实的振兴之路。

开启工业4.0的新商业模式

第八章

工业4.0的实践

> 每一次创新变革中，总有一群走在最前面的人，他们凭借勇气和毅力奋力前行，并用自己的实践告诉我们：未来，已来。

开启工业4.0的新商业模式

第八章
工业4.0的实践

西门子的数字化魔力

德国作为第一个工业4.0时期实现智能化工厂的国家，其巴伐利亚州东部的一个叫安贝格的西门子工厂就是其政府与社会其他人士共同研发的全自动、基于互联网的智能工厂，并且是在成本、质量和效率方面得到不断持续改善的早期案例。在西门子的厂房里，10万平方米的厂房面积却只容纳了1000名员工；数以千计的制造单元，却只通过互联网实现彼此之间的相互联络。车间内的大多数设备都处于无人操作、智能挑选和组装的工作状态。但是，令人惊叹的是，在这样的人力监督非常不够的情况下，该工厂生产出的每100万件产品中，只有15件是次品，其可靠性高达99%。这样的智能化生产模式下，很多工作都是由智能设备来完成，无需投入大量的人力资源，很大程度上节省了人力成本，且生产的商品质量非常高，并且仅仅1000人就可以高效地胜任工作，其工作效率之高，也是让人折服的。

假如你是一家汽车生产企业的负责人，工厂同时接到了生产100辆卡车和100辆轿车的订单，你将如何制订生产计划，是先生产100辆卡车（或轿车），还是将卡车与轿车混合交替生产？你心目中最理想的生产状况是怎样的？毫无疑问，如果先生产100辆卡车（或轿车），就会产生大量待售品，占用更多现金流。理想的生产状况应该是进行灵活的小批量、多批次生产，使生产得以均匀、连续，这样产生的库存

开启工业4.0的新商业模式

待售品数量才最优,生产过程中消耗的原材料也才更少,现金流更为顺畅。未来制造工厂所追求的目标必然是建立在端对端数字化之上的多品种、个性化、高效优质的生产,而非工业化大生产。

西门子安贝格电子设备制造厂(EWA)就是智能数字化未来工厂的梦想雏形,不仅实现了从管理、产品设计、研发、生产到物流配送的全过程数字化,还能通过先进的信息技术与美国研发中心进行实时的数据互联。

在EWA的生产车间,员工们身着蓝色工作服,有序地走在一尘不染、蓝白相间的PVC地板上。齐胸高的灰蓝色机柜整齐地排成一行,在安置其间的显示器上,数据如同瀑布一般倾泻而下。在这里,一场工业领域的"数字革命"正悄然拉开序幕。

2013年汉诺威工业博览会上,西门子展示了未来制造业发展的趋势,以及未来制造业如何才能通过科技与创新来迎接未来工业4.0时代。由于现在正处于制造业和生产技术领域不断、快速发生巨大变化的时期,因此,工业4.0要想变成现实,还是需要经历很长的发展道路的。西门子作为一家全球领先的、专注于电气化、自动化和数字化领域的技术企业,为实现工业4.0时代这一目标奠定了相当的基础。创新的工业信息技术以及软件在实现工业4.0时代的道路上起到了决定性作用,从而为产品研发与生产能够集成、协同,以及全面优化产品研发和生产过程创造了良好的条件。

工业4.0时代把虚拟数字世界与现实物理世界之间的互联互通作为其发展的重要标志。然而,西门子恰好凭借着全集成自动化和数字化企业平台,使得其在信息技术集成领域长期以来都占有领跑者地位。

第八章

工业4.0的实践

西门子把创新作为企业成功的基石。研发是西门子发展战略的基本动力。作为关键专利的持有者，无论是已经成熟的工艺，还是正在发展的技术，西门子都是客户强有力的合做伙伴。西门子把"涉足众多业务领域，占据技术领袖地位"作为企业的发展目标。

目前，西门子已经成为仅次于SAP的欧洲第二大软件公司，尽管如此，西门子还在不断努力加强其在工业信息技术和工业软件领域的创新领导地位。从2007年至今，西门子为了实现多项并购战略，已经先后投入了40多亿美元。近年来，西门子一直都在扩张其与行业IT系统有关的业务。到目前为止，西门子的生命周期管理软件（PLM）已经并购了多家公司。2011年西门子收购了马萨诸塞周的Vistagy公司；2012年9月，德国格平根的完美成本核算解决方案公司也在被纳入其麾下；同年11月，西门子还并购了比利时软件公司LMS，该公司是一家专业机电系统测试与仿真公司，此并购战略从根本上加强了西门子的软件产品线。

西门子与美国国家航空航天局（NASA）进行的活性探测计划项目的合作就是一个很好的加强软件产品线的例子。在"好奇号"活性探测器的整个研发过程中，西门子的产品生命周期管理软件（PLM）被全程使用在喷气推进实验中，利用该软件可以对火箭探测器进行数字化设计、模拟和虚拟组装，从而为后续制造物理样子做好充分的准备。通过西门子的产品生命周期管理软件可以确保所有组件能够按照正确、正常的组合与运行方式工作，并且能经得住任何环境的考验。

除此以外，西门子公司还与德国费劳恩霍夫研究院以及大众汽车公司通力合作，还把产品生命周期管理软件用于虚拟生产规划的制定，通过该软件可以将生产线上机器人的耗能大幅度降低，达到50%

的能耗缩减率。

实际上，目前全球工业企业正面临着一场激烈的竞争，然而虚拟规划和实际生产所进行的信息技术集成可以用于提高工业企业的生产力。工业领域中，一些诸如汽车制造、航空航天和机械工程，都已经开始着手对整个价值链进行优化，以提高市场竞争力。在进行数字化产品研发与生产，以及推动现代化生产方式的变革中，西门子所付出的努力要远远多于其他企业。

早在20世纪90年代，西门子就一直为客户提供系统集成的自动化和驱动技术，与此同时，还为客户提供更加丰富的产品和服务等，从而实现价值链在硬件和软件基础上形成的最佳效果。全集成自动化是与工业4.0要求相吻合的一个概念，也是西门子率先进入工业4.0的核心基础。利用全集成自动化，企业可以实现整个产品范围的高度集成，无论是自动化系统、驱动技术，还是现场设备，都具有高度统一的数据管理、编程、组态和通信等特点。全集成自动化要求企业通过产品的标准化以及解决方案的定制化来向客户进行服务。而西门子正是抓住了这一点，凭借全集成自动化，长期以来一直在信息技术集成领域占有领导地位。

随着西门子在工业软件领域的不断发展与完善，未来西门子的客户可以通过使用统一的集成数据库进行产品仿真、测试、优化和生产等活动。并且，西门子作为一家拥有广博技术专长的大型企业，必将成为推动未来工业4.0发展的主力军。

一直以来，EWA都被誉为西门子集团王冠上的宝石，如今，这个占地10000平方米的高科技生产车间，更是成了西门子实施"数字化企业平台"的典范。

第八章
工业4.0的实践

"数字化企业平台"是实现数字制造的载体，它可以实现包括产品设计、生产规划、生产工程以及生产执行和服务的高效运行，能以最小的资源消耗获取最高的生产效率。在这种生产环境中，每个产品都有自己的代码，通过代码，产品就能自行控制其本身的生产过程。换句话说，生产代码会告诉生产设备和机器有哪些要求，接下来必须执行哪道工序——产品就像会"说话"一样，通过数字化的"语言"能够在从设计到服务的全过程中畅通无阻。

EWA主要生产Simatic可编程逻辑控制器及其他工业自动化产品，产品种类多达1000种。现在，EWA已经完成了数字化工厂所需主要组件的部署工作，实现了产品与生产机器之间的互相"通信"，全部生产过程均为实现IT控制进行了优化，从而使机器故障率最小化。

在智能系统下，EWA员工的工作流程与结果也发生了翻天覆地的变化：伴随着不计其数的变化因素和错综复杂的供应链，新的生产流程不断得到优化；在生产面积几乎没有扩张、员工数量也没有变化的情况下，EWA的产能提升了8倍，产品质量更是比25年前提高了40余倍。EWA的负责人自豪地说："EWA的产品质量合格率高达99.9988%。据我所知，全球没有一家同类工厂可以实现如此高的产品合格率。"EWA每年能生产约1200万件Simatic系列产品，按每年230个工作日计算，即平均每秒就能生产出一件产品。

目前，EWA的生产设备和计算机可以自主处理生产价值链上75%的环节，过去需要人工完成的动作全都通过"智能算法"固化在机器中，由机器代替人工操作，只有剩余25%的工作需要由工人来完成。也就是说，仅在最开始的时候，需要人工将印刷电路板放置在生产线上，此后所有的工作均由机器自动控制进行。Simatic系列产品的生

开启工业4.0的新商业模式

产过程正是由它自身控制的,换句话说就是"自己生产自己"。在这里,每条生产线几乎都运行着大约千台Simatic可编程逻辑控制器,就好像科幻电影里呈现的机器人生产机器人的壮观场景一般。

研发是数字化工厂中"数据链条"的起点。在数字化制造的前提下,产品的设计和制造都基于同一个数据平台,这就消除了EWA研发部门与生产部门的工作时间差,它们能够彼此协调,同步开展工作,从而让各方配合得更加默契——这大大改变了传统制造的节奏。另外,由于在研发环节产生的数据能够在工厂各个系统之间实时传递,并且数据的同步更新又避免了因沟通不畅而产生的误差,EWA的生产效率因此大大提升。

之所以能实现上述成效,是因为EWA采用了西门子PLM软件公司(Siemens PLM Software)出品的产品开发解决方案——UG(Unigraphics NX),作为研发新产品的载体和工具。在产品开发过程中,UG可以支持从设计到工程、制造的各个方面,并通过集成多种学科仿真,提供全系列先进零部件制造应用的解决方案,这是其他计算机辅助设计软件难以实现的。研发部门的工程师们可以通过UG进行模拟设计,在设计过程中进行模拟组装和性能测试,真正实现"可见即可得",这为研发人员节约了大量时间和精力。当然,这项工作对工程师们也有一定要求,他们必须透彻了解将要用于制造产品的机器的属性,才能编写出精确的模拟程序。

通过UG完成设计的产品,都会带着自己专属的数据信息继续走完"生产旅途"。这些数据一方面通过计算机辅助制造系统(computer aided manufacturing,CAM)向生产线不断传递,为完成接下来的制造过程做准备;另一方面也被同时"写入"数字化工厂的数据中心——

Teamcenter软件中,供采购、质量和物流等部门共享。采购部门会依据产品的数据信息去采购零部件,质量部门会依据产品的数据信息进行验收,物流部门则依据数据信息确认零部件。

共享数据库是Teamcenter软件最大的特点。当采购、质量和物流等不同部门调用数据时,它们使用的是共享文档库,并能通过主干快速地连接到各责任方。即使数据发生更新,不同部门也都能在第一时间得到最新数据,这就使得EWA研发团队的工作变得更加简单、高效,避免了传统制造企业在研发和生产环节之间由于数据平台不同而造成的信息传输壁垒。

在EWA生产产品的过程中,高度的数字化得以充分体现。西门子提出的全集成自动化解决方案(totally integrated automation,TIA)完美地实现了数字化与生产的结合:可编程逻辑控制器引导生产流程,视觉系统识别产品质量,自动引导车进行产品传递,这些使得工厂产品的一次通过率(first pass yield,FPY)能够达到99%以上。

每天,由西门子制造执行系统生成的电子任务单都会显示在装配人员的电脑上,而实时的数据交换间隔小于1秒,这意味着操作人员可以随时看到最新的版本,并可以细致入微地观察每一件产品的生命周期。

在西门子的制造执行系统中,Simatic IT平台则充当了生产计划调度者的角色。它采用虚拟化技术,由制造执行系统统一下达生产订单,在与企业资源计划系统高度集成之下,可以实现生产计划、物料管理等数据的实时传送。此外,Simatic IT平台还实现了工厂信息管理、生产维护管理、物料追溯管理、设备管理、品质管理和制造关键绩效指标(key performance indicator,KPI)分析等多种功能的集成,

开启工业4.0的新商业模式

能够保证工厂管理与生产相互协同。当自动引导车送来一个待装配的产品时,传感器就会扫描产品的代码,将数据实时传输到制造执行系统,随即电脑上就会显示出该产品相关的信息,制造执行系统又与西门子全集成自动化解决方案互联,等到相应零件盒的指示灯亮起,装配人员便可根据指示灯进行操作。这满足了自动化产品"柔性"生产的需求,即在一条生产线上同时生产多种产品。有了指示灯的提示和相对应的信息,即使换另外一种产品也不怕装错零件了。

待装配人员确认装配完毕,按下工作台上的一个按钮,自动化流水线上的传感器就会扫描产品代码,记录它在这个工位的数据。Simatic IT平台随即以该数据作为判断依据,向控制系统下达指令,立即就有指挥引导车将它送去下一道工序。

在到达下一道工序前,产品必须通过严格的检验程序,以可编程逻辑控制器产品为例,在整个生产过程中针对该类产品的质量检测节点超过20个,可以充分保证产品的质量。1000多台扫描仪实时记录着每一道生产工序以及诸如焊接温度、贴装数据和测试结果等详细的产品信息。在此过程中,Simatic IT平台每天会生成并储存约5000万条生产过程的信息。其中,视觉检测是EWA数字化工厂特有的质量检测方法,相机会将拍下的产品图像与Teamcenter软件数据平台中的正确图像进行比对,一点小小的瑕疵都逃不过Simatic IT平台上品质管理模块的检测。

在经过多次装配并接受多道质量检测后,成品将被送到包装工位。经过包装、装箱等环节,一箱包装好的自动化产品就会通过升降梯和传送带被自动送达物流中心或立体仓库。这样一个完整的生产环节,在传统的制造企业中通常由几十甚至上百名员工去完成,而在

第八章
工业4.0的实践

EWA的车间内,绝大多数工序都借以自动化设备完成,实现了又好又快的生产操作模式,节省了大量的人力和时间。

在EWA中,研发和生产过程通过数字化科技被发挥到了极致。同样,在物流环节,数字化的优势依然明显,主要体现在EWA对于数字化物流系统的运用中。

在EWA的物流环节,企业资源计划系统、西门子制造执行系统、Simatic IT平台,以及西门子仓库管理软件均发挥着重要作用。例如,自动化流水线上的传感器会对引导车上的产品代码进行扫描,扫描得到的数据就会"告诉"软件系统在该装配环节需要的物料是什么,员工只需按动按钮,就能从物料库自动输送出所需物料,并通过流水线上传感器的"指挥",送到指定位置。这一过程全程透明且不需要人工干预,完全实现了原材料、产品及相关信息从起点至终点的有效流动。相对于传统制造业,这种方式不但节省了时间,提高了效率,同时还避免了因信息传递不及时或失误等原因造成的错误生产和重复生产。

在物料的中转环节,依照精益生产中的"以需定产""拉式生产"原则,生产流程的各工序只会在收到指令后按照实际需要的数量进行生产,这就保证了工厂能够适时、适量并在适当地点生产出质量完善的产品。

在EWA布局紧凑的高货架立体仓库,有近3万个物料存放盒用来存放大批物料。然而物料的存取并不像传统制造企业那样使用叉车搬运,而是通过"堆取料机"用数字定位的模式进行抓取,因为不再需要叉车,仓库中的布局就不必考虑叉车通过的距离和空间,这让物料库的设计更加合理,也节约了更多的空间。

开启工业4.0的新商业模式

在EWA，真实的生产工厂与虚拟的数字工厂同步运行，真实工厂生产时的数据参数、生产环境等都会通过虚拟工厂反映出来，而人则通过虚拟工厂对真实工厂进行管理。工业4.0的中心是智能工厂，而智能工厂的基石就是数字化信息处理系统。在西门子，EWA是真正意义上的智能工厂，其自动化并不仅仅是简单地用机械代替人力，而是既包含了自动化生产，也包括了自动控制和自动调节，是建立在数字化生产基础上的自动化。

EWA的生产过程代表了西门子面向未来的技术，更展现了未来工业4.0的愿景——使真实世界和虚拟世界在生产过程中实现完美融合，而产品之间以及产品与机器设备间的通信将使生产流程进一步优化。

未来，工厂不再是由大型设备堆砌起来的机械巨兽，更像是一弯灵动的数字潺泉。工厂将能够单独、快速、低成本且高质量地加工每一个产品，从而实现当前传统制造企业难以企及的灵活性和经济高效性。

作为工业4.0的倡导者和先行者之一，西门子的脚步正愈发坚实。正如其管理委员会成员、工业业务领域首席执行官鲁思沃教授所说的："如果说工业4.0的时代还要20年，那么西门子目前已经到达了'工业3.8'。"

第八章
工业4.0的实践

宝马：机器人接管工厂

随着互联网信息技术的发展，虚拟世界与现实世界正在以超快的速度融合在一起，形成人与人、人与物、物与物的互联。未来的工业生产将在高度灵活的条件下进行个性化生产，客户和业务合作伙伴将会形成一个业务集成，并为企业带来更多方面的增值。这就是生产与高质量服务互相连接起来而形成的混合产品，这使德国工业现在有机会优先推出自己的工业4.0战略规划。

工业4.0作为一个拥有前瞻性的未来项目，能被列为德国联邦政府在高科技领域发展的战略之一，是因为它在信息通信技术方面投注了很大的精力，而它的进一步开发将包含生产研究和用户使用。

德国政府推出的工业4.0项目，主要是从工业和社会视角进行考虑的，而高科技也是他们考虑的主要方面。德国在嵌入式系统方面，特别是在汽车行业和工程中，已经发挥出主导作用。在信息物理融合系统（CPS）变得越来越重要的背景下，嵌入式ICT系统网络和互联网在制造业的研究和发展中也开始占据越来越重要的地位。为了引导和优化不同企业之间与整个增值网络实现自动化同步连接，智能监控的发展和自主决策过程就变得尤为重要。而实施自动化的目标则是生产和

开启工业4.0的新商业模式

物流这些已经开发出全新的商业模式和挖掘潜力相当大的优质领域。其他因素包括一些在重要领域服务的新应用，如流动性的行动领域、健康和气候等，都在高科技与能源战略中做出了明确指示。

在嵌入式系统和物联网刚开始萌芽的早期阶段，德国联邦政府在经济和制造业方面表现得十分活跃。这使国内的很多项目，如数码产品的内存、灵活多变的物流系统技术、自主计算等方面形成了卓越集群，此后又形成了"高工资国家综合生产技术"和"认知技术系统"。可以说，德国在2012年1月推出的"智能技术系统"就是这方面最好的证明。

在2009年德国联邦政府推出的计划中，相关专家已经提出了一个"国家嵌入式系统的路线图"，并对工业4.0所涵盖的生产、服务和工作设计等领域进行了调整，重点对"智能工厂"在智能生产系统和生产流程的实现上做了细致的研究和分析，并建立起分布式网络化生产基地。同时，工业4.0项目还将以战略融资措施解决物联网领域存在的一些问题。在"智能生产"方面，将会对一些重点领域的工作人员进行更强的培训。比如，公司内部的生产物流操作人员、负责人机交互的监控者和在工业应用中使用高科技手段进行系统维护的工程师。而中小企业的积极参与对"智能生产"形势的提供者根据用户个性化需求进行生产的方法具有关键意义。德国的宝马汽车公司在这方面做得就非常好。

德国宝马公司的工业4.0项目是由德国工业科技研究联盟注资支持的，主要是研究如何降低能源消耗，保证产品在生产和质量上拥有更大的可靠性。宝马生产基地将汽车在这几个方面的优势通过智能技术进行了数据处理，并对这些优势加以改良，形成新的产业特点。

第八章
工业4.0的实践

在工业4.0进行得如火如荼的时代，许多德国企业都纷纷投身到了第四次工业革命的洪流中，其中，绝不会少了宝马集团的身影。作为德系三大豪车品牌之一，宝马若不在工业4.0时代有所行动并取得一些作为，貌似对不起这一高贵的品牌身份。

宝马集团一贯注重创新，在第四次工业革命刚刚兴起之时，便着手推进虚拟智能科技与传统制造业的融合，大踏步地迈入了工业4.0时代。

宝马汽车的系统是基于中央公司的数据网络搭建而成的，它可以通过网络对汽车的能源消耗进行衡量，并采取相应措施。因此，它可以对建设和供应的能源消费结构进行系统记录，并形成完美集成。

通过这些"智能电表"，可以让人们在早期识别导致过度消费的偏差因素。此外，此项数据还可以有效防止汽车生产过程中出现生产突然中断的情况，还可以监测个别生产设施发生的某些故障，从而确保生产出的是客户所需的优质汽车。

宝马集团所采用的智能能源管理数据的生产观念是工业4.0战略中的一部分。这个项目得到了欧洲区域发展基金的鼎力支持。最近，在德国柏林举行的网络可持续发展峰会上，宝马集团凭借着"综合智能能源数据管理方法"获得了"能量大师奖"。

智能能源数据管理是宝马集团可持续发展战略的一个重要组成部分，它为汽车生产在环保方面做出了重大贡献。

智能能源管理系统集成，为宝马集团在大数据网络发展方面制造了更多机会。首先，通过这种系统，可以让生产设备对生产流程中出现的设施故障进行有效识别。例如，如果使用多项能源设施而没有出现任何生产参数的变化，那么就有可能是生产设备出现了故障或磨损,而造成这种问题的原因有很多方面,如轴承运转过度紧张。在这种情况下,就必须添加额外的动力运行机器。

如果能源消耗或电压开始下降,就很有可能是产生错误的过程(比如不正确的材料应用)。此外,宝马集团新能源的开发也可以准确地了解各个生产过程中的能源需求。

在慕尼黑举办的电子元件与材料研讨会中,宝马集团对数据记录和分析进行了中央大数据网络托管。而生产提供的信息在信息记录中占据了最大的份额,如编程和诊断结果。最重要的是,从这里可以找到和生产有关的重要数据,而通过这些数据便可以了解到汽车可以在什么时间、什么地点完工,以及整个生产过程需要花费多长时间。

目前,宝马集团在工业4.0战略上,仍然处于战略推广阶段。通过先进的生产网络,宝马集团必然可以在原有基础上取得进一步发展。

在大数据时代,虚拟世界与真实世界日益融合,这为宝马集团的发展带来了新机遇,使得宝马国际化的生产体系能够更有机地结合,这其中"高大上"的机器人是不可或缺的。

宝马莱比锡工厂建于2005年,整个工厂面积并不算大,占地仅50公顷,但是其所展现出来的规模和气势,令看到它的人难掩惊叹。在宝马莱比锡工厂的车身车间里,你可以看到忙碌工作的机器人。为了考验机器人应付复杂工序的能力,宝马莱比锡工厂在小件焊接区里设置了一条生产线,让四五台机器人"耍着花样地干活儿"。当然,由于它们各个人高马大,你只能登上二楼才能更好地观看它们的工作场景:一个机器人正从物料架上抓取小的冲压件,将零件放到磨具上,对准相应的零件,然后交给下两个机器人让它们分别对不同焊点进行焊接。一个零部件焊接完了之后,几个机器人又开始或自动换磨具抓

第八章
工业4.0的实践

手,或自动更换焊枪头,继续下一道焊接。

在整个过程中,机器人需要完成一系列高精准度和高难度的动作,它们时而抓取,时而换件,有时还要抓着部件完成空中360度旋转,以寻找新的焊接点。尽管整套动作高难又复杂,但它们完成得十分流畅,甚至会让你联想到那些玩速叠杯游戏的高手。

由于机器人优势明显,它们正在大规模地接管宝马莱比锡工厂,车身车间里的机器人数量已经达到700台。每个机器人都有自己明确的工作职责,它们在不同的生产线上毫无怨言地忙碌着。从二楼看下去,整个车间里几乎看不到"真人工人",只有一群群"变形金刚"在时而飞溅的火花中大显身手。你若身临其中多看上几分钟,就会出现正在拍摄3D科幻片的幻觉,或是以为自己正处在未来某个出现大波机器人的移民星球上。据说,德国制造业普遍存在一个根深蒂固的观念——人比机器更容易出错,因此,德国的制造企业倾向于把生产分解成机器能执行的任务。在未来,工厂里的生产任务将完全由机器执行,而人的作用只是做生产规划,下达生产指令,或者给机器人"打下手",帮助维持生产线高效可靠的运转。

目前,宝马莱比锡工厂的大部分车间正在或已经进入了这样一种"未来状态",而且,无论是生产线,还是办公区,莱比锡工厂处处流露出种种"未来范儿"。

莱比锡工厂的办公楼坐落在一个既高度浓缩又充满想像的空间内。餐厅与办公区被设计在同一个空间里,分成上下楼两个区域;楼上的办公区是全开放式的,站在一楼的进口处就能看见二楼的某些办公位;在办公区上方,有一处宝马车前脸形状的弧形穹顶悬挂在半空中,在穹顶的下方,一条巨大的传送带横穿整个空间,在喷漆车间完成喷漆工序的汽车车身正一辆接一辆地通过传送带被运往最后一道总装工序的生产线；车身穿过整个办公区域，没有噪音，也没有异味，一切都在有条不紊、安安静静中进行。这样的布局，将空间艺术发挥到了淋漓尽致的地步，整个办公楼看上去充满了浓厚的未来感。

在传统的汽车制造企业，车身在喷漆车间上好漆之后必须要下线，用运输工具运往位于另一处的总装车间。然而，在莱比锡工厂，这一传统布局和做法被打破，喷完漆的车身不仅不用下线，还能在最短时间内被传送到距离最近的后道工序生产线上，这样不仅提高了效率，也节约了厂房的占地空间。

帮助宝马的莱比锡"未来工厂"梦想成真的是西门子公司的Simatic自动化系统——莱比锡工厂的车身车间、喷涂、总装和物流等环节均使用了这一自动化系统。在上述车间和生产线上，随处可见Simatic S7-300和S7-400可编程逻辑控制器。这些自动化系统通过过程现场总线技术（Process Field Bus，Profibus）组成一个网络，而传送汽车车身的自由悬挂式输送系统则是通过Micromaster变频驱动器所控制的Simatic ET200S分布式外围设备实现的。同时，西门子公司也为人机界面（Human Machine Interface，HMI）提供了大量操纵面板。

莱比锡工厂的主技术大楼采用单屋顶建筑结构，四大工艺流程在同一建筑内完成。因为按照德国人的理解，未来工厂，是对传统工厂从理念，到工厂设计、生产线重置、自动化生产，再到可持续发展的一套体系的重建，因此莱比锡工厂的汽车制造流程和厂房得以重新设计，这其实也真实反映了德国工业4.0背后完整的文化基础和理念。

工业4.0是整套信息物理体系的应用，其影响力不仅会带来技术、产业的变革，还会涉及社会人文等方方面面的改变。信息物理系统是

第八章
工业4.0的实践

一套网络软件工程，它的全面应用会带来自动化程度的再度提升。你可以看到，物与物之间进行网络化相连之后，物自身便具有了智能管理和自动决策的能力。这势必会引发生产和物流流程的优化和创新，从而让企业可以实时掌控整个价值增值网络，甚至实施对其进行改变，从而最终开发出基于新人文价值的全新商业模型。

物联网中用到最多的是嵌入式系统，德国在该领域的研究和应用均领先于全球，尤其在汽车工业及工程领域。宝马、奥迪（Audi）、奔驰（Benz）等汽车企业都已经尝试将这些系统导入各自的工厂及生产线上。宝马莱比锡工厂的全面升级，其开放式办公楼的未来概念设计景观仅仅打开了一个窗口，只有深入其中，才能探寻到更多有意义的发现。工业4.0战略，使宝马集团的汽车生产达到高度智能化，但这并不意味着生产工厂就没有人管理了，也不一定增加自动化设备。在这种时代背景下，首先要解决的问题就是工人在生产中如何通过新技术的合理应用得到理想的支持。

除了智能数据管理，该方法还包括复杂的人机系统的运用。通过这种方法可以显著提高生产过程中不易于人工操作的工序的成功率。当虚拟世界与现实世界之间的联系越来越亲密时，就会出现新的机会，而宝马集团通过全球的生产网络，就可以让员工们展开更有效的合作。

在未来，宝马集团的移动辅助系统可以为工人提供技术改进方面的支持。在所有生产工序的注意事项中，最主要的不是技术的可行性，而是生产技术可以为企业的生产效率带来怎样的好处。而实际上，所有的一切最终都是服务于客户的。

通过以上的研究开发成果，我们可以看出宝马集团已经走在了汽

开启工业4.0的新商业模式

车产品开发前沿,它必然会为人们提供一个安全、愉快的汽车社会。

工业4.0时代,客户对小型汽车的需求越来越迫切。因此,汽车制造商面临着这样的困境:他们不得不解决人们正在倾向于小型汽车的问题。

但大部分汽车制造商都有一个很深的顾虑:如果政府撤销以旧换新计划,那么在汽车销售方面会带来怎样的影响?在德国,汽车的以旧换新计划对提升人们在汽车需求方面有着很大帮助,通过政策上的刺激消费,使汽车销售在销量上已经远超从前。因此,如果这种刺激计划被取消,那么很多购买者就极有可能会打消购买新车的念头。于是很多汽车制造商就开始担心欧洲汽车销量会出现明显下滑,除非一些富人可以加大他们的采购力度。而即使以旧换新的计划继续下去,购买者也所剩无几了。

第二个顾虑就是人口变化。这种变化对于德国高档汽车制造商而言尤为明显。截至2020年,发达国家新车购买者的年龄将会有一半超过60岁,而目前仅为28%。虽然一些老牌高档汽车拥有很强的实力,但针对于目前的情况,他们也不足以支撑太久。因此,他们也希望向着小型汽车的方向发展。

大部分退休人员都不会通过公司为自己购买交通工具,而是自己花钱购买自己喜欢的汽车。在这种情况下,很多人为了节约成本就不会选择具有超强载重能力的汽车。而据调查数据显示,65岁以上的老人开车行驶的车程都很短,这也就意味着汽车的使用寿命将会大大加长。再加上如今汽车质量越来越好,有人预测,发达地区汽车的销售量必然会出现大幅度下降。

第三个顾虑是如今为了应对"全球气候变暖"问题,各国政府都在竭尽所能地节能减排，这就导致所有汽车交易市场都必须依照政府颁布的尾气排放标准进行车辆限售，并限制私家车的销售。这虽然有利于那些大型车辆制造商，但也迫使他们不得不投入大量资金发展尾气处理技术，以满足大众的消费需求。

与此同时，各国为了应对工业4.0变革，纷纷出台各项政策，在各个行业进行产业调整，而汽车产业的智能系统集成已经成为重中之重。汽车制造商必须着手处理生产力过剩问题。因为生产力过剩会为汽车行业的价格体系带来毁灭性的打击，同时他们还要兼顾汽车生产线的智能化问题。这样说来，汽车生产达到健康发展水平，还有很长的路要走。

机器人系统集成：奋起直追争市场

2011年2月18日，人类被超级电脑"沃森"击败。至此，智能电脑在与人类智力比拼中屡屡获胜。通过"沃森事件"，让人们又想起了超级电脑"深蓝"。1997年，在一场国际象棋比赛中，"深蓝"以绝对优势击败了国际象棋大师卡斯帕罗夫。这在当时引起了轰动，人们认为电脑时代来了。

从"深蓝"到"沃森"，电脑智能化已经实现了跨越式发展。但是，电脑真的可以取代人脑吗？真的会出现电影中机器人反抗人类的画面吗？这个疑虑存在于很多人心中。

开启工业4.0的新商业模式

一些科学家认为,这就与宇宙学研究得出的"奇点"理论是一样的,总有那么一个点,所有的定律都不适用。互联网信息技术正在朝着"超级智能化"的奇点飞速前进。计算机科学家雷蒙德·库兹韦尔认为,这样的信息奇点必然会如期而至,那时,人脑将远远落后于人工智能,人类存在的意义将产生翻天覆地的变化;人类将不再沿着现在的形式进行繁衍,而会出现人与机器的融合,人类将变成"超级人类"。

"超级人类"是否可以永远存在?是否会出现人机融合的现象,或直接将自己置身于机器中上市呢?其实,这种设想早在1964年,传媒大师麦克卢汉就进行过详细的论述:"未来,人类的作用仅仅是负责机器人的生产与制造。那时,机器将成为人类的延伸,而人类,也必将成为机器的延伸。"

你想像中的生产车间会是什么样子的?极简到只有四面墙和屋顶、门窗组成的厂房中充斥着巨大的噪声、呛鼻的味道、一群群身着蓝色工作服的工人围绕在笨重的机器四周进行着或复杂或简单的操作——许多人心中有关工厂的场景图或许就是这样的。然而,在宝马莱比锡工厂却不太一样。深入宝马莱比锡工厂所产生的第一个直观印象就是:机器人,机器人,还是机器人——除了总装车间外,冲压车间、车身车间和涂装车间这三大车间里到处都能见到机器人,就像电影《变形金刚》中的博派汽车人擎天柱(Optimus Prime)、大黄蜂(Bumble Bee)、爵士(Jazz)、铁皮(Ironhide)等聚集在一起的集结地。

冲压车间是莱比锡工厂生产过程的起点,车间内大约100米长的冲压线可以生产工厂所需的绝大多数车身部件,例如车架侧部件、车门、车顶和引擎盖等，一共40多种。为了完成这些工作任务，冲压车间使用了6序伺服高速冲压机，可冲压出更为复杂和高精度的零件，这套冲压设备每小时可以完成上千个冲压件作业，生产效率比传统制造企业所使用的液压机提高了3倍。

在冲压线上，板料供给、废料排出、模具更换、冲床调整与运转、冲压过程异常状况监视等作业全部实现了高度自动化。同时，还配备了拆垛机、对中机以及压床机等多个机器人抓手，这些抓手通过电脑严格控制、设定抓取轨迹，可以改变六个不同位置的压力，从而确保抓手在抓放件时不会对零部件质量产生影响。

车身零部件经过冲压车间的冲压制作后，就会被传送到车身车间，它们在这里将被焊接在一起组成汽车车身。车身车间的生产线所呈现的场景，就像医院手术室里医生们围绕在手术台四周紧张工作，在生产线的两边围绕着各种机器人，数百片钢板被传送到不同工位，共700台机器人要在这里完成多达5000多个焊点的焊接。

要论操作的精确性，对于车身车间机器人的要求绝不亚于外科医生在手术中的严格性。由于焊点多，且布满整个车身不同地方，机器人必须完成复杂的抓取动作，并且必须非常精准。车身车间的每条生产线都有各自独立的焊点，通过可编程逻辑控制器来控制机器人的工作，让每个机器人获得各自的工作内容，完成焊接。控制机器人的工业电脑达到级别最高的L7标准（宝马和西门子以及众多国际供应商联合开发的工厂建设L7标准，是宝马集团高效生产的最高标准之一，基于西门子的控制架构开发而成），不仅可以确保机器人手臂完成复杂的焊枪更换动作，而且能确保其动作极高的精确度。

这些机器人的供应商全部来自ABB公司。据相关人员介绍，ABB

的技术人员和软件工程师,在莱比锡工厂还未建成完工之前,就已经进驻工厂,共花了6个月时间根据莱比锡工厂的需求调校这批机器,同时定制开发相关的生产软件程序。

在车身车间,除返修工位之外,其他生产环节均已实现了自动化,整个车间的自动化率高达97%,是莱比锡工厂自动化率最高的车间。车身车间生产线上的工人数量十分有限,但这些高素质的员工却能身兼两职:完成需要手工安装的部件,以及监督机器人的操作质量。车身质量是整台汽车质量的基础,就像一座大厦的地基,而车身车间的高度自动化则是宝马汽车高品质车身的有力保证。

汽车车身穿过车身车间,就来到了涂装车间。这里同样是被机器人"占领"的一个领域。涂装车间采用的是德国杜尔公司(DURR)最新一代机器人,整体工作模式采用机器人连续喷涂——即除了车身外表,四门二盖内腔喷涂时采用7轴机器人。7轴机器人相对于6轴机器人,在下端多增加了一个移动轴,因此可以跟随车身同步"行走"运动。所有这些机器人可以自动获取信息,按照车型、颜色进行喷涂,从而提高生产柔性,缩短交付时间。

可以说,莱比锡工厂下线的每一台宝马汽车都是根据用户的不同需求为其量身定制的。如果把冲压、车身、涂装这三大工艺比作"克隆",总装车间就是要为每台车塑造"个性"了。在总装车间,巨大的C形钳运行起来,与《变形金刚》中的汽车人的霸气绝对有一拼。然而与它们的"硬汉"式外形相比,其工作方式却相当"温柔":每个C形钳会根据工人的身高,配合工人的操作需求,调整和翻转工位,实现灵活的高位、低位运行,从而将空间利用最大化。经过C形钳拧紧的每一个螺丝,其拧紧程度都将被电脑录入系统并一直保存至车辆报

第八章
工业4.0的实践

废,这就确保了每一项数据都是可追溯的。

当错综复杂的布线、保险杠、方向盘、空调机等诸多装备安装完毕后,再添加上各种保证车辆正常运转的"液体",一辆崭新的宝马车就诞生了。这样的一台车真正体现了"高科技无处不在"——在最好的工作环境下,运用最先进的生产设施,全自动处理工位,全部由机器人完成制造。

在总装结束后,成品汽车便离开总装车间,被运送到交货区。宝马公司在莱比锡工厂安装了智能实时定位系统Sicalis RTL,该系统可以在10米内对车辆进行精确识别和定位,快速可靠地确定停放车辆的位置,从而完成成品汽车从总装车间到交货区的运输,最后交付给宝马公司的经销商。

20世纪50年代,"人工智能之父"图灵就做出过这样的预测:在未来,电脑可以按照自己的思维方式进行思考。这一天必将到来,而且到来的日子已经不远了。

如果真有那么一天,机器具备了自己的意识,也能同人一样进行思考,那么世界是否会大乱?库兹韦尔相信,这种事情避无可避,而且在快速地变为现实。根据他的预测,大约再经历30年的发展,人类文明便会面临重大变革。

爱因斯坦的广义相对论在对宇宙变化的表述方面是正确的。后来,根据这一定义,霍金和彭罗斯经过研究,得出了一个相同的结论:通常情况下,空间和时间内都存在着一个"奇点",而其最主要的表现形式就是"黑洞"或"宇宙大爆炸"。在奇点处,目前得出的任何定律都将变得没有意义。我们可以将这种奇点当作时间或空间的边缘或边界,而只有找出适合奇点出现的条件,才能真正弄明白宇宙的演化过程。

电脑的计算速度越来越快,未来,电脑的运作速度必然还可以出现突破性提升,那时,人工智能将使它们拥有自己的意识,进行独立思考;人类自身也会产生诸多变化。在信息学中,这个机器高度智能化的时段也被称为"奇点"。

如果你认可这种说法,那么必然也会相信电脑会变得越来越强,智能化程度越来越高。它们必然会取得长足发展,最终一举超越人类。它们在智能方面的提升速度也会持续增长,或许最终真的会摆脱人类的掌控,自行主导自己在今后的发展状态。设想一下,如果机器的制造者自身就是一个超级智能化的机器人,会出现什么状况?这时,它的工作效率将会多高?这种情况下,它便可以随意使用海量的数据对工作进行系统分析,最终得出更适合的解决方案。甚至还可以中途玩一些小游戏,自我娱乐一下。

在未来,具有独立思想意识的电脑将与人类共同主宰整个世界,但就目前的情况而言,人类没有很好的办法预知它们今后的发展状况,以及它们自己的行为意识。不过,现在人类在人工智能的研究上已经得出了很多具有参考价值的理论:最终,也许会出现人机融合的现象,人类将自己制造为超智能的"半机器人",通过这种方式拓展人类大脑的极限;也许这种人机融合的方式,可以让人类不用再担心寿命问题,获得永生;也许人类可以通过技术手段将自己的意识存储在电脑中,如同软件一样得到"永生";还有一个十分可怕的可能,那就是机器人产生人性,开始反抗人类。但得出的这些理论全部存在着一个共同点:人类自身会产生变化,未来的人类与现在的人类相比,会出现本质上的改变。而这种变化的时间段,也被人们称作"奇

第八章
工业4.0的实践

点"。

虽然"奇点"这个词听起来具有一些科幻性质,但其实这只是科学预测。当然,如果这种预测成为现实,那么"奇点"必然是语言出现之后,在人类历史上最大的变革,也是人类历史上最为重要的事件。

"奇点"不是什么新奇理论,它只能说是与现代某些概念相比较而言有些新颖。早在1965年,英国数学家古德就提出了"智能爆炸"理论:"超级智能化的机器,必将超越人类的智力极限,人类可以制造机器,那么超级智能化的机器就可以制造出更好的机器。不用怀疑,在这之后必然会发生'智能爆炸',人类智慧必将被智能化机器所超越,第一台远超人类智慧的机器必然是人类的终极制造。"

"奇点"原本用于天体物理学,但被很多信息技术方面的专家用在了智能研究上。"奇点"这一概念,在天体物理学中,仅为时空中的一点,只是在这一点上,任何目前所发现的定律都不适用而已。1993年,美国召开的科技研讨会上,著名的科普作者瓦诺尔·温格说:"未来,人类在掌握了制造超级智能机器的方法之后,人类历史也将画上句号!"

工业4.0时代,是智能化的时代,也可以说是机器人的时代,在生产和人类生活的各个方面,都将出现机器人的身影。越来越多的机器人将会被制造出来,服务于人类社会。虽然有可能会出现失控现象,但人类不得不沿着这条路走下去。

目前,工业机器人的制造技术一直把持在发达国家的手中,发展中国家没有掌握核心技术,只能进行代加工。因此,国产品牌机器人在国际市场上所占的份额微乎其微。

开启工业4.0的新商业模式

2013年9月26日,沈阳新松机器人制造厂生产出来的一批工业机器人,被一汽集团运用在了汽车焊接生产线上。这几台中国造的机器人直接"闯"入了德国汽车生产线,并与他国机器人展开了实力比拼,这对国内机器人生产企业而言尚属首次。

我国在机器人系统集成方面,正在奋起直追,全国有很多地区在机器人研发速度上产生了大的改变。其中,以珠三角地区为主的机器人制造和应用市场的增长速度最快。

深圳市的机器人制造业十分发达,拥有很多机器人制造企业,仅这方面的收益就十分可观——2016年,年产值达到了数百亿元,这个行业的平均年增速为60%左右。一般机器人制造在前期的投资都比较大,当地却很好地解决了这一问题,他们采取了"雇佣"营销的方法,就是购买者可以先使用再付款,而在使用过程中,如果发现机器人存在质量问题,甚至可以要求无偿退货。

在制造业中,机床可以说是这个行业的基础,而机器人则是"拥有智慧的机床"。机器人制造业的相关人士表示:我们必须明白,如果想要在机器人领域赢得一席之地,就要有自主知识产权,不能总是使用外国产品,那样只能让中国制造越来越低迷,在附加值上得不到应有的利益。为了尽快赶超竞争对手的机器人,我们必须用核心技术武装我们的机器人,这样才有一战之力。

工业机器人在人们的生产制造中已经屡见不鲜,但就是没有大面积普及。这是为什么呢?究其根本就是生产机器人的企业没有按照客户个性化需求进行定制的能力。很多大型机器人生产商都是国外的,国内的生产企业仅仅负责加工组装而已,这表明我国在机器人系统集成创新方面做得还不够,研发技术还有待提升。

第八章
工业4.0的实践

但有一点是不可否认的,那就是中国工业机器人产业一直都在不断进步,可是与西方发达国家机器人生产制造技术相比,我国确实还是落后的,并且差距明显。

在工业4.0时代,全球国际化分工的周期性不得不做出大幅度调整,因此,中国制造业多年来高速发展方面存在的人口红利优势已经逐渐消失,反而用工成本和制造成本方面有所增加。面对这种形势,各大制造企业纷纷谋求加速生产线转型升级的路径,以便在激烈的国内竞争和国际竞争中谋取更大的利益。

在西方发达国家看来,目前,中国机器人产业正逐步形成已具备独立知识产权的研发基地,并在全国范围内形成了一股机器人生产制造浪潮,逐渐建成了一批专业机器人制造装备基地。中国已经在机器人系统集成方面奋起直追,快速地朝着国际领先水平发展和进步。

自动化个性定制

人类的前三次工业革命经过了三个阶段的进化:从蒸汽机时代,到大规模生产,再到电子和IT系统应用下的自动化生产。如今的第四个阶段有点像自动化和计算机化,不过,同样是自动化,第四阶段的自动化具有更深层次的优化和智能化特征。

俗话说:"饭要一口口吃,路要一步步走。"从由古至今的历史演变进程来看,人类的进化及演变都是一步步走过来的。当然,今后工业体系的发展依然会遵循这样的发展规律，但如今人们通过新技术、新材料及创新工艺便可以大大地缩短工业制造上的进化过程，只是如果想实现现代制造业的跨越式发展，实现工业上的自动化和智能化生产，必须拥有充分的前提条件。

在先进制造技术发展过程中，出现了很多同智能制造有关的理论与实践，其中与智能制造关系最密切，并存在直接关联的是技术上的数字化、信息化和自动化。这些技术的应用与实践对制造业的发展具有十分重要的意义，对智能制造技术的推动也具有十分重要的支撑作用，但与智能制造相比，又存在或多或少的差别。

自动化技术是一门综合性技术，它在智能制造过程中涉及很多方面，与信息技术、智能制造技术、数字化制造技术等高端技术都有着十分密切的联系，而这些高端技术中的"控制技术"和"互联网信息技术"对自动化技术又有着十分重要的作用。

在以后的制造业中，CPS（信息物理融合系统）对涵盖自动化、智能制造技术、数字化制造技术、信息化制造技术、绿色化制造技术等众多智能制造部门及应用领域，都有着十分重要的价值。因CPS而达到既定目的的许多应用，必然会生成新的附加值及管理模式和业务模式。通过对CPS的合理利用，不仅可以将生产中的实际成本降到很低，提高能源利用率，还可以达到节能减排的目的。

因为CPS的存在，使智能工厂在生产过程、资源利用、产品组装处理等方面，都具有很高的水准，还可以在资源、成本节约方面发挥更大的优势。未来，智能工厂的构建必须围绕可持续发展的中心原则来设计，这样才可能保证在生产过程中让生产设备保持更高的服从性、灵活性，并使其具备更高的学习能力和容错能力，而这在管理理念中也具有十分重要的借鉴意义。

工业4.0时代，智能工厂设备必将实现高水准的自动化生产，这主要是依靠CPS的灵活融合来实现的。通过这种灵活的生产处理系统，可以在生产制造过程中让生产设备达到更高的运作效率，更好地完成既定任务，实现工作流程的彻底优化。同时，还可以在正常情况下保证最大的生产优势，提高生产效率和能源利用率，帮助多个智能工厂与制造企业所形成的信息化网络进行不断优化。

在工业4.0阶段，人类在生产过程中将永远占有一席之地——人与机器、信息物理系统的分工是，人类设计产品并决定产品规则和参数，机器、信息物理系统根据这些指令，触发、比对路径并选择、优化生产。

相对于传统制造业来说，未来的智能制造可以从多个角度满足客户的个性化需求，可以说是一种理想化的生产制造系统。它可以通过信息技术和自动化技术实现对产品特性的编辑工作，并从成本、物流、时间、可持续性等方面全面实现产品制造的最优化。可以这样说，这将是一场"自下而上"的生产变革，这样做不仅可以在技术创新、成本和时间的节约方面提供更多的可能，还可以提升市场的网络容量。

近年来，随着中国劳动成本和加工成本的快速增长，很多产业的许多企业都纷纷迈出了自动化生产的脚步，在电子制造行业更是掀起了一场自动化制造的浪潮。在2014年中国电子会展中，全球创新气动和电驱动技术生产企业Festo推出了一系列适用于电子制造行业的产品及自动化技术方面的技术方案，这些产品和技术方案完全可以在很多场合直接拿出来使用。

开启工业4.0的新商业模式

电子行业的生产过程十分复杂，主要体现在繁杂的生产工序和加工步骤上。生产的排列组合非常复杂。Festo公司认为要想提高电子制造业的生产效率，必须解决这些常见的问题，实现快速、精确、可靠的自动化生产。

如今，掌握并充分利用气动和电动的优势才是首要任务。Festo在这方面的研究已经达到国际领先水平，已经完全可以为客户提供个性化气动及电气自动化产品，还可以根据客户的要求进行结合，为客户提供最好的解决方案。显然，产品的性价比得到了极大提升。

工业4.0将众多与人、信息技术、自动化技术及生产设备相关的信息通过CPS进行超级融合，然后通过形成的数据为制造业服务。由此来说，它的本质意义就是"融合"。

工业4.0的主要任务就是实现生产的数字化、信息化和集成化。与此相应的是，工业4.0必须实现工业上的智能化和自动化，在原有的生产制造技术的框架中，由"集中式"控制逐步向"分散式"控制转变，并通过信息技术使生产设备与互联网紧密地结合起来，从而建立一个智能化、自动化、数字化、个性化的生产与服务模式。在这种工作环境中，生产自动化技术完全可以实现自我诊断和修复，让生产设备具备更高的智能，这样便可以提高整个生产过程的生产效率和能源利用率，以最快的速度完成客户交代的任务。因此，对生产设备的智能化和自动化功能方面有着更高的要求，而自动化分析软件必须具备超强分析能力，以及数据共享能力。

工业4.0是一个集成化的工业时代，单个工作组件或物理终端将得益于智能化互联而具有自我决策能力，这意味着工业制造将从一套固化的中央控制体系向分布式智能体系转变，那些仍由中央控制电脑操

第八章
工业4.0的实践

纵的任务将被各种组件化的任务所代替,各组件之间通过智能方式联网,各自的架构细小化,可以独立满足定制化的订单需求。人类工业生产过程中,将由一些看不见的"乐器"——信息物理系统,在各个物联网的节点上,共谱新的工业化乐章,并重塑生产制造的流程。

在莱比锡工厂,处处可见机器人在不知疲倦地运转,它们的工作完成得精准而高效,并且这些机器人就像"永动机",似乎永远也不会停下来。与人工相比,莱比锡工厂的机器人还"懂得"如何充分利用厂房空间,它们将传统的地面运输变为了极为壮观的上下三层的空中运输,将每个工位紧密衔接在一起。

莱比锡工厂布满了数不清的物联网传感器,用于收集各种生产数据和参数,同时,每台机器人背后都有着一套复杂的生产编程软件和用于控制设备的工业电脑,所有这些组成了一个看不见的、高度复杂的电子网络体系——正是得益于这些电子网络体系,才确保了莱比锡工厂生产线的高度柔性化以及物流的智能化。目前,莱比锡工厂可以生产宝马X1车型、3系标准轴距和长轴距三种车型,并且全部实现了并线生产。不仅如此,三种车型都可以接受个性化定制生产,这对生产提出了高难度的挑战。订单式生产所蕴含的挑战是,如何通过有效的生产组织和物流运送,保证每辆汽车生产时的精确性和稳定性,同时在适当的时间将适当型号的设备输送到适当的车辆。

以总装车间为例。车间的车辆生产序列,是通过物流订单管理系统来管理的。该系统由生产计划部门按照订单排产,然后物流及相关供应商按照订单序列,将相应的配件输送到生产线旁。另一方面,在超宽带实时定位识别系统的辅助下,生产线旁的机器人会监控每一辆进入总装车间的车身所运行的位置,并且通过系统读取车辆Tag携带的

开启工业4.0的新商业模式

信息后,按照车型参数进行装配和安装。当车身穿过办公楼到达总装车间后,借助大量传感器和软件系统的控制,各种各样错综复杂的布线、方向盘、油门和刹车踏板、中控台、空调和座椅等,就会在智能化和高度灵活的物流流程中,准时被传送到准确的工位上,然后被准确安装到车身上。因此从莱比锡工厂下线的每一台宝马汽车都是唯一的,因为每辆车上都有一个电子标签,其中包含了所有的定制信息,而生产过程也如上面所介绍的那样,是独一无二地按照定制信息进行的。

在这个体系下,每个工位、每个细微流程都具有自主选择和决策能力,使得物尽其用,实现更高效、更低成本的灵活个性化定制。未来,宝马还将在莱比锡工厂引入更多车型,使其成为一个真正的个性化生产基地。

工业4.0时代,制造业必须实现高度智能化和自动化,因此必须保证控制系统上的高度统一,以及信息网络的高度通畅。而要实现工业4.0,自动化系统内部必须建立横向连接。通过这种方式实现全层次的自动化,并在控制系统的平台上架构统一的控制和驱动系统,实现深度集成,保证在编程环境中实现控制平台方面的高度统一。通过这种集成方式,可大量减少生产工具的储存数量,而控制平台的高度统一则可以保证与其他组件实现高效集成。此外,任何生产设备上都必须采用可视化信息处理系统,以便在生产制造过程中进行标准化的生产和处理。

此外,在现场传感和数据采集方面,必须在系统内部建立纵向连接。从生产设备的运行和能源使用再到材料的处理,整个生产过程中的任何环节,都会通过控制器和传感器形成海量的数据。仅仅来自生

第八章
工业4.0的实践

产过程中的数据便可以在很短的时间内超越公司的业务数据。即使是现在，也有很多此类数据正在通过特定系统进行分析处理。目前，首要的是将这些来自生产过程中的数据和公司的业务数据有效地结合起来，形成有用的信息，通过这种信息打造智能化生产、自动化生产，并实现智能运营。还可以通过这些信息解决远程维护问题和基于云技术的服务，而这样便可以有效应对不断增加的数据服务需求。比如，远程监控可以直接对某个部件进行锁定监测，还可以对整个生产流程进行全天候实时连续监测。

基于工业4.0开放标准和统一信息网络，制造业要充分实现生产上的自动化，就需要借助统一网络基础设施，对智能工厂内的所有设备建立起相互联系。未来，网络交换设备必然可以得到普及利用。我国要实现自动化产业的改造和升级，就必须采用智能化技术、信息化技术建立更加强大的互联网信息系统，实现设备与设备之间的高度互联，从而提高生产中的自动化及管理方面的精细化。

开启工业4.0的新商业模式

大众与库卡：人机领跑工业4.0

"Robot"（机器人）一词最早出现于1920年捷克作家卡雷尔·恰佩克（Karel apek）的剧本《罗萨姆的万能机器人》。剧本中的Robot是一个具有人类外表、特征和功能的机器人。在这之后，机器人成为科幻片中经久不衰的题材之一，那些机器装置不仅具备了人类的感觉和感情，而且拥有甚至超越人类的"智能"，能够靠自身动力和控制能力完成各种任务。如今，剧本中描绘的"虚拟"场景正越来越多地出现在世界的各个工厂中。

在德国，"人机协作"早已成为现代工厂发展的主流，不论是"领头羊"类的大型企业，还是甘当"隐形冠军"的中小企业，都无一例外地乘上了"智能化"这辆超级列车，奔驰在工业4.0的轨道上。

大众：与机器人互为"同事"

在德国，有一个历史悠久的汽车品牌——大众，它创立于1938年，至今已有70多年的历史了。大众汽车被称为德国"国民的汽车"，其受欢迎程度可见一斑。德国人对于大众品牌的热爱并不仅仅因为它是一个"老品牌"，更因为它与时俱进的先进性与创新性——

第八章
工业4.0的实践

如果你前往位于萨尔茨吉特的大众汽车发动机制造厂走一遭或许就能明白其中的原因。在工厂里,你能够随处见到高低起伏着的机械手臂,它们的先进程度和智能程度远远超乎了你的想像。在大众萨尔茨吉特工厂所发生的一切,都说明了一个道理:传统也能跟上潮流,透过机器的触角,德国已将工业4.0的精髓注入了制造业的每一寸土地。

作为工业科技时代的标志性硬件,机器人的普及使人工劳动力得到了极大解放,在德国,平均每1万名工人就拥有273台机器人。将工业机器人进行整合并大规模投入生产线,让大众萨尔茨吉特工厂的员工们切实感受到了新工业革命吹来的春风。过去,在生产发动机时,工人们必须辛苦地弯着腰,把电热塞插进几乎看不见的缸盖钻孔中;现在,这一任务被一排排整齐的六轴UR5轻型机器人接管了。凭借一套特殊设计的分离系统,UR5机器人能够小心翼翼地抓取小巧的电热塞,并将它丝毫不差地放入人工难以达到的钻孔中。当UR5机器人完成一系列动作后,站在它身旁的同事——一名工人将负责固定电热塞,并对缸盖进行隔热处理,为下一道工序做好准备。通过与充当助手的UR5机器人紧密合作,工人们现在再也不用做弯腰勾头这样高难度的动作了,并且,他们可以始终观察操作全过程,在必要时迅速进行干预,确保生产顺利进行。放眼望去,工厂车间里一个个小型"变形金刚"在富有节奏的机械声中大显身手,它们的动作专业而优雅;寥寥数名工人与这些机器人相互配合,彼此之间虽然没有言语交流,分工协作却完成得相当流畅,仿佛他们是共事多年的工友、同事。

机器人的广泛应用,帮助大众萨尔茨吉特工厂重置并优化了生产线,生产流程被分割成了许多非常细小的片段,每个片段都严格遵循既定的顺序加工,片段之间用高精度的自动化传动装置联系起来,使

开启工业4.0的新商业模式

整个生产流程高度柔性化，缩短了交付时间，并促进了工厂的可持续性发展。由机器人所主导的数据准确地批量生产，不仅使制造成本得到有效降低，能耗与污染排放也得到了有效改善，平均生产每台发动机所消耗的能量和污染排放分别降低了67%和70%。

大众萨尔茨吉特工厂的项目经理自豪地介绍："我们利用了一种符合工效学的工作区布局，来摆脱公司所有岗位的员工所面临的长期负担。通过采用无需安全围栏的机器人，员工们可以与机器人携手合作。机器人成为生产制造助理，将员工从不符合工效学的工作中彻底解放出来。"

智能精密的自动化硬件设备不但大幅提升了工厂的生产效率，降低了生产能耗，还有效地改善了不符合人体工程学的生产流程。由此可见，先进的科学技术及其所迸发出的生产力，所要服务的核心仍然是人，工业4.0并不是一味地追求自动化，排斥人参与生产的全过程。与之相反，未来的智能科技将着眼于更高层次的人机交互领域，根据人的心理、生理和身体结构，来融洽处理人、机械和环境的关系，让科技硬件装备为工人提供更好的支持，并利用绿色智能的手段和智能系统等新兴技术，构建一个高效节能、绿色环保、环境舒适的人性化工厂。

库卡机器人：人工智能并不"高冷"

未来的工业生产中，智能化软件和高性能生产硬件这两大要素将完美匹配，实现真正的"软硬兼备"；而工业机器人这一生产硬件在结合了工业软件之后，将显著提高生产效率和灵活性，使虚拟和现实的交互不断加强。也就是说，未来的工业机器人，将变得越来越"聪明"。

在德国乃至欧洲的自动化领域，库卡机器人的市场占有率始终名列前茅。从最早的专用控制系统，到后期使用工业PC作为控制系统，再到使用Windows作为人机互动界面，库卡的研发技术在同行中一直遥遥领先。

在工业4.0时代，工业机器人将推动生产制造向灵活化和个性化方向转型，高度灵活的全自动化生产要求将机器人完全集成到生产流程中。

如前所述，在集成化的工业4.0时代，人与机器、信息物理系统的分工将转变为人类设计产品并决定产品规则和参数，机器、信息物理系统基于这些指令，触发、比对路径并选择、优化生产。也就是说，通过智能的人机交互传感器，人类可借助物联网对工业机器人进行远程管理。这种机器人还将具备生产间隙的"网络唤醒模式"，以解决使用中的高能耗问题，从而促进制造业向绿色、环保、可持续发展升级。

现代科技给我们提供了无限的可能性。软件的高速发展，硬件的不断迭代，使得曾经以机器、设备、油脂和钢屑等陈旧事物为代表的制造工业，转变成了与软件、互联网、自动化和云计算等新兴事物接轨的摩登时代的产物。然而无论软件、硬件如何发展，在工业4.0的进程中，人所发挥的能动性始终有增无减，不可取代。过去，人是机械的服务者，工作范围被局限在某一区域，只能在机器的轰鸣声中呆板地进行高强度的重复劳动；现在，人已经转换成了机械的控制者、协调者，通过数据的可控性，以清醒的头脑和眼光掌控生产全局；而在不久的将来，人还将进一步成为生产决策和优化过程中的执行者——

人类将拥有专业的高级技能,并能灵活地适应生产结构的调整和技术的发展速度,能够在一体化的生产过程中起到画龙点睛的作用。

法国历史学家雷蒙·阿隆(Raymond Aron)在叙述当今机器人时代时说:"这些人工智能的建构,把之前存储在人脑中的智能嵌入机器中,这在人类史上是重要的时刻。"德国工厂中各显身手的机器人只是未来工厂的一个缩影,而工业4.0也只是未来工业的一个起点。未来的世界,必定是人与机器协作创造出来的世界,我们用双手创造价值的愉悦感,用智慧推动社会进步的使命感,将在数据与机器、虚拟与现实的交叠中,不断被放大。

数字化制造,助力工业4.0时代

互联网信息技术的变化为全球制造业带来了巨大变革,使整个工业领域都面临着巨大的挑战。通过虚拟世界与现实世界相结合的方式,未来制造业必然会实现高生产效率、高效率上市及高操作灵活性。在德国推出的工业4.0战略中,虚拟生产必将会同现实结合起来。

当前,中国逐渐由"制造大国"向"制造强国"发展转型,"中国制造"将变成"中国智造"。而想要拥有中国"制造强国"的地位,除了研发出更多、更先进的产品外,还必须在进行产品生产时保证生产过程的高效、自动化、智能化和绿色化。目前,自动化制造技术已经在产品研发和生产过程中得到有效应用，装备各方面的性能也得到了相应提升，而产品的设计与生产工艺相比其他环节，还是薄弱很多。要想解决这种问题，就必须使用数字化制造技术。

数字化制造技术属于新出现的高科技生产技术，但通过一段时间的实践，证明数字化制造技术可以显著提升制造企业的生产能力。中国需要在保持制造业持续发展的同时较快地完成制造业的转型和升级，这时，数字化制造技术就可以起到至关重要的作用。

"数字化制造"，其实就是一套在设计和制造团队中建立统一规划并可以进行有效沟通的解决方案。它采用有效流程，允许对具备完整数字化信息的产品进行访问。它由多方面的技术成果及可视化、优质化和仿真等制造工艺组合而成。更广义的"数字化制造"是将数字化技术运用在生产制造过程中，然后通过各种技术手段来进行实际操作，从而达到提高生产效率及产品质量的目的。另外，还可以降低涉及的各方面的制造成本。

数字化制造所具备的真实含义可以这样理解：数字化产品、数字化工艺、数字化工厂、数字化管理和数字化生产资源，包括数字化设备（如数控技术中心、智能机人等），还包括生产加工工具和工作人员。

西门子PLM软件供应商对数字化制造进行了这样的定义：利用仿真工具、3D操作系统、解析工具及集成各种程式的信息物理系统，同时对产品制造和生产流程进行设定的过程。数字化制造是由很多类型各异的制造方案共同组合演化而成的。比如，计算机集成系统、信息物理系统、可视化操作系统、面向制造的设计及产品流程设计等众多的制造方案。

开启工业4.0的新商业模式

产品的生产流程及设计方式都在被数字化制造技术潜移默化地改变着，而随着这种情况的进一步发展，数字化制造技术就会成为制造业发展的新动力。正是因为数字化制造技术在工业转型上表现出来的重要作用，所以制造业必将通过对CPS等技术手段的充分利用，快速向"数字制造"转型。西门子PLM供应商的项目规划与这一转变不谋而合，它们提供的解决方案必然也会实现虚拟与现实生产之间的相互结合，借助这种变革力量推动制造业的不断发展和转型。西门子PLM供应商具备较强的创新能力，并拥有完整的生产线，还具备丰富的业内知识，而这些便为工业4.0的到来打下了厚实的基础。

西门子工业自动化生产和研发基地必然可以帮助西门子公司实现可持续发展，可谓"数字化企业"中的模范企业。西门子在工业自动化的生产与研发方面无疑走在了很多企业的前面，因此西门子将不遗余力地帮助其他相对落后的企业，让全球在自动化、数字化、智能化的进程中，保持最高效的互联，并将最先进的数字制造技术带到中国。

德国制定工业4.0战略项目，根本目的就是为了保证德国制造业在全球中的战略地位，并助力德国各个方面的发展和持续进步。为此，德国政府组织了众多国内企业参与了进来，西门子就是企业中的牵头企业。

CPS被众多企业认为是工业4.0时代的发展趋势，它将在现有的网络设施基础上，进行新的变革，拓展各种计算机应用，彻底将虚拟世界与现实世界整合在一起，真正实现信息上的互联与共享。对于德国政府而言，推行工业4.0计划，就是为了解决城市化、信息化、智能化生产所遇到的重大挑战。

第八章
工业4.0的实践

对于工业4.0战略计划来说，必须通过一定的时间进行探索，而西门子PLM供应商在这一战略下进行的定位，无疑是十分准确的。如果想要在工业4.0时代成功生存下去，就必须全面优化产品生命周期，这样才能延长生产生命周期。而西门子PLM供应商想要在工业4.0的变革中赢得更多先机，必须依据领先供应商战略和领先市场战略对市场动态进行合理变革。

作为工业4.0理论的实践者，西门子PLM供应商的解决方案在西门子生产基地进行了全面应用。这些解决方案还在其他德国工厂得到了全面推广。西门子公司制定的国际标准化项目可以说是西门子PLM供应商实践的一个代表作。刚刚成立时，国际标准化项目是最引人注意的数字化研发项目，经过多年实施，西门子PLM供应商所提供的解决方案如今已经可以支撑全球大部分国家和地区共同使用。这是西门子公司区别于其他供应商之处，同时使西门子掌握了更多的实践经验。

西门子PLM供应商是软件供应商，还是生产设备供应商。它在产品开发和战略并购方面注入了大量资金，通过这种方式形成最优化的产品组合。

经过持之以恒的研发和多方并购，西门子PLM供应商已经拥有非常完整的生产线，包括各个方面的解决方案。而在数字化制造领域，则主要提供可行性方案进行产品生产。数字化制造是一个综合性解决方案，它将产品设计、生产过程到制造执行等都紧密地联系起来，这不仅推动了技术方面的创新，还让生产流程变得更高效。

开启工业4.0的新商业模式

硅谷与智能化浪潮

一提到硅谷，人们总是联想到先进的IT技术，鲜有人将其与正在发生的全球工业革命联系在一起。然而事实上，硅谷从未远离工业革命的漩涡，它一直从事着推动新工业革命的重要工作，比如大数据和云计算、3D打印、智能家居和智能硬件。这些工作加速了深刻影响全球工业的新浪潮——智能化的到来。

新的全球工业革命的共同目标是实现智能制造。对于智能制造，包含四个方面的内涵：产品的智能化、装备的智能化、流程的智能化以及服务的智能化。而硅谷的智能化浪潮，更多表现在产品的智能化方面。iPhone的出现颠覆并改变了人们对手机的所有想像，这是硅谷在智能化浪潮中最重要的一个杀手级智能产品。iPhone从面世至今，已经过9次迭代，这充分印证了苹果公司对iPhone在智能化方面的关注已经远远超过了对其外观的关注。在智能化方面，苹果公司的贡献有目共睹，而同为科技巨头的谷歌在硅谷的智能化浪潮中所起的作用也值得称道。

从1998年成立至今，谷歌被公认为全球最大的搜索引擎，谷歌CEO拉里·佩奇（Larry Page）曾直言，信息是谷歌的核心。谷歌力推安卓（Android）生态，充分显示了其在智能化浪潮中的先知先见。如今，安卓系统引发的移动领域革命，重塑了全球各大科技公司的财富

第八章
工业4.0的实践

格局。

乔布斯在斯坦福大学（Stanford University）毕业典礼致辞中的最后一句话是：Stay hungry，Stay foolish（求知若渴，虚心若愚）。而佩奇则认为：谷歌必须在每一个领域和每一次浪潮来临前战战兢兢。因此，尽管有安卓生态这样的重量级产品，谷歌依然在为长期发展、为下一代重要产品寻找机会。

2012年4月，谷歌联合创始人谢尔盖·布林（Sergey Brin）在Google I/O大会上以4000英尺高空跳伞视频直播的方式正式发布Google Glass，此后，Google Glass已然成为可穿戴智能设备的代名词。这款眼镜集智能手机、GPS、相机于一身，用户无需动手便可上网冲浪或者处理文字信息和电子邮件，同时，用户还可以通过这款"拓展现实"的眼睛，用自己的声音控制拍照、视频通话和辨明方向。毫无疑问，这是谷歌的明星产品，也是可穿戴智能设备的标杆之作，无论它今后如何发展，都具有里程碑式的意义。Google Glass的出现，让许多人认为手机终将会被替代，未来的手机呈现形式应该是融入身体的一部分，像穿衣服一样，让你感受不到它的存在，彻底解放你的双手。

继Google Glass引爆智能可穿戴设备市场之后，谷歌又开始在智能硬件方面持续发力。2014年，谷歌以32亿美元收购智能家居公司Nest Labs，以5.5亿美元收购家庭摄像头企业Dropcam，这些大动作无不彰显了谷歌进军智能家居领域的野心。Nest Labs专注于恒温控制器和烟雾检测器的研发与生产，智能恒温器更是其拳头产品。这款产品能够整合美国家庭常用的空调、电暖气等气温和湿度调节设备，使室温保持恒定；同时，它能够不断"学习"用户习惯，并做出反馈。而收购之后，谷歌更愿意通过Nest Labs的特殊用途，来搜集用户的家庭数据,同时,通过谷歌的技术团队打造智能家居生态系统的主控中心和连接点,从而引导用户真正进入智能家居时代。而在家庭视频监控系统领域,谷歌则更希望能进一步扮演"智能家居神经中枢"的角色。

凭借安卓系统,谷歌在智能手机领域"软而不硬",但在智能家居方面,谷歌的战略从一开始就是"软硬结合",单品+平台一起上。接下来,谷歌为智能电视打造的操作系统、为智能家居设备打造的标准平台将陆续问世。

在智能汽车领域,谷歌早在2009年就开始了无人驾驶智能汽车的研发工作。2014年12月22日,谷歌宣布已经打造出第一辆全功能无人驾驶汽车原型,这是首款完全自动驾驶的汽车。这款无人驾驶汽车能够摆脱驾驶员的控制,通过传感器和车载电脑上的软件系统行驶。谷歌在2013年发布的一份研究报告中曾宣称其研发的无人驾驶汽车在自动模式下能够比人工控制更安全地行驶。

而近期,谷歌最引人注目的投资是机器人项目。谷歌集中收购了Schaft、Industrial Perception等8家具有创造活力、领先技术的机器人公司,希望借此掌握最前沿的机器人技术,开发更具突破性的产品。从谷歌所收购公司的产品来看,涵盖了仿真机器人、工业机器人、特种机器人,以及开发机器人必要的技术和系统。再加上前文提及的无人驾驶汽车等产品,未来,谷歌机器人将可适用于交通运输、物流、制造业、家政服务等人类生产生活的多个领域。如果再加上其强大的信息网络技术,谷歌完全可以打造一个"智能化的生活网络",即由人工智能系统管理汽车、家居、家电等人类的主要生活用品,并通过由智能系统控制的机器人进行生产、配送和为人们提供各类家庭服务。此外,智能系统可以从"智能化的生活网络"中获得数据,并探析出

第八章
工业4.0的实践

用户潜在的需求，进而开发出更具消费潜力的产品。一旦用户和生产领域对谷歌的智能化服务产生依赖，谷歌就可能将虚拟世界和现实世界的"统治权"牢牢握在手中。

从长远看，如果谷歌能将机器人业务与原有业务、新业务有效整合，并研制开发出谷歌预想的机器人和智能系统，那么将会对制造业产生深远影响：

· 可促进新型智能机器人的研制生产。依托强大的信息网络技术和数据分析技术，配合新掌握的机器人技术，谷歌不仅可以开发出具有较强学习能力和自主解决问题能力的新型智能机器人，还可以为机器人提供一个云空间，帮助机器人建立起自己的互联网和知识库，使机器人通过互联网进行交互，并获得解决问题的各类信息，甚至可利用云提供的强大计算能力提升机器人的性能。一旦谷歌充分掌握机器人技术，势必会开发并批量生产具有复杂学习能力、信息共享交互能力和独立解决不同问题能力的新一代智能机器人，届时人类有可能看到机器人领域发生的一场新革命。

· 加快制造业智能化进程。有消息称，传统制造业巨头富士康已与谷歌在机器人领域开展合作，由富士康为谷歌新型机器人技术提供试验场地，谷歌通过机器人帮助富士康提高生产效率，这种合作模式如果能取得成功，必将起到示范效应，从而加快智能机器人等智能设备对传统制造业的智能化升级。

当然，以上这些还不是谷歌会影响未来工业的全部，谷歌公司最神秘的部门——Google X实验室有一份列举了100项未来高科技创意的清单，其中甚至包括了太空电梯，这也是谷歌众多梦想之一。

在智能化浪潮中，谷歌将成为一家彻头彻尾的智能设备＋互联网

开启工业4.0的新商业模式

公司,而这正是工业互联网和工业4.0未来的发展方向。

特斯拉:智能产品+智能生产

汽车业是全球工业的重要门类,工业生产方式的每一次进步与变革都巧合地与汽车业密切相关,并由此影响到其他产业:福特开创了大规模生产方式,丰田(Toyota)因精益生产成为制造业学习的标杆,而在工业4.0时代,德国汽车巨头宝马、大众等都正在将智能工厂从概念一点点地变成现实。

在美国,也有一家生产汽车的公司,它的成功在一定程度上已经与工业4.0的理念不谋而合,这家公司就是被誉为"汽车界的苹果"的特斯拉——它对自己所生产的汽车的核心定位并非一辆电动车,而是一个大型可移动的智能终端,具有全新的人机交互方式,通过互联网终端把汽车做成了一个包含硬件、软件、内容和服务的体验工具。特斯拉的成功不仅仅体现在能源技术方面的突破,更在于其将互联网思维融入了汽车制造。

特斯拉汽车用一块17英寸显示屏取代了很多传统汽车的按键,用户在操纵整部车的时候也不用花时间了解并记住按键功能了,显示屏的界面很简洁,和iPad差不多。如果想打开天窗,就直接用手指按着屏幕把天窗的图标拉上去就可以了,需要关上就再将图标拉下来。特斯拉汽车有Home Link功能,设置好之后,当你把车开到车库门口的时

第八章
工业4.0的实践

候，车库通过网络就可以识别你的车，自动为你开门。此外，给特斯拉充电的时候还可以根据所在城市不同时间段的电价选择充电时间。

特斯拉可实现个性化定制。目前Model S有9种车身颜色供客户选择，分别是纯黑、纯白、银色、蓝色、绿色、灰色、棕色、珍珠色和红色；除了车身颜色，客户还可以自定义车顶、车毂，还有内饰；订车时，客户可以选择不要天窗，也可以定制一个配有黑色车顶的白色车；如果你觉得后备厢的电动开关无所谓，可以选择不要；其他定制需求，如在后备厢加个儿童座椅，或者加一款软件以实现带速，所有这些，特斯拉都可以实现。

毫无疑问，特斯拉已经成了硅谷的新宠，并掀起了全球智能电动汽车热潮。特斯拉的生产制造是在它位于美国北加州弗里蒙特市的"超级工厂"完成的。在这个花费巨资建造的"超级工厂"里，几乎能够完成特斯拉从原材料到成品的全部生产过程，整个制造过程将自动化发挥到了极致，其中"多才多艺"的机器人是生产线的主要力量。目前"超级工厂"内一共有160台机器人，分属四大制造环节：冲压生产线、车身中心、烤漆中心和组装中心。

车身中心的"多工机器人"（Multitasking robot）是目前最先进、使用频率最高的机器人。它们大多只有一个巨型机械臂，却能执行多种不同任务，包括车身冲压、焊接、铆接、胶合等工作。它们可以先用钳子进行点焊；然后放开钳子，拿起夹子，胶合车身板件。这种灵活性对小巧、有效率的作业流程十分重要。在执行任务期间，这些机器人的每一步都必须分毫不差，否则就会导致整个生产流程的停滞，所以对它们的"教学训练"就显得格外重要。而特斯拉团队在前期训练机器人方面就花费了一年半的时间。

当车体组装好以后,位于车间上方的"运输机器人"能将整个车身吊起,运往位于另一栋建筑的喷漆区。在那里,拥有可弯曲机械臂的"喷漆手机器人"不仅能全方位、不留死角地为车身上漆,还能使用把手开关车门与车厢盖。

送到组装中心后,"多工机器人"除了能连续安装车门、车顶外,还能将一个完整的座椅直接放入汽车内部,简直令人惊叹。有意思的是,组装中心的"安装机器人"还是个"拍照达人",因为在为Model S安装全景天窗时,它总会先在正上方拍张车顶的照片,通过照片测量出天窗的精确方位,然后再把玻璃黏合上去。

在车间里,车辆在不同环节间的运送基本都由一款自动引导机器人"聪明车"(self guide smart car)来完成。工作人员提前在地面上用磁性材料设计好行走路线,"聪明车"就能按照路线的指引,载着Model S穿梭于工厂之间。

遍观全球,像特斯拉这样兼具"智能产品+智能生产"的企业并不多见,而特斯拉只是工业4.0时代呼唤的企业的雏形。

硅谷,这片神奇的土地,孕育了众多卓越的企业:苹果、谷歌、特斯拉、雅虎(Yahoo)、甲骨文(Oracle)、思科、惠普(HP)、英特尔……也走出了一批优秀的企业家:史蒂夫·乔布斯、比尔·盖茨(Bill Gates)、拉里·佩奇、埃隆·马斯克(Elon Musk)……并且,这里出现过很多改变世界的产品,未来也将如此。

在全球工业革命方兴未艾的今天,硅谷的智能化浪潮只是初露头角,它对传统工业的推动和颠覆,在不久的将来会全部成为现实,让我们拭目以待。

第九章
工业4.0的中国制造2025

工业4.0中工业变革如火如荼，中国制造业将面临怎样的挑战？应该怎样在这次变革的浪潮中杀出重围呢？其实，目前我国还在工业3.0范围中徘徊，距离工业4.0还有很多路要走。但并不是所有行业要走的路都很远。例如烟草行业，这个行业已经拥有很多"智能工厂"，完全实现了自动化生产，实现了"无人工厂"。同样，落后到必须通过人力进行生产的企业也存在，并且占了中国企业的绝大部分。我们应该认识到中国工业化的战线已经拉得很长了——从纯手工生产到"智能工厂"、"无人工厂"都是存在的。

中国制造从3.0向4.0的跨越

我们正在积极地谋求更快的发展之路,很多人想从弯道超车。结果是不可预料的,它们或许会失败,但也可能会成功。因为很多企业(如某些烟草公司、电子产品制造商、汽车制造公司等)从工业3.0到工业4.0的过渡,或许并不是多么困难。但对于大部分仍处于半机械半人工的工厂来说,在工业4.0时代,它们无疑落后了很多。

中国地域辽阔,各个区域之间的工业发展状况各不相同,中国的国情也十分复杂,因此不可以用简单的方法进行区分。中国有最原始到最先进的制造工业,这种落后与先进的兼容并存是中国工业的一大特色,是否能从工业3.0跨越到工业4.0,必须看整体布局。高端的工业化技术,不可能实现国与国的共享,因此,如果我们想要在工业4.0进程中赢得持续发展的可能,就必须一步一个脚印地走下去,通过国家战略,积极发挥自己的协同优势。

2012年7月9日,国务院正式发布"十二五"战略规划,其中将航空装备产业、轨道交通装备产业、智能制造装备产业等领域放在"中国制造"金字塔的顶端,并准备将它们归入国民经济支柱产业,促进制造业智能化、信息化、自动化发展。

国家高新区是新兴产业的发源地,在工业4.0时代,这里必将发挥出至关重要的作用。目前,这里已经集聚了大批具备高创新能力和成长速度的高端装备制造企业,并在很多重要技术领域做出了技术突破,自主研发出了一系列高端产品,让"中国智造"在世界享有更高的话语权。

近年来,我国航空航天技术已经在多方面取得突破性进展,大型飞机的市场需求逐渐增多。"十二五"规划对航空航天产业做出了具体部署:大型客机研发成功,并完成首飞;飞机生产线可以完成飞机批量交付;各种飞机机型在发展和应用方面都做出了重大突破。

据了解,中国商用飞机的主要研发地集聚在上海的高新开发区。而很多世界知名飞机零部件制造公司都在这里落户奠基,它们主要承担飞机机轮和机翼等零部件的研制及生产任务。

在自动化高端装备系统集成方面,必须坚持以节能环保、绿色能源为主,致力发展高铁、航空航天等高新技术领域,最终实现规模化生产;要尽一切可能,让中国在高新技术领域达到国际领先水准,形成"一领域超强,多领域为辅"的产业集群,最终实现集"制造、研发、服务"三位于一体的产业体系。

国内很多高新技术开发区都在航空航天领域积极进取。各大工业园区纷纷引进航空航天领域的多项新技术,用于基地制造和生产线的加工制造。它们研发的项目都可以代表我国在航空航天领域中的最高成就。

此外,我国还致力打造智能交通城市,采用先进的智能制造技术进行装备制造,并加快这方面的研究和技术突破。

随着我国城市化进程的逐渐提速,单一的地面道路已经不足以支撑拥堵的城市交通,轨道交通在缓解城市交通方面可以发挥出至关重要的作用,因为它具有大运量、低污染、全天候等特点,所以成为很多城市处理交通问题的不二选择。调查显示，轨道交通要比公共汽车的客运能力高出将近10倍。

对此，国家"十二五"规划做出了明确指示，要求轨道交通装备产业必须采用国际最先进的主流技术进行设计和生产，而最主要的是要实现轨道交通装备的自主设计，获得这方面的自主知识产权。致力打造产品使用时间段内的全方位立体服务体系，充分满足国内在轨道交通方面的需要，并保证实现轨道交通装备产业在国际上具有自主竞争力。

很多高新区都聚集了轨道交通装备的关键核心设备制造企业，并且在交通制造业投入大量资金，准备打造几个具备世界一流水平的交通产业集群。

在发展高端装备制造方面，大部分高新工业区都有先进的制造企业。据资料显示，南京高新工业园区的高端装备主要以交通和机床等方面的制造为主，并且已经聚集了国内很多知名的汽车制造商。这些企业共同协作，致力打造完美的城市交通。

陕西省宝鸡市的高新工业园区在高铁装备制造产业方面拥有着得天独厚的优势。据了解，宝鸡市聚集了大量以中铁集团为龙头的材料、装备供应商，并集聚了数量众多的铁路电气装备制造企业，可以利用高科技制造出很多具有世界一流水平的高速道岔、城市轨道交通系统。生产制造出的高铁轨道可以承载每小时300千米以上的运行速度，还通过掌握的核心技术自行研制出高速铁路自动过分相装置，一系列测量仪器、防护仪器等。高新区的制造企业通过自主创新将高铁产业集群推向了世界舞台，并积极引导高铁产业向其他方向延伸，在区域产业化方面形成自己的特色。

高铁技术的突破在铁路运输史上具有划时代意义，它将信息技术、自动化技术、智能化技术、材料技术、制造技术等各个方面的先进工艺全部融合在一起，可以说是科技与社会相结合的产物。高铁技术改变了人们当今生活的环境，提高了能源的使用率，并节省了土地资源，有效降低了各方面的交通成本。因此，修建高铁已成为当下缓解城市交通压力最主要的办法，而各国政府也都在政策方面给予了大力支持。

但是，无论是高铁的建造，还是运营维护方面，都需要巨额的资金投入，因此我们在建造高铁运营线路时必须从经济角度分析高铁在各方面具备的优势和劣势，从成本投入、利益获取及市场前景等方面进行系统的分析。

高铁竞争优势分析铁路运营协会认为，如果各国想要构建高铁线路，就必须具体问题具体分析，按照本国国情来制定高铁制造计划。高铁装备制造企业必须对高铁概念了如指掌，运行速度达每小时250千米就可以归入高铁新干线范畴，而在每小时200千米的则纳入高铁既有线，但都算作高铁范畴。

与其他运输方式相比，高铁具有十分明显的特征和竞争优势，它在性能方面要远胜其他性质的铁路。高铁在技术水平方面最主要的表现形式就是快捷的速度。目前，高铁的运行速度要远高于高速公路上汽车的运行速度。虽然在速度上飞机要更快一些，但是机场一般都在郊区，并且需要等待的时间更长，因此不是大多数人的交通首选。而与汽车和飞机相比较而言，高铁基本上都会穿越各个城市的中心区域，因此在一定的区间范围内，想要去某地，高铁的到达时间是最短的。

"高铁"继"乒乓球"、"熊猫"之后,成为中国又一个外交热词。2014年6月,李克强总理访英期间,中英关于高铁等领域的合作达成共识。李克强总理在访问他国期间,屡次提及高铁,但向西方发达国家就高铁领域达成相关协议尚属首次。

中国在高铁领域拥有丰富的经验,并掌握着相关方面的核心技术。如今,可以说高铁领域的成就已经成为代表中国形象的一项标志。2014年年初,一组有关中国高铁的视频在纽约时代广场大屏幕上持续放映,成功在"世界十字路口"展示了中国新形象。

当"高铁外交"也成为中国外交方面的热门词汇时,各国才意识到,中国在国家战略转型方面已经迈出了重要的一步。

当然,高铁技术为中国带来新形象的同时,也为中国在技术领域的发展指明了方向。拥有"四大文明"美称的中国,必然可以在工业4.0时代,全方面提升其在世界的影响力。

中国的工业4.0之路

我们为工业4.0描绘了美丽图景,只是通往美好未来的大道并不平坦,需要大家的共同参与和努力。我们需要智者、行者、强者、仁者……我们需要你!

工业4.0的概念最初在德国学界和产业界的建议与推动下形成,并上升为德国的国家战略。如今,工业4.0已风靡全球,成为投资者耳熟能详的热词。2014年10月,中德两国签署了一份逾万字的《中德合作行动纲要》,纲要涵盖政治、经济、文化、工业、农业、卫生、社会保障等领域,其中双方的"工业4.0合作"内容尤为引人瞩目。我们需要学习德国工业4.0,并将工业4.0从制造到智造的概念升级执行到国家战略中。我国推出的政府纲要性规划《中国制造2025》可以说是一个中国版本的工业4.0,它与德国工业4.0的概念是相契合的。

德国工业4.0的一位权威专家说,当前全球新一轮产业技术革命的主战场是德国、美国和中国。德国提出了工业4.0,美国提出了产业互联网,中国提出了两化深度融合战略。研究是为了借鉴,研究别人的道路是为了给自己找到更好的出路,从这个意义上来看,如何认识和理解工业4.0就是如何认识和理解两化融合。

面对新一代信息技术与制造业融合发展趋势,各国提出了一系列新概念、新战略、新举措,如产业互联网、工业4.0、数字化制造等,客观来讲,这些概念伴随着技术持续创新、应用广泛普及、实践不断积累、理论不断丰富,认识也在不断深化。从这个意义上来说,人们对工业4.0的内涵、目标、特征、路径的认识也是一个不断深化的过程。当前,理性客观分析研究工业4.0概念的形成演化、政策演变、组织方式、实施路径和战略重点,有利于我们在实施两化深度融合的战略中,找到突破点,明确切入点,抢占竞争的制高点。这要求我们在认识和看待工业4.0的时候,既不能仰视,过分夸大其意义和作用,也不能俯视、轻视,认为其是商业炒作、新瓶装旧酒。我们应当正视,理性客观分析其战略意图、核心理念和路径方法。从中国把握新一轮技术革命与产业变革的机遇,从实现工业由大变强的历史性跨越的角度来认识、学习、理解工业4.0。

国家层面的工业4.0战略已日渐清晰，而以央企为代表的中国企业，也正在开展一系列学习与实践，以追赶工业4.0的脚步。无论是远赴德国，深入考察德国工业4.0的真容，还是组织国内培训，邀请中德专家详解工业4.0的真谛，都透露出中国企业在这次全球产业创新与变革浪潮中迎头追赶的决心。

工业4.0是将资源要素和生产要素集中在以互联网和信息技术为基础的平台之上，实现资源要素与生产要素的充分整合，是智能制造的结晶，实质上是第三次工业革命的拓展和延伸，是推动第四次工业革命的重要载体。

德国工业4.0战略与中国的信息化和工业化深度融合战略在核心理念、主要内容和具体做法等诸多方面如出一辙、异曲同工。尽管中德两国工业化阶段不同、企业水平不同、技术基础不同、主导产业不同、运行机制不同，但面对新一轮产业技术革命的趋势，两国有相同的危机感和紧迫感，都认识到了发展的机遇和挑战，都有举全国之力抢占新一轮产业竞争制高点的战略意图，两国的战略在核心理念、发展重点、方法路径等方面也比较相似。

近年来，各地在推进两化融合方面做了很多探索，如果我们认真分析观察具体路径和重点，可以看到中国的两化融合与德国工业4.0的相似之处：实现产品的智能化升级；制造设备的智能化、自动化、网络化；车间级的设备互联、企业级设备互联的智能工厂；以电子商务拓展新的市场；云制造、服务型制造等新的商业模式；发挥云计算、大数据在企业管理决策等方面的作用。这些从本质上与德国工业4.0所强调的智能车间、智能工厂、个性定制、数据驱动、服务化转型等发展路径是一致的。

开启工业4.0的新商业模式

中国的两化深度融合与德国工业4.0如出一辙、异曲同工、殊途同归，主要是从目标、理念、路径、方法的角度来看，而事实上，中国企业整体的信息化与德国还是有比较大的差距。德国工业企业整体上处于工业3.0阶段，而中国企业整体上处于工业2.0阶段，中国面临着更加复杂而艰巨的任务，面临两步并作一步走的挑战。当然，我们也要看到自己的优势，尤其是不要低估了中国的互联网企业在这一轮产业变革中的引领作用。

习近平总书记在给2014年11月19日召开的世界互联网大会的贺词中说，互联网日益成为创新驱动发展的先导力量。李克强总理在2015年两会期间会见大会中外代表时说，互联网是大众创业、万众创新的新工具。企业在实践着领导、专家们讲话中的所谓互联网思维、信息化战略、工业4.0理念：淘宝店在几年前就从传统的B2C、C2C向大规模个性化定制的C2B转型，电子商务正在从传统的交易平台向研发设计平台、生产加工平台、物流配送平台、金融融资平台拓展和转型，品牌化个性化定制已成为淘宝网上家具、服装等产品销售的重要模式。在这方面中国已经走出一条不同于欧美国家的新路，这些业务转型的方向，正是工业4.0所倡导的方向。

新世纪以来，新一轮科技革命和产业变革正在孕育兴起，全球科技创新呈现出新的发展态势和特征。这场变革是信息技术与制造业的深度融合，是以制造业数字化、网络化、智能化为核心，建立在物联网和务(服务)联网基础上，同时叠加新能源、新材料等方面的突破而引发的新一轮变革，将给世界范围内的制造业带来深刻影响。

这一变革，恰与中国加快转变经济发展方式、建设制造强国形成历史性交汇，这对中国是极大的挑战，同时也是极大的机遇。